# マンション管理

## 法律相談201問

弁護士が答える
マンション管理会社・
管理組合からの
質問

香川希理 編著　　島岡真弓・松田 優・上田陽太 著

日本加除出版株式会社

# はしがき

　13年前、マンション管理を専門的に扱う事務所に入所し、その後独立し、現在も多数のマンション管理会社、管理組合の顧問を務めるなど、弁護士登録直後からマンション管理を専門的に扱っています。弊所へのマンション管理会社、管理組合からの相談は年々増え続け、現在では月間で少なくとも100件以上です。

　10年以上マンション管理を専門的に扱っていて感じることは、マンション管理に関する問題は、年々、量的には「増加」し、質的には「高度化・複雑化」しているということです。

　私自身、年々「高度化・複雑化」する問題に対応するために日々研鑽を積んでいますが、マンション管理問題の「高度化・複雑化」するスピードは年々加速しており、もはや個人で対応するには限界があると考えています。

　そこで、私は、既に「高度化・複雑化」している他の業界（金融業界、知的財産分野など）を参考にして、マンション管理問題に対して「組織化」で対応することを目指しました。

　マンション管理問題に5名以上もの弁護士で組織的に対応している事務所はおそらく日本初ではないかと自負しています。

　実際に「組織化」することによって得られた具体的なメリットは、以下のとおりです。
① 多数の事例を協議しながら解決する。
② 組織として知識・経験が共有、蓄積される。
③ その結果として更に多数の事例が集まってくる（①に戻る。以後繰り返し）。

　また、弊所は事務所の枠を超えた「知の共有」を目指して、定期的に学者の先生方との勉強会や、公認会計士、建築士の先生方との交流会も行っています。

　本書は、そのようにして得られた「ナレッジマネジメント」の一端をお示しするものであり、具体的な特徴は以下の3点です。

　第一に、圧倒的な「事例の数」です。

　前述のとおり、弊所には少なくとも月間100件以上、累計で数千件の相談件数が集積されています。その中で繰り返し問われる問題や、学ぶとこ

ろの多い問題を厳選し、201問にまとめています。

　第二に、「実際の事例」を基にしているという点です。

　法律の条文などを引用した抽象的な問題ではなく、弊所が対応した実際の事例を基にした具体的な問題を記載しています。したがって、時間のない方は、自分が直面している問題を目次やキーワードから探し、その箇所だけ読むという使い方も可能です。

　第三に、「答えのない問題」も記載しているという点です。

　マンション管理の問題においては、裁判例でも決着がついていない問題や他の書籍では記載されていない「答えのない問題」が多数存在します。しかし、実際にそのような相談を受けた際に「答えがないので答えることができません」というわけにはいきません。そこで、「答えのない問題」に対する現時点の弊所の考えを記載しています。

　本書の読者対象は、マンション管理会社社員、管理組合役員、弁護士、マンション管理士、マンション管理に携わる公務員など、マンション管理問題に取り組むあらゆる方々です。

　今後マンション管理問題が、量的には更に「増加」し、質的にはますます「高度化・複雑化」していくことは明らかです。本書が、マンション管理問題に取り組む皆様の一助となり、事務所を超えた、マンション管理業界全体の「ナレッジマネジメント」の一環になれば、幸甚です。

　最後に、本書執筆の機会を与えてくださり、緻密な校正作業等をしてくださった日本加除出版の佐伯寧紀氏及び井出美緒氏に、心より感謝申し上げます。

　2024年1月

香川総合法律事務所　代表弁護士　香川　希理

# 凡例

　本書中、法令名などの表記については、以下の略号を用いた。

**[法令]**

- 区分所有法　　　　　　　　← 建物の区分所有等に関する法律
- マンション管理適正化法　　← マンションの管理の適正化の推進
　　　　　　　　　　　　　　　　に関する法律
- マンション管理適正化法施行規則 ← マンションの管理の適正化の推進
　　　　　　　　　　　　　　　　に関する法律施行規則
- 管理適正化指針　　　　　　← マンションの管理の適正化に関す
　　　　　　　　　　　　　　　　る指針
- 標準管理規約　　　　　　　← マンション標準管理規約（単棟型）
- 標準管理規約コメント　　　← マンション標準管理規約（単棟型）
　　　　　　　　　　　　　　　　コメント
- 標準管理委託契約書　　　　← マンション標準管理委託契約書
- 標準管理委託契約書コメント ← マンション標準管理委託契約書コ
　　　　　　　　　　　　　　　　メント
- 個人情報保護法　　　　　　← 個人情報の保護に関する法律
- 建替え円滑化法　　　　　　← マンションの建替え等の円滑化に
　　　　　　　　　　　　　　　　関する法律
- 滞調法　　　　　　　　　　← 滞納処分と強制執行等との手続の
　　　　　　　　　　　　　　　　調整に関する法律

**[判例略記]**

- 最高裁判所第二小法廷平成 16 年 4 月 23 日判決最高裁判所民事判例集第 58 巻第 4 号 959 頁
　→ 最判平成 16 年 4 月 23 日民集 58 巻 4 号 959 頁
- 東京地裁八王子支部平成 5 年 7 月 9 日判決判例時報第 1480 号 86 頁
　→ 東京地八王子支判平成 5 年 7 月 9 日判時 1480 号 86 頁

**[出典]**

- 民集　　　　　　　　　　　← 最高裁判所民事判例集

**凡例**

- 裁判集民　　　　← 最高裁判所裁判集民事
- 判時　　　　　　← 判例時報
- 判タ　　　　　　← 判例タイムズ
- 金法　　　　　　← 金融法務事情

# 目　次

## 第 1 編　滞納管理費等請求　　1

# 目　次

## 第2編　専有部分の問題　49

▶ 総論

問37　専有部分 …… 49

▶ 専有部分の使用方法（事務所、民泊、サロン等）

問38　専有部分の事務所利用 …… 50
問39　住居専用マンションにおける法人登記の可否 …… 53
問40　専有部分での営業の不承認 …… 54

▶ 専有部分工事

問41　専有部分工事への管理費等支出 …… 56
問42　専有部分工事の承認 …… 57

▶ 専有部分への立入り

問43　専有部分への立入り …… 59

▶ 専有部分と共用部分の区別

問44　給排水管の帰属 …… 60
問45　区隔部分についての専有部分の範囲 …… 62

## 第3編　共用部分・共用施設に関する問題　64

▶ 総論

問46　共用部分 …… 64

▶ 共用部分の権利関係

問47　共用部分の権利関係 …… 65

▶ 共用部分の管理

問48　共用部分の保存行為 …… 67
問49　共用部分の狭義の管理 …… 68
問50　共用部分の変更 …… 69
問51　処分行為 …… 70

## 第4編　損害賠償責任の問題　　96

▶ **管理組合の損害賠償責任**

# 第5編　迷惑行為の問題　　109

## 第 6 編　総会に関する問題　130

# 第7編　**理事会に関する問題**　172

# 第8編　管理規約の問題　196

## 第**10**編　**最近の問題**　　252

目　次

## ・第 **1** 編・
## 滞納管理費等請求

▶ **総論**

**問1　管理費**

**キーワード**　【管理費】

**Q** 管理費とは何ですか。

**A**　　敷地及び共用部分の管理に充てるための費用のうち、通常の管理に要する経費に充当するものです。

**解説**

　敷地及び共用部分の管理のための費用としては、管理費と修繕積立金が徴収されるのが通常であり、管理費は通常の管理に要する経費に充当するものとされています（標準管理規約25条、27条）。管理費の使途は「通常の管理」の範囲に限定されます。その具体的な内容は個々の管理規約において具体的に定められているので、管理費の使途について定めている条項を確認してみてください（問2参照）。

問2　管理費の使途

 キーワード　【管理費】

 管理費は具体的にどのような経費として使えるのでしょうか。

A　個々の管理規約において具体的に定められているのが通常です。標準管理規約では比較的広範な利用が可能な定めがなされていますが、無制限というわけではない点に注意が必要です。

**解説**

標準管理規約では、管理費の使途は以下のように定められています。

**標準管理規約 27 条**

> 第 27 条　管理費は、次の各号に掲げる通常の管理に要する経費に充当する。
> 　一　管理員人件費
> 　二　公租公課
> 　三　共用設備の保守維持費及び運転費
> 　四　備品費、通信費その他の事務費
> 　五　共用部分等に係る火災保険料、地震保険料その他の損害保険料
> 　六　経常的な補修費
> 　七　清掃費、消毒費及びごみ処理費
> 　八　委託業務費
> 　九　専門的知識を有する者の活用に要する費用
> 　十　管理組合の運営に要する費用
> 　十一　その他第 32 条に定める業務に要する費用（次条に規定する経費を除く。）

　ポイントは、標準管理規約 27 条 11 号が「その他第 32 条に定める業務に要する費用」も管理費の使途に含むものと定めている点です。標準管理規約 32 条の内容は以下のとおりです。

**標準管理規約 32 条**

> 第 32 条　管理組合は、建物並びにその敷地及び附属施設の管理のため、次の各号に掲げる業務を行う。

> 一　管理組合が管理する敷地及び共用部分等（以下本条及び第48条において「組合管理部分」という。）の保安、保全、保守、清掃、消毒及びごみ処理
> 二　組合管理部分の修繕
> 三　長期修繕計画の作成又は変更に関する業務及び長期修繕計画書の管理
> 四　建替え等に係る合意形成に必要となる事項の調査に関する業務
> 五　適正化法第103条第1項に定める、宅地建物取引業者から交付を受けた設計図書の管理
> 六　修繕等の履歴情報の整理及び管理等
> 七　共用部分等に係る火災保険、地震保険その他の損害保険に関する業務
> 八　区分所有者が管理する専用使用部分について管理組合が行うことが適当であると認められる管理行為
> 九　敷地及び共用部分等の変更及び運営
> 十　修繕積立金の運用
> 十一　官公署、町内会等との渉外業務
> 十二　マンション及び周辺の風紀、秩序及び安全の維持、防災並びに居住環境の維持及び向上に関する業務
> 十三　広報及び連絡業務
> 十四　管理組合の消滅時における残余財産の清算
> 十五　その他建物並びにその敷地及び附属施設の管理に関する業務

　標準管理規約27条11号と32条15号を併せて読むと、列挙されている各業務のほか「建物並びにその敷地及び附属施設の管理に関する業務に要する費用」へ管理費を支出できることになります。標準管理規約に準拠した管理規約を定めている場合には、管理との関連性が認められれば広範な範囲で管理費の支出が認められることになるでしょう。

　もっとも、以下の2点には留意する必要があります。まず、標準管理規約27条11号は「次条に規定する経費を除く」と定めていますが、ここにいう「次条」とは修繕積立金の使途を定めた条項です。したがって、修繕積立金の使途とされている事項に管理費を使用することは認められません。

　また、管理費はあくまでも管理組合の目的の範囲で使用されるべきものですから、その目的を逸脱する使途への支出は認められません。この点については、自治会費やコミュニティ形成費への支出をめぐって争いになることがあります（問30、問31参照）。

問3 修繕積立金

 キーワード 【修繕積立金】

**Q** 修繕積立金とは何ですか。

**A** 敷地及び共用部分の管理に充てるための費用のうち、特別の管理に要する経費に充当するものです。

**解説**

敷地及び共用部分等の管理のための費用としては、通常、管理費と修繕積立金が徴収されます。修繕積立金はそのうち特別の管理に要する経費に充当するものとされています（標準管理規約25条、28条）。管理費と同様、その使途は管理規約において具体的に定められています（問4参照）。

なお、マンションによっては、修繕積立金ではなく、補修積立金や特別修繕費といった名称となっている場合もあります。

 問4 修繕積立金の使途

 キーワード 【修繕積立金】

**Q** 修繕積立金は具体的にどのような経費として使えるのでしょうか。

**A** 管理費と同様、個々の管理規約において具体的に定められているのが通常です。標準管理規約では計画修繕や建替えなどの限られた使途にのみ支出できるものとされています。

 **解説**

標準管理規約では、修繕積立金の使途は以下のように定められています。

## 標準管理規約 28 条

第28条　管理組合は、各区分所有者が納入する修繕積立金を積み立てるものとし、積み立てた修繕積立金は、次の各号に掲げる特別の管理に要する経費に充当する場合に限って取り崩すことができる。
一　一定年数の経過ごとに計画的に行う修繕
二　不測の事故その他特別の事由により必要となる修繕
三　敷地及び共用部分等の変更
四　建物の建替え及びマンション敷地売却（以下「建替え等」という。）に係る合意形成に必要となる事項の調査
五　その他敷地及び共用部分等の管理に関し、区分所有者全体の利益のために特別に必要となる管理
2　前項にかかわらず、区分所有法第62条第1項の建替え決議（以下「建替え決議」という。）又は建替えに関する区分所有者全員の合意の後であっても、マンションの建替え等の円滑化に関する法律（平成14年法律第78号。以下「円滑化法」という。）第9条のマンション建替組合の設立の認可又は円滑化法第45条のマンション建替事業の認可までの間において、建物の建替えに係る計画又は設計等に必要がある場合には、その経費に充当するため、管理組合は、修繕積立金から管理組合の消滅時に建替え不参加者に帰属する修繕積立金相当額を除いた金額を限度として、修繕積立金を取り崩すことができる。
3　第1項にかかわらず、円滑化法第108条第1項のマンション敷地売却決議（以下「マンション敷地売却決議」という。）の後であっても、円滑化法第120条のマンション敷地売却組合の設立の認可までの間において、マンション敷地売却に係る計画等に必要がある場合には、その経費に充当するため、管理組合は、修繕積立金から管理組合の消滅時にマンション敷地売却不参加者に帰属する修繕積立金相当額を除いた金額を限度として、修繕積立金を取り崩すことができる。
4　管理組合は、第1項各号の経費に充てるため借入れをしたときは、修繕積立金をもってその償還に充てることができる。
5　修繕積立金については、管理費とは区分して経理しなければならない。

　管理費とは異なり、修繕積立金の使途は極めて限定されています。標準管理規約28条1項1号の「一定年数の経過ごとに計画的に行う修繕」とは、いわゆる大規模修繕を指します。実務上は修繕積立金を大規模修繕に使用することが多いでしょう。

**問5 管理費と修繕積立金の違い**

キーワード 【管理費】【修繕積立金】

**Q** 管理費と修繕積立金はどのように違うのでしょうか。どちらもマンション全体のために使うお金というイメージはあるのですが、わざわざ分けて支払う意味がないようにも思います。

**A** マンション全体の管理のため月々積み立てられる金銭という意味では同じですが、使途が違います。また、区分経理することにも意味があります。

**解説**

　標準管理規約は、管理費を「通常の管理に要する経費」（標準管理規約27条柱書）として使用される金銭、修繕積立金を「特別の管理に要する経費」（標準管理規約28条1項柱書）として使用される金銭と整理した上で、管理費と修繕積立金とを区分して経理することを義務付けています（標準管理規約28条5項）。

　管理費の用途は広範である一方、修繕積立金の用途は比較的限定されており、特別の理由がない限り残高が維持されるような方向で設計されています（問2、問4でそれぞれ挙げられている管理費と修繕積立金の使途について、範囲の差を改めて確認してみてください。）。これは、修繕積立金が大規模修繕工事等のマンション全体の維持管理に重要な事項に利用されるものであるという理由からです。簡単にいえば、大事な目的のあるお金なので、普段使うお金とは別に積み立てた上で、財布の口を固く閉じているというイメージです。

　また、修繕積立金の残高が少ないことは、そのマンションの今後のポテンシャルが乏しいこと、つまり大規模修繕が困難であるため耐用年数が短いであろうことや、共用部分等のアップグレード等も望めないことをうかがわせる事情となり得ます。マンション全体の経済的価値を維持するためにも、修繕積立金の使途は限定されているともいえます。

## 問6　組合費

🔎 キーワード　【組合費】

　　　私のマンションでは管理費と修繕積立金のほかに、「組合費」というものがあります。標準管理規約には定められていないようなのですが、これはどういった費用なのでしょうか。

---

**A**　　一般的には、管理組合の運営に要する費用として定義されています。過去の標準管理規約では独立の費用項目として定められていましたが、その後削除されました。

---

**解説**

　平成9年に改正される前の標準管理規約（当時は「中高層共同住宅標準管理規約」との名称）では、管理費と修繕積立金のほかに、組合費という金銭を毎月徴収するものとされていました。組合費は管理組合の運営に要する経費に充当するものと位置づけられていましたが、平成9年の標準管理規約改正で削除されました。(注1) 現在も組合費の徴収が行われているマンションは、平成9年の改正前の標準管理規約を参考にした管理規約を今も変更せず使用し続けている可能性が高いと思います。

　もっとも、現行の標準管理規約コメント25条関係②では「管理費のうち、管理組合の運営に要する費用については、組合費として管理費とは分離して徴収することもできる。」との言及があります。すなわち、組合費を独立に徴収すること自体に問題はなく、現行の標準管理規約に合わせるかどうかは個々の管理組合の判断によるでしょう。

---

（注1）改正当時の議事録等は公開されていないため、削除に至った詳細な理由は不明です。あくまでも私見ですが、現行の標準管理規約が「管理組合の運営に要する費用」を管理費の使途に含んでいる（標準管理規約27条10号）ことからすれば、組合費は管理費と一括して扱えば足りる（管理費と修繕積立金ほどに厳格な峻別を行う必要がない）という判断がなされたのではないかと考えます。

（第1編　滞納管理費等請求）

## 問7　管理費等滞納への対応方法

**キーワード**　【管理費等滞納】

**Q**　管理費・修繕積立金の滞納が発生したのですが、どのように対応すればよいのか分かりません。

**A**　まずは標準管理規約別添3の「滞納管理費等回収のための管理組合による措置に係るフローチャート」を参照してください。

**解説**

　管理費等滞納への対応方法については、標準管理規約別添3「滞納管理費等回収のための管理組合による措置に係るフローチャート」及びその解説部分に非常によくまとまっています。解説部分は少し難しい内容となっていますが、まずはフローチャートだけでも一読して、対応方法の全体像を確認してみてください。

　なお、管理組合による督促手続の着手前には、標準管理規約60条2項に相当する「違約金としての弁護士費用並びに督促及び徴収の諸費用」の請求規定を管理規約に新設しておくことをお勧めします（問25参照）。

## 問8　訴訟による管理費等の回収

**キーワード**　【管理費等滞納】【訴訟】

**Q**　管理費等の滞納者に対しては、訴訟を行いさえすれば滞納分の回収ができるものなのでしょうか。

**A**　訴訟だけで回収はできず、判決取得後に強制執行を行う必要があります。ただし、訴訟の中で和解が成立し、支払を受けられる場合もあります。

**解説**

　一般的に、法的手続を通じて金銭債権の回収を行う場合には、①債務名義の取得、②強制執行（不動産競売、債権差押など）の2段階の手続が必要と

なります。債務名義とは強制執行を行うために必要とされるものであり、代表的なものが確定判決です（民事執行法22条1号）。この確定判決を取得するために行うのが訴訟ですから、訴訟において勝訴判決を得ることができても、まだ①の手続が終わっただけということになり、引き続いて②の手続に進む必要があります。具体的には、判決取得後に当該住戸の区分所有権を強制競売にかけることが多くあります。

　もっとも、管理費等請求訴訟においては、同じマンションの区分所有者同士の争いという関係上、お互いに関係の決裂は避けたいところであり、通常の訴訟に比べると和解により終了するケースは多いように思われます。和解の場合、滞納者が一括で滞納分を支払えないことが想定されるため、分割払いの和解を成立させ、月々の管理費等に幾らかを追加して滞納を解消していく方法を検討することもあります。なお、裁判上の和解調書は「確定判決と同一の効力を有するもの」（民事執行法22条7号）に当たるため、和解条件に従った支払が行われなかった場合には、これを債務名義として強制執行を行うことができます。

 **問9　強制競売に要する費用**

🔑キーワード　【管理費等滞納】【強制競売】【予納金】

**Q** 　管理費等の滞納者に対して債務名義を取得できたため、対象住戸の区分所有権について強制競売を申し立てようと考えています。あらかじめ管理組合で予算を組んでおきたいのですが、弁護士費用以外に、費用は大体どれぐらい必要でしょうか。

**A** 　予納金の額を基準に、20万〜30万円程度余裕を持って予算組みしておくことをお勧めします。

 **解説**

　強制競売の申立てに際しては、裁判所における手続費用（対象物件の不動産鑑定の費用等）に充てるために、予納金の納付を求められることになります。予納金は物件の売却が行われれば、売却代金から優先的に返還されます。令和5年12月現在、東京地方裁判所の管轄内においては、以下のとおり予納金の額が定められています（各裁判所によって基準は異なるため注意し

てください。)。

【図表 1　不動産競売事件における予納金の額（東京地方裁判所）】

| 請求債権額が 2000 万円未満 | 80 万円（ただし、令和 2 年 3 月 31 日以前に受理された申立てについては 60 万円） |
|---|---|
| 請求債権額が 2000 万円以上 5000 万円未満 | 100 万円 |
| 請求債権額が 5000 万円以上 1 億円未満 | 150 万円 |
| 請求債権額が 1 億円以上 | 200 万円 |

（出所）裁判所ウェブサイト「不動産競売事件（担保不動産競売，強制競売，形式的競売）の申立てについて」（https://www.courts.go.jp/tokyo/saiban/minzi_section21/hudousan_mousitate/index.html）

　2000 万円以上の管理費等を請求するケースは限定的でしょうから、通常は 80 万円の予納金を納付することになります。これに加えて、高額ではないものの、申立手数料や予納郵券、登録免許税等の費用も発生します。不測の事態にも備える意味で、予納金の額に加えて 20 万〜30 万円程度は余裕を持って予算組みをしておくことをお勧めします。

 **問10　相続登記未了の住戸に対する競売申立**

　キーワード　【管理費等滞納】【強制競売】【相続】【代位登記】

**Q**　区分所有者Aの死後、管理費等の滞納が発生している住戸があります。相続人調査の結果、相続人は配偶者Bの一人だけであると判明しました。Bに対して訴訟を検討しているのですが、当該住戸は相続登記が終わっておらず、A名義のままのようです。このような住戸に対して強制競売を申し立てることはできるのでしょうか。

**A**　強制競売を申し立てるためには、判決取得後、管理組合が代位登記の手続を行う必要があります。

**解説**

　A名義の不動産に対して、B名義の債務名義（確定判決）を使用して競売申立を行うことはできません。相続を原因とする所有権移転登記がなされていない不動産に対し強制競売を申し立てるためには、債権者代位権

（民法423条）に基づき相続を原因とする所有権移転登記の代位登記をする
必要があります。

　なお、本問のケースはBの単独相続であるため簡明ですが、相続人が多
数存在するケースや相続人間で既に遺産分割が行われているケースでは、
被告を誰にするか注意する必要があります。相続関係が複雑なケースでは、
訴訟提起前にあらかじめ管轄法務局に対し、どのような内容の代位登記申
請を行うのが適切か、どのような判決であれば代位登記申請が認められる
のかなどを確認しておくことをお勧めします。

## 問11　租税官庁の差押えがある住戸に対する競売申立

🔑 キーワード　【管理費等滞納】【強制競売】【滞納処分】【続行決定】
　　　　　　　【差押登記】

**Q**　管理費等滞納者の住戸を確認したところ、市区町村による差
押えが行われていました。このような物件でも強制競売を行う
ことはできるのでしょうか。

**A**　原則として強制競売を行うことはできません。ただし、市区町
村の意見を踏まえて裁判所が許可する場合には認められます。

**解説**

　租税官庁の差押えがなされた物件に対する強制競売については、手続の
開始自体は認められるものの、配当要求終期の決定その他売却のための手
続については、差押えの解除まで行うことができないものとされています
（滞調法13条1項本文、20条）。つまり、強制競売の手続を開始しても、手続
が途中でストップしてしまうということです。

　ただし、例外として、裁判所による強制執行続行の決定がなされた場合
には、強制競売手続が再開します（滞調法13条1項ただし書）。裁判所は、続
行決定の判断に当たって租税官庁の担当職員に対して意見を聴取すること
となっていますが、実務上、続行決定は比較的容易に出る傾向にあります。
租税債権は管理費等よりも優先して回収できますから、租税官庁としても、
競売手続に相乗りして回収することのデメリットは少ないということで
しょう。無論、続行決定が出ない可能性もありますし、無剰余取消し（問

20参照）を警戒させる事情の一つでもあるため差押登記の存在を無視して
もよいとはいえませんが、少なくとも、続行決定を要することだけを理由
として競売申立に対し消極的になる必要はないと考えます。

 **問12　先取特権の実行**

 🔑キーワード　【管理費等滞納】【先取特権】

**Q**　管理費等の滞納者に対しては訴訟を行うことなく不動産競売
を申し立てることができると聞いたのですが、そのような手段
があるのでしょうか。

**A**　先取特権に基づく担保不動産競売という手法があります。

**解説**

　区分所有法7条1項は「規約若しくは集会の決議に基づき他の区分所有
者に対して有する債権」について、先取特権を認めています。管理費や修
繕積立金、これらの債権に対する遅延損害金については「規約若しくは集
会の決議に基づき他の区分所有者に対して有する債権」に該当するため、
先取特権に基づく担保不動産競売の申立てが認められます（民事執行法180
条1号、181条以下）。

 **問13　先取特権の実行に関する留意点**

 🔑キーワード　【管理費等滞納】【先取特権】

**Q**　先取特権を行使することで不動産競売ができるのであれば、
管理費等を請求するために訴訟を行う必要はないのでしょうか。

**A**　先取特権に基づく担保不動産競売申立には幾つかの条件があり
ます。条件を満たせない場合や調査が難しい場合には、管理費等
の回収のために訴訟を行う必要があります。

**解説**

　先取特権を行使すれば訴訟を行うことなく競売を行うことができるため、管理費等滞納解消のための強力な武器となります。しかし、以下のような留意点が存在します。

## 1　執行の対象が限定されること

　区分所有法7条1項に基づく先取特権は「債務者の区分所有権（共有部分に関する権利及び敷地利用権を含む。）及び建物に備え付けた動産」に対して行使できます。また、民法304条1項に基づき、先取特権は「目的物の売却、賃貸、滅失又は損傷によって債務者が受けるべき金銭その他の物に対しても、行使することができる。」ものとされているため、例えば、当該住戸の賃料債権を差し押さえることもできます。

　逆にいえば、これら以外の財産、例えば、区分所有者が持っている他の物件や、預金債権に対する差押えを行うことはできません。特に、対象住戸に抵当権が付いている場合には、担保不動産競売手続が無剰余取消し（問20参照）となる可能性がありますから、先取特権の行使には慎重な検討が必要です。

## 2　原則として動産執行を先行させる必要があること

　区分所有法7条2項は、同条1項の先取特権を共益費用の先取特権とみなしています。この結果として、先取特権の行使により不動産以外の財産から弁済を受けることができる場合には、不動産競売の申立てが認められません（民法306条、335条1項）。不動産競売は最後の手段ということです。

　区分所有法7条1項は「建物に備え付けた動産」に対する先取特権の行使を認めていますから、対象となる住戸に差し押さえられる財産がある場合には、まず動産執行を行う必要があります（注2）。動産執行を行わずに不動産競売を申し立てる場合には、建物に備え付けた動産に対する担保権の実行では請求債権額に足りないことを、陳述書や報告書等で立証する必要があります。いずれにせよ、対象住戸の財産状況に関する実情を十分に把握した上で動産執行の可否を検討しなければなりません。

---

（注2）厳密には、対象住戸が第三者に賃貸されている場合は、当該賃料債権からの回収を検討する必要もありますが、1か月の賃料債権からの回収で管理費等の総滞納額（請求債権額）に足りるケースはほとんどないと考えられます。

### 3 文書による立証が必要であること

先取特権に基づく執行を行う場合には、その存在を証する文書を提出する必要があります（民事執行法181条1項4号）。具体的には、管理規約や理事長の選任に関する議事録、管理費等の変更を行っているのであれば、当該変更に関する議事録などが必要になります。これらの文書がないのであれば先取特権の行使は認められず、訴訟において人証、つまり証人尋問等を行うことによる立証を検討せざるを得ません。

訴訟を提起して判決を取得すれば（無剰余取消しの可能性を除けば）、上記1～3の留意点を考慮する必要なく執行を行うことができるため、訴訟を行うことにも十分な合理性があると考えられます。また、競売の申立ては滞納者にとってインパクトが強く組合との関係悪化を招きかねないため、まずは和解と両睨みで訴訟を提起することも選択肢としてあり得ます。

 ## 問14　管理費等の時効

**キーワード**　【管理費等滞納】【時効】

 **Q**　管理費等の支払を求める権利の時効は何年ですか。

 **A**　支払時期から5年とされています。

### 解説

管理費等の請求権は、一般の債権と同様、「債権者が権利を行使することができることを知った時から5年間行使しないとき」又は「権利を行使することができる時から10年間行使しないとき」時効消滅します（民法166条1項）。管理組合が、特定の組合員に管理費等の請求をできることを知らないことはあり得ないと考えられますから、各支払時期から5年経過した分の管理費等は、一律消滅時効にかかると考えてよいでしょう。

なお、2020年4月1日に施行された改正民法（平成29年法律第44号）によって削除される以前は「定期給付債権」という概念が存在しており、管理費等の請求権は一般の債権ではなく、この定期給付債権として、改正前

民法 169 条に基づき「5 年間行使しないときは、消滅する」ものと理解されていました。改正前後を通して 5 年という時効消滅期間に変更はありませんが、その根拠は異なっています。
<sup>(注3)</sup>

 ## 問15　管理費等の時効の完成猶予

🔎 **キーワード**　【管理費等滞納】【時効】【時効の完成猶予】

**Q** 　管理費等を長期間滞納している区分所有者に対し訴訟を検討しています。来月の理事会で訴訟提起の決議をとる予定なのですが、ほぼ同じ頃に滞納期間が 5 年を超えてしまい、古い分の管理費等請求権が消滅時効にかかってしまいそうです。何かできることはないでしょうか。

**A** 　配達証明付き内容証明郵便を用いて催告状を発送し、催告による時効の完成猶予を発生させることが考えられます。

**解説**

　民法 150 条 1 項は「催告があったときは、その時から 6 箇月を経過するまでの間は、時効は、完成しない。」と定めています。ここにいう「催告」とは権利者が義務者に対して義務の履行を求める意思の通知を指しています。管理費等に関しては、滞納者に対して支払を請求する意思を伝えることを指します。これにより、時効の完成まで 6 か月の猶予が与えられることになりますから、その間に訴訟を提起すれば消滅時効は完成しないことになります。

　催告の方法として、重要なのは、配達証明付き内容証明郵便を使用することです。民法上、催告の方法に制限はありませんが、記録が残らない方法で催告を行った場合、滞納者側から「そんなものは届いていない」という反論を受けることが予想されます。したがって、配達日及び書面の内容に関する記録が残る配達証明付き内容証明郵便によって催告状の発送を行い、あらかじめ反論を封じておくことが有用です。

---

（注3）最判平成 16 年 4 月 23 日民集 58 巻 4 号 959 頁。

問16　管理費等の時効の更新

🔑キーワード　【管理費等滞納】【時効】【時効の更新】

**Q** 　管理費等を約7年滞納している区分所有者がいます。これまで管理組合から何度も説得したのですが、生活が苦しいと言うので強く支払うよう求めることもできず、時効期間の5年が経過してしまいました。これ以上は放置できないため訴訟を行うこととなったのですが、5年以上前の分まで支払を受けることは難しいでしょうか。

 　支払計画書などにより滞納者が債務を承認していれば、5年以上前の管理費等についても請求できる可能性があります。

## 解説

### 1　承認による時効の更新

　民法152条1項は「時効は、権利の承認があったときは、その時から新たにその進行を始める。」と定めています。これは「承認」を時効の更新事由として認めるものです。時効期間の経過前に更新事由が認められる場合、それまでに経過した時効期間は法的に無意味なものとなり、新たにゼロから時効期間の進行が始まります。

　本問のケースに即すと、例えば4年前（滞納開始後3年が経過）の時点で、滞納者からの債務の承認が認められる場合には、

① 滞納開始後3年までの管理費等　＝　承認による更新で時効期間が4年経過している状態

② 滞納開始後3年以降の管理費等　＝　時効期間が4年経過している状態

という整理になり、適切な主張立証があれば全額の請求が認められることになります。

---

（注4）時効の更新事由にはほかに、裁判上の請求による権利の確定（民法147条2項）、強制執行の終了（民法148条2項）があります。

【図表２　４年前に承認があった場合】

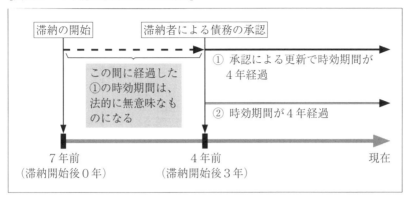

## 2　信義則による時効の援用制限

前項のように、５年経過前に承認があったという場合には、時効の更新を主張立証することによって全額を請求できることになります。ただし、時効の更新は、時効完成前に限って認められるものです。例えば、本問のケースで１年前（滞納開始後６年が経過）に承認があったとすると、

① 滞納開始後１年までの管理費等　＝　承認時点で既に５年が経過していたため更新が生じず時効完成

② 滞納開始後１年以降から６年までの管理費等　＝　承認による更新で時効期間が１年経過している状態

③ 滞納開始後６年以降の管理費等　＝　時効期間が１年経過している状態

という整理になり、原則として①の部分につき消滅時効の主張は認められてしまいます。

【図表3　1年前に承認があった場合】

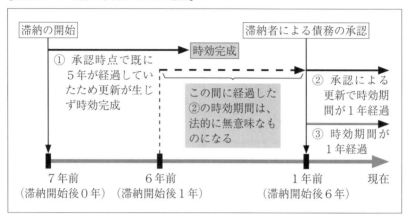

もっとも、例えば滞納者による1年前の承認が「①の部分の管理費等についても必ず支払います」といった内容であった場合、このような結論には違和感を覚えないでしょうか。滞納者としては支払う意思がないのであれば1年前の時点で時効消滅を主張すればよかったにもかかわらず、あえて支払義務を認めています。その上で現在に至ると、一旦は支払義務を認めた①の部分について時効消滅を主張するという、明らかに矛盾した態度を取っているのです。

そこで判例(注5)は、このようなケースで時効の援用は認めないこととしました。具体的には、債務者が時効の完成後において、当該債務の支払義務を承認したり、支払の猶予を申し出たり、一部の弁済をしたような場合には、その後、改めて時効を援用することが信義則に反するため認められないと判示しています。

この判例を踏まえると、①の部分の管理費等についても、滞納者による承認があれば請求は認められるということになります。

## 3　実務上のポイント

承認が認められる代表例は、滞納者による支払計画書の作成(注6)です。もっとも、「支払計画書」と題する書面があればそれで安心というわけではありません。滞納者が、時効にかかる期間の管理費等を支払う意思を明確に

---

（注5）最判昭和41年4月20日民集20巻4号702頁。

（注6）管理費等につき、支払計画書による分割支払の約束を理由として債務の承認を認めた事例として、東京地判平成28年7月28日ウエストロー・ジャパン登載（事件番号：平28（ワ）12087号）。

していると読み取れる内容かどうかが重要です。

　支払計画書の提出を求める際には、具体的な滞納期間、滞納金額について明記を求め、いかなる範囲の滞納管理費等について支払う意思を持っているのかが一目瞭然であるような表現を心掛けてください。「これまでの滞納分に関しては毎月 10 万円ずつ支払います」といった文言が書いてあるだけの漠然とした支払計画書では、承認があったとは認められない可能性があります。

## ▶ 相続人不明

 ### 問17　相続財産清算人の選任申立

**♀ キーワード**　【相続】【相続財産清算人】【管理費等滞納】【孤独死】【予納金】

**Q**　居住者の方がマンションの一室で孤独死しました。長年一人暮らしをされていた方で、家族や親戚がいるという話は聞いたことがありません。管理費や修繕積立金の滞納が始まっているのですが、どのように対応すればよいのでしょうか。

　まずは相続人の調査を行ってください。相続人がいないということであれば、相続財産清算人の選任申立を行うことが考えられます。

**解説**

　身寄りがないという方でも、単に疎遠になっているというだけで推定相続人は存在する可能性があります。居住者の孤独死が発生した場合、まずは、弁護士や司法書士に依頼して相続人を調査してください。相続人が見つかった場合には、相続人に対して管理費等の請求を行うことになります。

　調査の結果、相続人が不存在ということであれば、管理組合から相続財産清算人の選任を申し立てることが考えられます。相続財産清算人とは、被相続人（亡くなった方）の相続財産から債権者に対して被相続人の債務を支払うなどの清算を行う人のことで、通常は弁護士などの専門職が家庭裁判所によって任命されます。相続財産清算人が選任されると、多くの場合、マンションの区分所有権も売却されます。

　相続人が不明又は不存在のままだと、管理費等の滞納のみならず、工事に伴う専有部分への立入りができないなどの諸問題が発生することも考えられます。適正なマンション管理という観点からは、滞納額が少額の場合でも先送りにせず、早期に対応しておくことをお勧めします。

　注意しなければならないのは、相続財産清算人の選任申立ての際には予納金の納付を求められる場合が多いことです。相続財産清算人の選任申立に際して裁判所への納付が求められる予納金は、相続財産清算人の報酬に充てるための金銭です。金額は裁判所が個々の事案ごとに決定しますが、100万円程度の納付を求められることもあり、決して少額ではありません。

　相続財産清算人の報酬は、原則として相続財産の中から支払われることとなっており、十分な相続財産があれば、予納金に手を付けられることはなく、そのまま返還されます。他方、被相続人に多額の債務があると相続財産が残らないこともあります。その場合でも、相続財産清算人が無報酬というわけにはいきません。そこで、このような場合には例外的に予納金から報酬が支出されるという仕組みになっています。

　つまり、被相続人の財産状態が悪ければ悪いほど、相続財産清算人が相続財産から報酬を得ることができない可能性が高くなり、管理組合の持ち出しが増える傾向にあります。例えば、マンションの部屋に比較的新しい抵当権が付いているような場合には、売却代金が全て住宅ローンの支払に充てられてしまい、予納金の全部又は一部が戻ってこないというケースも考えられます。管理組合としては相続財産清算人の申立て前に、滞納者の財産状況、特に対象住戸に関する抵当権の有無をよく検討しておく必要があります。

## ▶ 所有者不明

 ### 問18　区分所有者が所在不明の場合の対応

🔑 キーワード　【所在不明】【管理費等滞納】【不在者財産管理人】
【失踪宣告】【家庭裁判所】

**Q**　　ある区分所有者が管理費等を半年以上滞納しています。半年の間、何度か督促通知を送りましたが、一向に支払がないので、先日区分所有者の部屋を訪ねたところ、滞納区分所有者は居住していないことが分かりました。

　　隣の部屋の居住者や、滞納区分所有者の知人であるマンション内の区分所有者から話を聞いたところ、「いつから居住していないかは分からないが、少なくともここ半年は姿を見ていないし、話してもいない。どこに行ったかも分からない」とのことでした。

　　管理組合において、できる限りの調査を行いましたが、滞納区分所有者の行方が分かりません。管理組合は、滞納状況を解消するために、今後どうすればよいですか。

　　不在者財産管理人を選任し、不在者に財産があれば、不在者財産管理人に滞納管理費等の支払を請求することが考えられます。

### 解説

#### 1　不在者財産管理人選任の申立て

　できる限りの調査を行ったものの、滞納区分所有者の行方が分からないとのことですので、管理組合は、利害関係を疎明して、家庭裁判所に、不在者財産管理人を選任するよう申立てをすることが考えられます（民法25条1項）。

　不在者財産管理人が選任されれば、不在者の財産が調査されます。調査の結果、不在者に財産があることが分かれば、不在者財産管理人に滞納管理費等の支払を求めることができます。

　また、不在者財産管理人は、期限の到来した債務の支払を行う権限を有します（民法103条1号）。そのため、毎月発生する管理費等も、その都度、不在者財産管理人に請求できます。

#### 2　申立手続

　不在者財産管理人選任の申立手続について、申立先の裁判所は、不在者の従来の住所地又は居所地を管轄する家庭裁判所です（家事事件手続法145条）。

　また、不在者財産管理人選任の申立てに当たっては、「利害関係を疎明」する必要があります。

　この点、管理組合が、不在者に対して滞納管理費等の債権を有しますので、その旨疎明すれば足ります。

#### 3　失踪宣告

　なお、「不在者の生死が7年間明らかでないとき」、その他要件を満たす

場合には、失踪宣告を行うことも考えられます（民法30条）。

失踪宣告によって、不在者が死亡したものとみなす効力が生じ、相続が開始されます。

失踪宣告をした場合は、相続人調査の上、相続人に滞納管理費等請求を行うことが考えられます。

失踪宣告の際の管轄裁判所や利害関係は、不在者財産管理人選任と同様、不在者の従来の住所地又は居所地を管轄する家庭裁判所です（家事事件手続法148条1項）。

 ## 問19　国外居住者による滞納への対応

**♀キーワード**　【管理費等滞納】【国外居住者】【国内管理人】

**Q**　国外に居住する区分所有者が管理費等を滞納しています。管理組合に届けられている住所宛に国際郵便（EMS）で督促状を発送したところ、受領はされたようなので国外の住所は分かっているのですが、督促状に対する返信はありません。管理組合としては、連絡がつかない状態であるため裁判を行うこともやむを得ないと考えています。

国外に居住する区分所有者に対して、法的手続は可能なのでしょうか。

**A**　国内居住者と同様に訴訟等の法的手続による対処が可能です。ただし、通常の手続に比べてかなりの費用と期間を要することになります。

### 解説

一般的な管理規約においては、マンション所在地を管轄する裁判所が合意管轄裁判所として設定されています（標準管理規約68条1項）。したがって、国外に居住する区分所有者が相手であっても、日本の裁判所に対して滞納管理費等の請求に関する訴訟を提起することは可能であると考えられます。

もっとも、国外居住者に対して訴訟を行う場合にも、被告が手続に参加する機会を保障するために訴状の送達を行う必要があります。具体的な送

達方法は条約や国家間の取決めの有無等によって変わりますが、ごく一部の例外を除いて訴状や証拠等の翻訳文を添付しなければいけません。さらに送達期間も長期となり、数か月から 1 年以上を要することも珍しくはありません。管理組合としては、費用と期間の両面において国内訴訟とは比較にならない負担を覚悟しておく必要があります。

　なお、令和 5 年 12 月現在、法制審議会区分所有法制部会では区分所有者が国外にいる場合における国内管理人の仕組みの新設について検討が行われています。国内管理人に管理費等の支払を認める案も出ていることから、区分所有法改正が行われた際には、国外区分所有者に対し、あらかじめ国内管理人の選任を求めるという対応も可能となるかもしれません。

## ▶ 59 条競売請求

### 問20　管理費滞納を理由とする 59 条競売（多額の住宅ローンがある住戸への対応）

**♀ キーワード**　【管理費等滞納】【無剰余取消し】【区分所有権の剝奪】
【区分所有法 59 条】【59 条競売】

**Q**　　長年にわたって管理費を滞納している居住者がいます。管理組合はこれまで何度も説得を行ってきましたが、支払が行われることはありませんでした。滞納元本のみならず遅延損害金も多額となっていますので、やむを得ず訴訟を検討しています。そこで、住戸の登記を確認したところ、多額の被担保債権が付いた抵当権が登記されていました。このような場合でも管理費請求訴訟を提起し、強制競売を申し立てることは可能なのでしょうか。

**A**　　無剰余取消しの有無を検討する必要があります。無剰余取消しの可能性が高い場合には、管理費請求訴訟ではなく、区分所有法 59 条に基づく競売請求訴訟を提起することが考えられます。

---

（注 7）国外居住者への送達については、裁判所職員総合研修所監修『民事訴訟関係書類の送達実務の研究―新訂―』（司法協会、2006）272 頁以下において詳しく説明されています。

### 解説

## 1　無剰余取消しの検討

　通常の不動産競売手続においては、裁判所の設定する買受可能価額が<sup>(注8)</sup>、不動産競売手続費用及び抵当権等の優先債権によって担保される債権額（残債額）の合計を下回る場合、管理組合による不動産競売手続は取り消されてしまいます（民事執行法63条1項2号）。これを無剰余取消しといいます。

　簡単にいうと、多額の住宅ローンが付いている住戸に関しては強制競売が認められない可能性があるということです。住戸の強制競売による管理費等の回収を目指す場合には、①事前に抵当権の有無を確認しておくこと、②抵当権がある場合には無剰余取消しの可能性はないか検討することが鉄則となります。

　ただ、無剰余取消しの見込みを判断することは簡単ではありません。金融機関が管理組合に対して住宅ローンの残債額を回答してくれることは通常ないため、優先債権の額に関しては推測するしかありません。また、買受可能価額の算定基準となる売却基準価額は市価よりも安くなるのが通常<sup>(注9)</sup>ではありますが、正確な算定は困難です。よほどはっきりとしたケースでない限り、無剰余取消しの有無は「やってみないと分からない」というのが現実です。

## 2　区分所有法59条に基づく競売請求

　それでは、無剰余取消しとなる可能性が高い場合や、実際に無剰余取消しとなってしまった場合に管理組合は何もできないのでしょうか。この点については議論があり最高裁判例は出てはいませんが、区分所有法59条に基づく競売においては無剰余取消しの適用がないというのが実務運用となっています<sup>(注10)</sup>。したがって、管理組合としては区分所有法59条に基づく訴訟を行い、その上で競売申立を通じてオーナーチェンジを行うことで、特定承継人への管理費等請求を行うという手段が考えられます。

　もっとも、区分所有法59条に基づく請求に関しては「他の方法によつ

---

（注8）競売手続における最低入札価格です。裁判所によって認定された評価額である売却基準価額（民事執行法60条1項）から、20％を控除した金額が基準となります（同条3項）。

（注9）物件から占有者が退去しない場合には明渡しの手間がかかることや、契約不適合責任がないことなどを考慮して、一般的な不動産価格を算出した後に競売市場修正による減額が行われることが通常となっています。

（注10）議論状況の整理及び民事執行センターの解釈に関しては、竹田光広編著『民事執行実務の論点』（商事法務、2017）339頁以下に詳説されています。

てはその障害を除去して共用部分の利用の確保その他の区分所有者の共同生活の維持を図ることが困難である」（同条1項）ことが要件とされています。管理費等滞納のケースにこれを引き直すと、①管理費等滞納の期間が長く額が多大であること、②区分所有者が裁判外での交渉に応じず、管理費等請求訴訟や通常の強制執行手続（強制競売のみならず、預金債権への執行等も含みます。）によっても回収が期待できないことなどの主張立証が要求されることになるでしょう。このように考えると、②の要件との関係では、結局のところ（通常の競売申立を行った場合の）無剰余取消しの有無が争点の一つとなり得ますから、管理組合としてはいずれの手段を採用すべきか、極めて難しい判断が要求されることになります。

## ▶ 特定承継人への請求

 **問21　前区分所有者の滞納管理費等を現区分所有者に対して請求できるか**

**🔑キーワード**　【管理費等滞納】【特定承継人】【区分所有法8条】
【区分所有法7条1項】

**Q**　101号室の区分所有者が長らく管理費及び修繕積立金を滞納していました。そのような状態のまま、101号室が売りに出され、区分所有者が交代したようです。

　管理組合としては、売主（前区分所有者）又は買主（現区分所有者）のどちらでもよいので滞納管理費等を支払ってほしいと考えています。

　売買以前の管理費等についても、買主（現区分所有者）に対して請求することはできるのでしょうか。

**A**　買主（現区分所有者）は売主（前区分所有者）の特定承継人であるため、管理組合は、買主（現区分所有者）に対して売買以前の滞納管理費等を請求することができます。

**解説**

　区分所有法上、「共用部分、建物の敷地若しくは共用部分以外の建物の附属施設につき他の区分所有者に対して有する債権又は規約若しくは集会

の決議に基づき他の区分所有者に対して有する債権」（区分所有法7条1項）は、債務者である区分所有者の「特定承継人」（同法8条）に対しても請求することができます。

　本問のケースで滞納されている管理費等は、管理組合が101号室の区分所有者に対して「規約」に基づき有する債権です。

　また、「特定承継」とは、当該区分所有者の有する専有部分を売買（競売を含む）、贈与等の個別的な原因により承継取得することをいいます。したがって、101号室の買主（現区分所有者）は、101号室の前区分所有者の特定承継人に当たります。

　よって、管理組合は、区分所有法8条に基づき、買主（現区分所有者）に対しても売買以前の滞納管理費等を請求することができます。なお、売主の債務と買主の債務は、通説的には不真正連帯債務と考えられていますので、管理組合は、前区分所有者と現区分所有者のいずれに対しても滞納管理費等の全額を請求できます。

---

 **問22　前区分所有者の過失による漏水に関する損害賠償責任を現区分所有者に対して請求できるか**

🔑キーワード　【管理費等滞納】【漏水】【特定承継人】【区分所有法8条】

**Q**　先日、当マンションの101号室で漏水被害が生じました。急ぎ原因を特定したところ、上階である201号室の専有部分配管（枝管）の管理不備で、パイプにヘドロが詰まって漏水が生じていたことが分かりました。パイプ詰まり自体は翌日には解消して漏水は止まったのですが、階下の101号室のソファ等が汚損により買替えとなるなどの損害が生じてしまいました。

　その後、話合いを続けているうちに、加害住戸である201号室の区分所有権が売却に出され譲渡されてしまいました。

　201号室の前区分所有者（漏水事故時点の区分所有者）は管理費等も滞納していたので、現区分所有者に対して区分所有法8条に基づいて請求を行う予定です。

　漏水の被害者である101号室の区分所有者から「漏水に関する損害賠償も現区分所有者に対して請求可能か」と尋ねられているのですが、これも現区分所有者に対して請求可能でしょうか。

前区分所有者の不法行為債務は、特定承継人に対して請求可能な債権に当てはまりませんので、現区分所有者に対する請求はできません。

**解説**

　特定承継人に対して請求可能な債権は、「共用部分、建物の敷地若しくは共用部分以外の建物の附属施設につき他の区分所有者に対して有する債権又は規約若しくは集会の決議に基づき他の区分所有者に対して有する債権」（区分所有法7条1項）です。

　専有部分の瑕疵（民法717条）及び利用上の過失（民法709条）に基づく前区分所有者の不法行為債務については、上記区分所有法7条1項の債権に含まれません（ただし、被害対象が共用部分等である場合は含まれます。）。

　したがって、101号室の区分所有者から、201号室の現区分所有者に対して前区分所有者時代の漏水事故に関する損害賠償請求を行うことはできず、前区分所有者に請求することになります。

## ▶ 専用使用料

### 問23　前区分所有者の滞納専用使用料を現区分所有者に対して請求できるか

🔑キーワード　【管理費等滞納】【専用使用料】【特定承継人】
　　　　　　　【区分所有法8条】【区分所有法7条1項】

**Q**　102号室の区分所有者が長らく管理費、修繕積立金、専用庭使用料、駐車場利用料を滞納していました。そのような状態のまま、102号室が売りに出され区分所有者が交代したようです。

　なお、専用庭は、専用使用権付共用部分です。102号室の掃き出し窓からそのまま専用庭に出られるタイプですので、個別に専用庭使用契約等を結ぶことなく、102号室の区分所有権を取得すると同時に必ずこの専用庭の使用料を負担することになります。

　駐車場も、専用使用権付共用部分です。ですが、マンションの戸数に比べて駐車場の収容台数が少ないこともあって、希望者が駐車場利用契約を申し込み抽選に当選した場合に初めて利用できます。今回も、

102号室の前区分所有者の駐車場利用契約については、新所有者が承継できるわけではありません。

　専用庭使用料の負担や駐車場利用料の負担については、基本的な発生根拠は管理規約に定めてあり、具体的な金額は使用細則に記載してあります。

　区分所有法8条によれば滞納管理費等については買主（現区分所有者）に対して請求できる（問21）とのことですが、専用庭使用料や駐車場利用料も買主（現区分所有者）に対して請求できますか。

　専用庭使用料については、現区分所有者に対して請求できる可能性が高いでしょう。

　駐車場利用料については、現区分所有者に対して請求できない可能性が高いでしょう。

**解説**

　「共用部分、建物の敷地若しくは共用部分以外の建物の附属施設につき他の区分所有者に対して有する債権又は規約若しくは集会の決議に基づき他の区分所有者に対して有する債権」（区分所有法7条1項）については、特定承継人に対しても請求することができます（同法8条）。

　本問において、「専用庭使用料」と「駐車場利用料」については、それぞれ管理規約にその根拠があるということです。したがって、区分所有法8条の文言を見れば「規約」に基づき有する債権といえそうです。

　しかし、区分所有法8条が特定承継人に対して滞納管理費等債務を請求できると定めたのは、管理費等の支出は建物全体の価値に化体するため、特定承継人も管理費等の費消によって共用部分及び専有部分の利用価値の上昇というメリットを受けられるという理由からです。

　この点、本件専用庭は、区分所有権の取得に伴い当然に利用関係が発生します。そのため、現区分所有者は、区分所有権の承継に伴い当然に専用庭の価値に化体したメリットを享受することになります。

　一方、本件駐車場は、区分所有権の移転に伴って当然に駐車場利用契約上の賃借人の地位が承継されるものではありません。したがって、現区分所有者は、当然かつ直接的には過去の駐車場利用料の費消によるメリットを受けません。

　以上を踏まえれば、本件管理費、修繕積立金、専用庭使用料については

区分所有法 8 条に基づき現区分所有者に対しても請求できるでしょう。

　一方、本件駐車場利用料については、現区分所有者に対しては請求できない可能性が十分考えられるでしょう。<sup>(注11)</sup>

▶ **水道利用料**

 **問24　前区分所有者の滞納水道利用料を現区分所有者に対して請求できるか**

🔑 **キーワード**　【管理費等滞納】【水道利用料】【特定承継人】
【区分所有法 8 条】【区分所有法 7 条 1 項】

**Q**　103 号室の区分所有者が長らく管理費、修繕積立金、水道利用料立替金を滞納していました。そのような状態のまま、103 号室が売りに出され区分所有者が交代したようです。

　当マンションでは竣工当初から親メーターの計量による一括検針一括徴収方式が採られており、管理規約には区分所有者に対して水道利用料立替金を請求できる旨の条項があります。さらに、水道利用料立替金を含めて特定承継人に承継される旨の条項もあります。

　この規約に基づいて、買主（現区分所有者）に対して請求を行おうと思うのですが、可能でしょうか。

 　管理組合から特定承継人に対する水道利用料立替金の請求は、認められない場合も多くあります。

　とはいえ、具体的事情によっては認められる場合もありますので、①水道利用料立替金についての定めが規約事項といえるか、②区分所有法 8 条の適用される債権に当たるかなどについて検討するとよいでしょう。

**解説**

「共用部分、建物の敷地若しくは共用部分以外の建物の附属施設につき

---

（注11）ただし、東京地判平成 20 年 11 月 27 日ウエストロー・ジャパン登載（事件番号：平 20（ワ）9871 号）では、駐車場賃料及び駐輪場賃料が区分所有法 8 条における債権に当たるとして、特定承継人に対する駐車場及び駐輪場の各賃料とその遅延損害金の請求を認めています。

他の区分所有者に対して有する債権又は規約若しくは集会の決議に基づき他の区分所有者に対して有する債権」（区分所有法7条1項）については、特定承継人に対しても請求することができます（同8条）。

本問では、管理規約には区分所有者に対して水道利用料立替金を請求できる旨の条項があるということです。したがって、「規約」に基づき有する債権として、特定承継人に対する請求の可否を検討することになります。

まず、水道利用料立替金について管理規約で定めることのできる規約事項に当たるかどうかが問題になります（問145）。結論として、特段の事情が認められる場合に限って規約事項性が認められます。本問では、一括検針一括徴収方式が採られているという事情もありますので、特段の事情が認められる可能性があります。

次に、あくまでも専有部分における水道利用の対価である水道利用料に関して、承継を認めることは、区分所有法8条の趣旨に反するという問題があります。法令の文言のみを見れば、規約に定められた債権として、区分所有法8条の要件に当てはまると考える余地もあります。しかし、実務上、区分所有法8条の趣旨を踏まえて、実際に水道を利用していない特定承継人への承継については、専用使用料と比べても区分所有権との関係での付従性を観念しにくいことから承継を否定する立場が有力です。<sup>(注12)</sup>

## ▶ 遅延損害金、違約金

### 問25　弁護士費用等の請求

 キーワード 　【管理費等滞納】【違約金】【弁護士費用】
【督促及び徴収の諸費用】

**Q**　管理組合が管理費等の滞納者に対し訴訟を提起する場合、弁護士費用や督促費用を管理費等に加え請求することはできるのでしょうか。

---

（注12）ただし、大阪地判平成21年7月24日判タ1328号120頁では、管理組合が使用料を立替え払いし、区分所有者に使用量に応じた支払を請求することを定めた規約は有効であり、また、上下水道料金及び温水料金は区分所有法7条1項の債権に該当し、管理組合が前区分所有者に対して判決を得ていたことから、特定承継人に対する上下水道料金及び温水料金の請求を認めています。

管理規約上に標準管理規約 60 条 2 項に相当する条項がある場合には、違約金として請求することができます。

### 解説

　我が国においては、原則、金銭債務の不履行に基づく損害としての弁護士費用や督促費用の賠償を請求することは認められません。このような費用を全額請求するためには特別の根拠が必要であるため、企業間の契約書などでは債務不履行が発生した場合に弁護士費用までを請求できるという条項を用意していることがあります。(注13)

　標準管理規約 60 条 2 項では、このような特別の根拠を設けるという趣旨の下、滞納者が弁護士費用や督促費用に相当する違約金の支払義務を負う旨を定めています。

**標準管理規約 60 条 2 項**

> 2　組合員が前項の期日までに納付すべき金額を納付しない場合には、管理組合は、その未払金額について、年利○％の遅延損害金と、違約金としての弁護士費用並びに督促及び徴収の諸費用を加算して、その組合員に対して請求することができる。

　管理規約にこのような条項がある場合には、損害賠償としてではなく、規約の条項を根拠とする違約金として、弁護士費用や督促費用を請求することができます。(注14)

　なお、督促費用に関してはどのような費用でも認められるわけではなく、当該費用の支出が管理費等の督促との関係で必要かつ相当であることが求められるものと考えます。例えば、管理組合が内容証明郵便によって督促を行うために支出した郵便費用や、区分所有者死亡後の相続人調査のために要した住民票や戸籍の請求費用については、請求が認められた事例があ

---

（注13）最判昭和 48 年 10 月 11 日判時 723 号 44 頁。
（注14）なお、東京高判平成 26 年 4 月 16 日判時 2226 号 26 頁は、違約金として請求できる弁護士費用は、裁判所が相当と認定する弁護士費用の金額ではなく、管理組合が弁護士に支払義務を負う一切の費用であると判示しています。この裁判例に基づけば、不当に高額な金額ではない限り、管理組合と弁護士が合意した弁護士費用の全額を違約金として請求できることになります。

ります。実務上は、管理費等の請求との関係では、比較的広く徴収督促費用の請求が認められています。

　これに対し、毎週内容証明郵便を発送するといった過剰な頻度での督促に要した郵便費用や、プレッシャーを掛けるため区分所有者ではない親族に発送した督促文書の費用<sup>(注15)</sup>など、必要性・相当性を欠く督促手段のため要した費用については、請求が認められないと考えます。

---

### 問26　滞納発生後の違約金規定新設

**キーワード**　【管理費等滞納】【違約金】【弁護士費用】【管理規約の変更】【特別の影響】

**Q**　当マンションには管理費等の長期滞納者がいます。訴訟を提起するに当たって、弁護士費用も請求できるようにするために、標準管理規約60条2項のような違約金請求規定を新設しようとしていたところ、滞納者から「これは私に対する狙い撃ちであり、そのような規定を新設しても無効だ」という主張がありました。このような主張は正しいのでしょうか。

---

　**A**　実務上、管理費等の滞納が発生した後に違約金請求規定を新設した場合であっても、管理規約の変更後に弁護士費用等を支出したのであれば、違約金の請求は認められます。

---

**解説**

　違約金請求規定がない管理組合では、弁護士費用等の請求を可能とするためには管理規約の変更を行う必要があります。このような変更は、管理費等の滞納が発生していない段階で行っておくことがベストですが、ほとんどの場合、管理費等の滞納者が現れた段階で初めて必要性が認識され、総会に規約変更の議案が上程されます。

　このような流れで管理規約の変更が行われた場合、滞納者側からは、①

---

（注15）管理費等の滞納事案に限らず、「区分所有者本人が管理組合からの連絡を無視するため、親族宛てに文書を発送したい」という相談を受けることがありますが、プライバシー侵害に該当する可能性が高いでしょう。許容されるのは、本人が行方不明であり、かつ、入居届等で緊急連絡先に指定されている親族への連絡を行う場合のような、ごく限られたケースのみと考えます。

規定の新設自体が特別の影響（区分所有法31条1項後段）を及ぼすため無効であること、②規定自体は有効であったとしても、規定新設前に滞納が始まっている以上、弁護士費用等の請求は遡及適用として認められないといった主張を受けることがあります。

　しかし、①の主張は認められません。標準管理規約60条2項のような違約金請求規定は滞納者のみに支払義務を課すものではなく、その他の組合員に対しても（滞納が発生した場合には）一律に違約金を請求できるとする定めですから、一部の区分所有者のみに影響を与えるものではないためです。(注16)

　また、②の主張についても認められません。この点については、弁護士費用の支出時期が規約新設後か否かが問題になるとの見解が有力であり、裁判実務もおおむね同様の見解に基づいています。(注17)したがって、管理規約の変更を経た上で、訴訟提起の決議をとり、弁護士と委任契約を締結するという、時系列を崩さない配慮が必要でしょう。

---

 ## 問27　遅延損害金の利率

🔍 キーワード　【管理費等滞納】【遅延損害金】

**Q** 当マンションの管理規約では、管理費等を滞納した場合、年14.6％の遅延損害金を支払わなければならない旨の定めがあります。貸金業者からお金を借りたというわけでもないのに利率が高

---

(注16) 東京地判平成19年2月23日 LLI/DB 判例秘書登載（事件番号：平17（ワ）1818号・平17（ワ）7722号）。

(注17) 私見としては、規約新設時期と弁護士費用の支出時期の前後は本質的な問題ではなく、支出された弁護士費用がどの範囲の管理費の回収に向けられたものであるかという点が重要であると考えます。違約金請求規定に基づく違約金の性質は、債務不履行に対する制裁としての違約罰（制裁金）です（東京高判平成26年4月16日判時2226号26頁）。したがって、違約罰の原因である債務不履行、すなわち管理費等の滞納が違約金請求規定の新設後においても新たに発生し続けている限りは、特段の事情がない限り、規約新設後の行為に対する制裁として、弁護士費用を請求することが認められるべきであると考えます。これに対し、例えば、違約金請求規定新設後の滞納管理費等については全て支払われており、新設前に発生した滞納管理費等のみを請求する必要があるといったケースで弁護士費用の請求が認められるかは、悩ましいところではないかと考えます。このような事態を避けるためには、あらかじめ管理規約において滞納者からの支払に関する充当順序を定めておくことが重要と考えられます。

すぎるような気もするのですが、このような高い利率を設定すること
は許されているのでしょうか。

 年14.6％は多くのマンションにおいて設定されている一般的な
定めであり、裁判例においても有効性が認められています。

**解説**

　年14.6％というのは、消費者契約法９条１項２号が定める上限利率です。
標準管理規約においては明確な利率が提示されていないことから、ひとま
ず同号の上限利率に合わせて14.6％と定めている管理組合が大多数ではな
いかと思います。

　もっとも、一般に管理費等の支払義務を定める条項に対して消費者契約
法の適用があるとは考えられておらず、年14.6％を超える利率が設定され
ていたとしても、直ちに無効になるわけではないものと考えられます。裁
判例の中には、利息制限法の上限利率である年20％を優に超える、年30
％の遅延損害金利率も公序良俗には反しないと判断した事例もあります。<sup>(注18)</sup>

　このように高額の利率の設定が認められる理由について、標準管理規約
コメント60条関係④は「滞納管理費等に係る遅延損害金の利率の水準に
ついては、管理費等は、マンションの日々の維持管理のために必要不可欠
なものであり、その滞納はマンションの資産価値や居住環境に影響し得る
こと……等から、利息制限法や消費者契約法等における遅延損害金利率よ
りも高く設定することも考えられる。」と言及しています。<sup>(注19)</sup>

---

（注18）東京地判平成20年１月18日ウエストロー・ジャパン登載（事件番号：平
　　　　19（ワ）14167号）。
（注19）標準管理規約コメント60条関係④では「管理組合による滞納管理費等の回
　　　　収は、専門的な知識・ノウハウを有し大数の法則が働く金融機関等の事業者による
　　　　債権回収とは違い、手間や時間コストなどの回収コストが膨大となり得ること」も
　　　　利率を高く設定することの正当化根拠として挙げられていますが、この点について
　　　　は疑義があります。遅延損害金はその名のとおり、金銭債務が不履行となった場合
　　　　の損害賠償として請求が認められるものです（民法419条１項）。我が国の裁判実
　　　　務においては、債務不履行に伴う損害賠償として弁護士費用や回収のための諸費用
　　　　を請求することが原則として認められていませんから、これらのコストが高額にな
　　　　るからといって、遅延損害金を高額にすることが認められる強い理由にはなりませ
　　　　ん。これらのコストは、別途、違約金条項に基づき回収されるべきものであると考
　　　　えます。

## ▶ 自治会費

 **問28　管理組合による自治会費徴収**

🔑 **キーワード**　【町内会費】【自治会費】【管理費】【代行徴収】【管理規約】
【管理組合の目的】

**Q**　当マンションの管理規約の容認事項においては、管理組合が、
管理費から、一人あたり100円の町内会費を一括して支払う
旨の規定があります。
　管理組合が、管理費から、一人あたり100円の町内会費を一括し
て支払うことに問題はないのでしょうか。

　町内会費は、管理費と峻別して代行徴収すべきとされています。
そのため、管理組合は、管理費から、町内会費を一括して支払う
ことは避けるべきでしょう。

**解説**

### 1　管理組合による自治会費徴収の可否

　管理組合が、自治会費を徴収できるかという点については、管理組合が、
自治会費を管理費名目で徴収していた（月額1500円のうち、200円が自治会費
分であった）事案で、自治会を退会した者は、管理組合に対し、自治会費
相当分の支払義務を負わないとした裁判例があります。[注20]

### 2　管理費等と峻別して徴収が行われた場合の自治会費等の扱い

　また、団地管理組合が、団地建物所有者から、「自治防災費」を徴収し、
団地建物所有者15名以上から構成される団体、構成員の親睦又は福利厚
生を目的としている団体、自治防災活動に協力することができる団体等に
対する活動助成費に支出していた事案において、これら全ての団体から退
会する旨の意思表示をした団地建物所有者からは、自治防災費を徴収でき
ないと判示した裁判例もあります。[注21]

---

（注20）東京高判平成19年9月20日ウエストロー・ジャパン登載（事件番号：平
　19（ネ）800号）。
（注21）東京高判平成28年7月20日ウエストロー・ジャパン登載（事件番号：平
　28（ネ）1390号）。

　他方、本裁判例は、区分所有者から、（実質的には）自治会費と認定した費用を徴収する規定の効力や、当該規定に基づく、団地管理組合の団地建物所有者に対する自治防災費支払請求権の発生を直ちに否定することはできないと判示しました。その理由として、「マンションにおいて、区分所有者間の利害調整を円滑なものとし、充実した維持・管理を行っていくためには、地域と連携したコミュニティの形成を図ることが重要であり、また、コミュニティ活動の中には日常の管理業務と重複する部分も多く含まれていることに鑑みると、管理組合がマンションの管理業務を自治会が行う活動と連携して行うことも、管理費と峻別して自治会費等の徴収、支出が適切に行われるのであれば、そのような自治会費等の代行徴収を行うことも、区分所有法66条、30条1項にいう『管理』に含まれるというべきである。」と判示しています。

　すなわち、管理費と峻別して自治会費を代行徴収することや、自治会活動とマンション管理業務を連携して行うことは、管理組合の業務として認められると解していると考えられます。

## 3　自治会費又は町内会費等を管理費等と一体して徴収している場合の留意点

　標準管理規約コメントは、「管理組合は、区分所有法第3条に基づき、区分所有者全員で構成される強制加入団体であり、居住者が任意加入する地縁団体である自治会、町内会等とは異なる性格の団体であることから、管理組合と自治会、町内会等との活動を混同することのないよう注意する必要がある。」としています（標準管理規約コメント27条関係③）。

　また、標準管理規約コメント27条関係③においては、自治会費又は町内会費等を管理費等と一体して徴収している場合の留意点として、

　「ア　自治会又は町内会等への加入を強制するものとならないようにすること。

　イ　自治会又は町内会等への加入を希望しない者から自治会費又は町内会費等の徴収を行わないこと。

　ウ　自治会費又は町内会費等を管理費とは区分経理すること。

　エ　管理組合による自治会費又は町内会費等の代行徴収に係る負担について整理すること。」

が挙げられています。

**問29　自治会に強制加入する旨の管理規約の定めは有効か**

🔎 **キーワード**　【自治会】【強制加入団体】【管理規約】【規約事項】

**Q**　私は、管理組合の理事長をしています。当マンションの管理規約では、当マンションの所在する地域の自治会に関して、「区分所有者は全員自治会に加入する」、「自治会費 1000 円を管理費等と一括徴収する」旨の規定があります。

当該自治会は、会員相互の親ぼくを図ること、快適な環境の維持管理及び共同の利害に対処すること、会員相互の福祉・助け合いを行うことを目的として設立されたもので、基本的には地域の清掃ボランティア活動や地域祭りなどのイベント開催を行っています。

先日、ある区分所有者から、「自分は地域祭りにも参加しないし、清掃ボランティアもやりたくない。自分では自治会加入の承諾をしたこともないのに、いつの間にか自治会の加入者にさせられ、管理費と一緒に自治会費を負担させられているのはおかしい。これまでのことはともかくとして、来月から、自治会を退会したい」との意見が出ました。

管理組合の管理規約には原始規約の当初から自治会に加入するように定められてあるのですし、管理規約を見てから物件を買ったわけですから、退会は認められませんよね？

**A**　法律上、任意加入団体である自治会に加入するかどうかは個人で任意に決定できる事項です。

したがって、自治会への強制加入を定めた管理規約条項は無効と考えられ、当該区分所有者は任意に自治会を退会できるものと考えられます。

 **解説**

区分所有法上、「建物並びにその敷地及び附属施設の管理を行うための団体」（いわゆる「管理組合」）には、区分所有権の取得と同時に強制的に加入することになっています（区分所有法 3 条）。

他方で、自治会は、法令上の強制加入団体ではありません。標準管理規約コメント 27 条関係③では、「管理組合は、区分所有法第 3 条に基づき、

区分所有者全員で構成される強制加入の団体であり、居住者が任意加入する地縁団体である自治会、町内会等とは異なる性格の団体であることから、管理組合と自治会、町内会等との活動を混同することのないよう注意する必要がある。」とされ、「自治会又は町内会等への加入を強制するものとならないようにすること。」とされています。

本件自治会については、地縁団体として設置された団体であって管理組合とは異なる別の団体であり、これらに関して管理規約において強制的な加入を定めても、当該管理規約の定めは無効と考えられます。

したがって、本件においては、当該区分所有者の脱退を制限することはできないでしょう。

## 問30　組合費から自治会への支払

**キーワード**　【自治会費】【組合費】【コミュニティ形成】【管理規約】
【管理組合の目的】【区分所有法３条】

**Q**　当マンションでは、自治会と共同して防犯パトロール、防火訓練、清掃活動を行っています。このような活動の費用を管理組合から支出するため、当マンションの管理組合が自治会に加入し、会員として自治会費を支払うことはできますか。

**A**　管理組合業務の範囲内の活動を、自治会が行っている場合には、管理組合が当該自治会に加入することも、管理組合の目的の範囲内といえる場合があります。

ただし、自治会費を支払うことについては、自治会の活動に、管理組合の目的の範囲外のことが含まれる場合には、自治会費を支払うことが正当化されない可能性があり、または、実態に照らし、区分所有者から、自治会費を管理費に含めて代行徴収しているとみられる可能性があります。

**解説**

### 1　問題の所在

マンション管理組合は、区分所有法３条によって、当然に区分所有者全員で設立される団体であり、区分所有者にとっては強制加入団体となっています。

　そのため、管理組合の活動、特に管理組合からの支出は、管理組合の目的の範囲内で行う必要があります。

　そして、区分所有法3条において、「建物並びにその敷地及び附属施設の管理を行うための団体を構成し」と規定されており、管理組合の目的は、「建物並びにその敷地及び附属施設の管理」であると定められています。

　よって、当該自治会への支払が、「建物並びにその敷地及び附属施設の管理」の範囲内の支出といえるかが問題となります。

## 2　裁判例

　この点、団地管理組合が団体として自治会に加入する旨の管理組合の規定や、団地管理組合が会員として自治会費を支払う旨の規定、支払の承認決議などの効力につき、団地管理組合の目的の範囲内ではなく、区分所有者の団体への加入・脱退の自由を侵害することから、無効であるなどとして争われた事案があります。

### (1)　一審の判断

　一審においては、団地管理組合が行う団地内の土地、附属施設及び専有部分のある建物の「管理」とは、「建物等を維持していくために必要かつ有益な事項をいうものと解され、建物等の管理又は使用に関わりのない事項は、規約として定めても効力を生じないものと解される。」と判示されました。

　そして、本裁判例は、団地管理組合として、団体に加入することが「建物等の管理又は使用に関する事項に該当し、建物等を維持していくために必要かつ有益であること」を要することを示し、本件においては、当該自治会の活動地域は建物等の対象範囲と一致し、また、自治会の基本方針は本件マンションの生活環境の改善・向上のための活動が含まれること、防災・防犯・清掃活動、本件マンションの価値の維持・向上に資する近傍の美化活動・住環境改善活動を行っていることを認定し、本件団地管理組合の目的の範囲内といえるとしました。

　そして、自治会がイベント（催事）やサークル活動を行っていることが目的の範囲を超えるという原告の主張については、自治会への加入が建物等の管理に必要かつ有益である以上、自治会が被告の目的に含まれない活動を行っていた場合であっても、本件加入が被告の目的の範囲を逸脱する

---

（注22）東京地判令和4年7月20日ウエストロー・ジャパン登載（事件番号：令3（ワ）30788号）。

こととはならないとしています。

　また、なお書きで「イベント（催事）やサークル活動についても、その目的・内容によっては、マンション及び周辺の居住環境の維持向上に資する活動として、被告（筆者注：管理組合）の目的に含まれる場合があり得るものと解される。」としています。

　さらに、本裁判例は、「区分所有法に定められた被告の規約事項を潜脱する意図で定められたことが明らかであるなどの特段の事情が認められる場合には、本件各条項の効力が否定される余地もないとはいえない。」と判示した上で、自治会費の支払についても、団地管理組合が自治会にその業務の一部を委任し、団地組合業務の補助を受けることの対価としての性質を有すること、区分所有者各人の自治会費を支払うようなことではないことを認定し、区分所有法に定められた管理組合の規約事項を潜脱する意図で定められたわけではないとしました。

### (2)　控訴審の判断

　控訴審においては、「管理」とは、「団地建物所有者の団体的意思決定に[注23]服すべきものとされる対象事項を広く包摂するものであるところ、管理組合の当該業務がその目的の範囲内のものかどうかは、社会通念に照らし、建物等の使用のため団地建物所有者が全員でこれを行うことの必要性、相当性に応じて判断すべきであると解される。」と判示されました。

　その上で、「団体として本件自治会に加入し、上記活動（筆者注：ただし、ここでいう「上記活動」には、イベントやコミュニティクラブの活動等への補助金交付は含まれていない）に要する費用を支出することは、管理組合の目的の範囲内のものというべきである。」と判示し、「本件自治会の他の活動には、上記目的の範囲に含まれないものがあるとしても、このことをもって、被控訴人が本件自治会に加入することが直ちに管理組合の目的の範囲を逸脱するものであるということはできない。」としています。

　他方で、イベント等活動は、「任意加入の地縁団体である自治会固有の活動というべきであり」、管理組合がこのような活動に要する費用を自治会費として負担することは、「任意加入の地縁団体である自治会の活動と、区分所有者によって構成される強制加入の団体である管理組合の業務を混同するものというべきである。」と判断しています。

---

（注23）東京高判令和5年5月17日ウエストロー・ジャパン登載（事件番号：令4（ネ）3819号）。

　また、本裁判例のマンションの実態に照らすと、管理組合は、「各マンションの区分所有者から自治会費を管理費に含めて代行徴収しているとみることができる」と認定した上、自治会から退会した区分所有者に対して、「自治会費相当額を管理費に含めて徴収することは、実質的に本件自治会からの退会の自由を制限するものというべきである。」として、自治会からの退会後に区分所有者から徴収した管理費のうち自治会費相当額は、不当利得に当たると認めるのが相当であるとしました。

　なお、控訴審は、本裁判例の管理組合と自治会の委託関係について、「本件自治会が行う活動のうち、管理組合である被控訴人の目的の範囲内に含まれるものとそうでないものとの区別が適切に行われているとはいい難いものであり（なお、前記のとおり、本件自治会の支出においては、同目的に含まれない活動に関するものが大半を占めている。）、これに基づく委託費用としての自治会費の支払は、全体的に正当化することができないものである」としています。

## ▶ コミュニティ形成費

 **問31　コミュニティ形成費**

🔑**キーワード**　【コミュニティ形成】【管理規約】【管理組合の目的】
　　　　　　　　【区分所有法3条】

**Q**　マンションのコミュニティ形成のために、管理組合から支出して、盆踊り大会やハロウィンパーティーなどのイベントを開催することはできますか。

**A**　考え方は分かれていますが、当該活動が全住民が参加するものである場合には、開催することができると考える余地があります。

**解説**

### 1　問題の所在

　管理組合の中には、住民のコミュニケーションを活性化させ、台風や火災、地震などの災害時に相互に協力できるような生活環境にするために、また、住環境の充実を強みにして、若者やファミリータイプの入居者を増

加させるために、盆踊り大会やハロウィンパーティーのようなコミュニ
ティ活動を必要と考え、イベントを開催している管理組合もあります。

　他方で、管理組合が強制加入団体であることから、コミュニティ活動へ
の支出は抑制的であるべきとの考え方もあります。

　マンション管理組合は、区分所有法3条に基づき、当然に区分所有者全
員で設立される団体であり、区分所有者にとっては強制加入団体です。

　そのため、管理組合の活動、特に管理組合からの支出は、管理組合の目
的の範囲内である必要があります。そして、区分所有法3条において、管
理組合の目的は、「建物並びにその敷地及び附属施設の管理」と定められ
ています。

　よって、盆踊り大会やハロウィンなどのコミュニティ活動の費用につい
て、管理組合の目的の範囲内の支出といえるかが問題となります。

## 2　区分所有法3条における「管理」について

　この点、ここにいう「管理」は、立法担当者によれば最広義の「管理」
であり、管理のほか、それに付随し又は付帯する事項も含まれるとされて
います。また、「各専有部分の使用に関する事項であっても、区分所有者
の共同の利益に関する事項や建物の構造上あるいは社会通念上区分所有者
が共同して行うことが相当と認められる事項は、その目的に含まれると解
すべきである。」とされています。また、「これらの限界は難しい問題であ
り、個々の事案ごとに社会通念に照らして考えるほかはない」とされてお
り、レクリエーション等の共同の行事等については、「建物の構造、取引
通念、その他社会通念に従い、建物の使用のため区分所有者が全員で共同
してこれを行うことの必要性、相当性に応じて判断すべきであろう」とさ
れています。また、任意参加のレクリエーション行事のようなものは、
「一般的には、目的の範囲外というべきであろう」とされています。[注24]

## 3　裁判例

　なお、ハロウィンパーティーへの管理組合からの支出を認めた裁判例は、[注25]
「理事会は、本件パーティーについて、居住者間のコミュニティ形成に寄
与し、マンションの治安を維持、ひいてはマンションの資産価値低下を防
ぐ効果を持つものとして実施されていると評価している……。……マン

---

（注24）濱崎恭生『建物区分所有法の改正』（法曹会、1989）115 〜 118頁。
（注25）東京地判令和3年9月9日ウエストロー・ジャパン登載（事件番号：令2
　　　（ワ）26308号）。

ションの住人……が互いに交流を持つことにより、一定の防犯効果を期待し、マンションの資産価値低下を防止するとの考え方には一定の合理性がある。」などと認定し、ハロウィンパーティーへの支出は区分所有法3条に違反しないと判示しています。

## ▶ 管理費・修繕積立金の振替

 **問32　管理費の余剰金を修繕積立金に振替できるか**

**キーワード**　【管理費】【修繕積立金】【振替】

**Q**　当管理組合では管理費に余剰が生じている一方、修繕積立金会計が枯渇気味です。

修繕積立金の増額を行うと組合員からの反発が予想されますので、余剰管理費の一部を修繕積立金に振り替えたいと考えているのですが、可能でしょうか。

なお、管理規約は標準管理規約と同一です。

**A**　管理規約を変更の上、余剰管理費を修繕積立金に振り替えることが可能です。

解説

標準管理規約61条1項では、管理費に余剰が生じた場合には、翌年度の管理費に充当する運用となっています。

したがって、標準管理規約と同様の管理規約を有する管理組合においては、このままでは余剰管理費を修繕積立金会計に振り替えることは管理規約違反の疑いが生じますので避けるべきです。しかし、管理費と修繕積立金の分別会計の趣旨は、専ら修繕積立金の取り崩しによる計画修繕の円滑な実施が妨げられることにあります。この点に鑑みれば、管理規約を変更することで、管理費から修繕積立金への振替が可能となると考えられます。

**問33　修繕積立金を管理費に振替できるか**

🔑キーワード　【管理費】【修繕積立金】【振替】

**Q**　当管理組合では管理費会計が火の車で、管理会社に支払う予算が確保できません。
　修繕積立金を取り崩して管理費会計に振り替え、管理会社へ支払う予算に充てることは可能でしょうか。

**A**　修繕積立金を管理費に振り替えることは、原則認められません。管理費の枯渇については、管理費の増額によって賄うか又は管理費会計の見直しを行いましょう。

**解説**

　標準管理規約28条1項では、修繕積立金の使途を各号に掲げる「特別の管理に要する経費に充当する場合」に限ってのみ認めています。そもそも、管理費と修繕積立金の分別会計の趣旨は、会計の混同による修繕積立金財産の毀損により計画修繕の円滑な実施が妨げられることを防ぐことにあります。

　したがって、修繕積立金を取り崩して管理費に振り替えることは、修繕積立金と分別会計の趣旨からすれば、認められないと考えられます。

### ▶ **相殺、同時履行の問題**

 **問34　区分所有者側からの管理費の相殺**

🔑キーワード　【相殺】【管理費等滞納】

**Q**　管理費等を滞納している区分所有者に対して請求を行ったところ「共用部分からの水漏れにより家財に被害を受けているため、損害賠償請求権と管理費等の支払義務を相殺する。相殺によって滞納分は消滅するので、請求されている管理費等を支払う必要はない」という通知が届きました。このような相殺は有効なのでしょうか。

**A** 　裁判例上、区分所有者側から管理費等の相殺を主張することは認められていません。

**解説**

　マンションの管理費や修繕積立金の支払義務は、組合員であることから当然に負うべき義務であり、かつ、現実的に金銭としての支払がなければ、建物の維持管理や管理組合の運営に困難が生じる可能性があります。このような点に着目して、「管理費等拠出義務の集団的、団体的な性質とその現実の履行の必要性に照らすと、マンションの区分所有者が管理組合に対して有する金銭債権を自働債権とし管理費等支払義務を受働債権として相殺し管理費等の現実の拠出を拒絶することは、自らが区分所有者として管理組合の構成員の地位にあることと相容れないというべきであり、このような相殺は、明示の合意又は法律の規定をまつまでもなく、その性質上許されない」と判断した裁判例があります。[注26]

　この判決がいう「性質上許されない」との理由づけに対しては学説上の批判もあるところであり、同様の理由づけを採用する裁判例もありませんが、本問のようなケースで区分所有者側に相殺を認めるような見解までは見受けられません。管理実務上は、区分所有者側からの相殺の主張に関しては認められないことを前提に、対応を取ってかまわないでしょう。

 **問35　管理組合側からの管理費等の相殺**

**🔑キーワード**　【相殺】

**Q** 　当管理組合では役員報酬を支払っています。先日、とある役員から「役員報酬を支払う際の振込手数料が無駄なので、管理費と相殺処理してほしい」という要望がありました。確かに相殺した方が管理組合の得になるので、前向きに考えたいと思っています。このような場合、相殺は可能でしょうか。

---

（注26）東京高判平成9年10月15日判時1643号150頁。

総会決議を得れば相殺も可能であると考えますが、管理規約の変更で対応することをお勧めします。

**解説**

　問 34 の解説において引用した東京高判平成 9 年 10 月 15 日判時 1643 号 150 頁は「マンションの区分所有者が管理組合に対して有する金銭債権を自働債権とし、管理費等支払義務を受働債権として相殺し管理費等の現実の拠出を拒絶すること」、つまり区分所有者側が管理費の相殺による消滅を主張することについて判断を行った裁判例であり、管理組合側からの相殺については判断を下していません。

　区分所有者側からの相殺について、裁判例が一貫して問題意識を有しているのは、管理費が現実的に支払われないことにより共用部分等の管理への悪影響があるためだと考えられます。もっとも、管理組合側から相殺を行う場合には、そのような事態を組合側が認容している以上、問題になりません。むしろ管理組合側が相殺を主張する場合には、本問のように、管理組合の利益になる場合も多々あるものと考えられますから、基本的に許容されてよいのではないかと考えます。ただし、裁判例の確立していないグレーゾーンであることは確かです。

　また、管理組合側から相殺を行う場合、管理組合内部においていかなる手続を取ればよいのかという点も問題となります<sup>(注27)</sup>。私見としては、本問のように管理組合にメリットのあるケースであり、かつ相殺による消滅する金額も少額であれば、普通決議を得れば足りると考えますが、この点についても確固たる法律の定めや裁判例は見受けられません<sup>(注28)</sup>。

　以上のように、多様な論点を含み得る問題であることを考えれば、問題を複雑化させないためにも、役員報酬と管理費を差し引いて処理できる旨

---

（注27）①相殺は債務を消滅させる行為である以上、債務免除に類する処分行為（民法 251 条 1 項。問 51 参照）として区分所有者全員の同意を要するという考え方、②あくまでも役員報酬の支払方法を相殺により簡易化しようという問題でしかないため、処分行為とは異なり、振込手数料を削減できる点で共用部分の管理にプラスとなることを踏まえ、狭義の管理として総会普通決議（区分所有法 18 条 1 項本文。問 49 参照）を得れば足りるという考え方があり得るところです。

（注28）ただし、普通決議の方式でされた管理費請求権の免除の決議を認めた裁判例として、東京高判平成 30 年 7 月 26 日ウエストロー・ジャパン登載（事件番号：平 30（ネ）1408 号）があります。

の定めを管理規約に設けることで解決するのが望ましいと考えます。

## ▶ その他の金銭請求

###  問36 外部区分所有者協力金

**キーワード** 【外部区分所有者】【協力金】【特別の影響】
【区分所有法31条】【役員のなり手不足】

**Q** 当マンションでは、役員は、居住している区分所有者の中から選ばれることになっています。しかしながら、居住者が高齢化し、役員のなり手不足の問題が深刻化しています。

このような中で、役員業務を免れている外部区分所有者と、役員業務の負担が短いサイクルで回ってくる内部区分所有者との間で、不公平感が生まれています。

外部区分所有者は役員業務の負担がないので、その分、管理組合運営協力金として、外部区分所有者から月額2000円程度徴収することはできますか。

 管理組合が、外部区分所有者から、管理組合運営協力金を徴収できるか否かは、当該管理組合の状況を考慮して、慎重に検討しなければなりません。また、実際に徴収するのであれば、規約の変更が必要です。

**解説**

#### 1 外部区分所有者協力金の徴収を認めた裁判例

外部区分所有者と内部区分所有者との間に存在する、役員など管理組合業務負担の不平等さを解消するために、外部区分所有者から、住民活動協力金名目で月額2500円の徴収を規約に定めたことが争われた事案で、外部区分所有者から月額2500円の住民活動協力金を徴収することを認めた最高裁判例があります。[注29]

本裁判例においては、このような規約を定めることについて、外部区分所有者に「特別の影響を及ぼすべきとき」（区分所有法31条1項後段）に該当

---

(注29) 最判平成22年1月26日裁判集民233号9頁。

し、外部区分所有者からの承諾を必要とするか否かが争われました。

　そして、①本件マンションは大規模であり、また、保守管理や良好な住環境の維持には組合員の協力が必要不可欠である状況の中で、不在組合員は、規約上役員に就任できず、また日常的な労務を提供していない状況にあり、居住組合員の活動により行われていた保守管理や良好な住環境の維持の利益のみを享受している状況にあったこと、②不在組合員の所有する専有部分の割合が相当程度（全戸数の約2割）に上っているような状況であったこと、このような状況の中で、③管理組合業務の分担が一般的に困難な不在組合員に対し、一定の金銭的な負担を求め、不在組合員と居住組合員の間の不公平を是正しようとしたことには、必要性と合理性が認められないものではないこと、④不在組合員が受ける不利益は、月額2500円であり、組合費と住民活動協力金を合計した不在組合員の金銭的負担は、居住組合員が負担する組合費が月額1万7500円であるのに対し、約15％増しの2万円にすぎないこと、⑤反対者は、不在組合員が所有する専有部分約180戸のうち12戸を所有する5名の不在組合員にすぎないことなどから、住民活動協力金として月額2500円を徴収する規約変更は、不在組合員において受忍すべき限度を超えるとまではいうことができず、「特別の影響を及ぼすべきとき」に該当しないと判示しました。

## 2　外部区分所有者協力金を徴収するに当たっての検討・手続

　事案によって判断は異なり得ますので、上記の最高裁判例を参考に、外部区分所有者と内部区分所有者との差を埋めるために、外部区分所有者の承諾なく、外部区分所有者から協力金を徴収することが可能か慎重に検討する必要があると考えます。

　そして、慎重に検討した結果、外部区分所有者に、「特別の影響を及ぼすべきとき」に該当しないと判断できる場合であれば、外部区分所有者から管理組合の運営に関する協力金の徴収をするように規約を変更して、徴収をすることとなります。

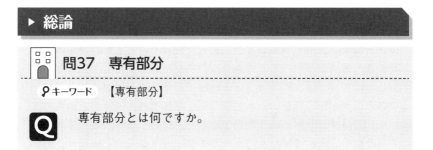

· 第 **2** 編 ·

# 専有部分の問題

▶ **総論**

 問37　専有部分

🔑 キーワード　【専有部分】

**Q** 専有部分とは何ですか。

**A** 　区分所有権の目的となっている建物の部分（代表例は各住戸）を指します。

**解説**

　区分所有法2条3項は「この法律において『専有部分』とは、区分所有権の目的たる建物の部分をいう。」と定めています。区分所有権の目的たる建物の部分とは、区分所有法1条にいう「一棟の建物に構造上区分された数個の部分で独立して住居、店舗、事務所又は倉庫その他建物としての用途に供することができるものがあるとき……の各部分」を指します。

　標準管理規約7条1項では、「対象物件のうち区分所有権の対象となる専有部分は、住戸番号を付した住戸とする。」とされ、専有部分の対象を具体的に示しています。

## ▶ 専有部分の使用方法（事務所、民泊、サロン等）

 問38　専有部分の事務所利用

**キーワード**　【住居専用規定】【事務所利用】【共同利益背反行為】
【標準管理規約12条1項】

 　当マンションでは、専有部分について住居以外の利用方法が禁止されています。しかし、とある区分所有者は住戸を会社の事務所として利用しており、従業員の出入りも見受けられます。理事長から事務所利用をやめるように警告を行ったのですが、当該区分所有者は「事務所といっても従業員は数名程度で静かだし、顧客との打合せにはマンション外のカフェを使っている。住民に迷惑はかけていないのだから問題はない」と主張して、事務所利用の停止を拒否しました。迷惑かどうかという問題ではなく、会社の事務所として利用している以上は規約違反だと思うのですが、どうなのでしょうか。

**A**　本問の会社事務所としての利用は規約違反と考えられます。実際に騒音等の住環境への弊害が発生しているかどうかは、住居専用規定違反の有無とは無関係です。

### 解説

#### 1　住居専用規定の有効性

　標準管理規約12条1項は「区分所有者は、その専有部分を専ら住宅として使用するものとし、他の用途に供してはならない。」と定めています。このような、いわゆる住居専用規定が存在するマンションでは、住居以外の方法での専有部分利用が禁止されます。専有部分の利用方法は原則として自由であるものの、建物全体の住環境という共同の利益を保持するために利用方法の規制はやむを得ないものですから、住居専用規定自体が無効という主張は認められません。（注30）

#### 2　住居専用規定の解釈

　もっとも、住居専用規定のいう「住宅としての使用」が、具体的に何を指すのかという点は、突き詰めて考えると難しいものがあります。会社事務所としての利用が住宅としての使用ではないことは間違いないでしょう

が、例えばテレワークのため室内で PC を利用するということであればどうでしょうか。仕事として利用していることは同じですが、テレワークが住環境に影響を及ぼすとはいい難いでしょう。また、住戸で少人数の料理教室を行うというのはどうでしょうか。料理をするということ自体は住宅としての使用の範疇でしょうし、料理教室ではなく、友人を呼んで一緒に料理をするということであれば、住環境に影響はないといっても違和感はないと思います。

このように「住宅としての使用」をしているかどうかの判断を行うに当たっては、利用の目的だけを捉えて判断することが困難です。そこで標準管理規約コメント 12 条関係①では「住宅としての使用は、専ら居住者の生活の本拠があるか否かによって判断する。したがって利用方法は、生活の本拠であるために必要な平穏さを有することを要する。」として、利用方法に着目した判断を行うものと説明しています。

重要なのは、ここにいう利用方法とは生活の本拠としての使用がなされているかを判断するための要素にすぎないということです。会社事務所として使用されていることが明らかな場合には、どのように言い訳をしてもそこが生活の本拠であるとはいえません。

したがって、いかに静かに使用しているといっても、住居専用規定に反することになります。よって、本問の区分所有者のいうような「住居として使用してはいないが住環境は乱していない」という内容の主張は認められません。

これに対し、住宅として利用しつつも、週末に料理教室を営んでいるというような場合には、実際の利用方法に着目して、その程度が「生活の本拠であるために必要な平穏さを有する」限度に留まっているかどうかを判断する必要があります。SOHO 利用や民泊、グループホームなどの場合も同様に考えられるでしょう。

---

(注30) 大阪高判平成 14 年 5 月 16 日判タ 1109 号 253 頁は、区分所有者が専有部分の利用方法について規制を受けるべき理由について、「各区分所有者は、専有部分についてそれぞれ所有権を有し、形式上はこれを独占的に支配する権能を有しているが、専有部分といえども物理的には一棟の建物の一部分にすぎず、一棟の建物を良好な状態に維持することが必要であり、区分所有者全員の有する共同の利益に反する行為をすることは、たとえ専有部分に対する区分所有者の権利の範囲内の行為と認められるものであっても許されない。」と的確に表現しています。なお、区分所有法 30 条 1 項の「建物」には専有部分も含まれますから、専有部分の利用方法を規約で定められること自体に争いはありません。

　裁判例においても、会社事務所や士業事務所[注31]としての利用については、その具体的な利用状況を問うことなく住居専用規定に違反するものと判断しています。他方、住宅としての利用とともに営業行為が行われている場合には、具体的な利用方法にも着目して住宅としての利用の範疇かを判断する傾向にあります。[注33]

## 3　住居専用規定違反と共同利益背反行為との関係

　なお、住居専用規定違反の是正を求めるに当たっては、通常、標準管理規約67条のような規定に基づき差止請求を行うものと考えられますが、このような規定が不備である場合には、区分所有法57条等に基づき共同利益背反行為への対処としての請求を検討することになります。この場合、住居専用規定違反のみをもって「区分所有者の共同の利益に反する行為」（区分所有法6条1項）といえるか（実際の住環境への悪影響などを考慮して判断する必要はないか）が問題となりますが、この点については肯定的に考えてよいと思います。住居専用規定は、その存在によって住宅専用マンションとしての住環境という共同の利益を保護するものであり、これに違反すること自体が直接的に共同の利益を侵害する行為になると考えられるためです。[注34]

---

（注31）　東京地八王子支判平成5年7月9日判時1480号86頁。

（注32）　東京高判平成23年11月24日判タ1375号215頁。

（注33）　東京地判令和元年5月17日ウエストロー・ジャパン登載（事件番号：平30（ワ）11526号）は、区分所有者が住宅として使用する傍らフラワーアレンジメント教室を開いていたという事案において、ホームページ上で募集を行うとともにレッスン料等を収受し、資格認定制度なども設けていたことから、不特定多数の者の来訪が想定される事業として教室が営まれていたと認定し、住居専用規定への違反を認めています。また、事例判断ではあるものの、標準管理規約12条1項と同文の規定について「マンションの住民らの平穏で静謐な居住環境を維持するために、本件マンションの用法を居住用に限定し、不特定又は多数人が出入りすることが想定される事業用として利用することを一律に禁止する趣旨の規定であると解するのが相当であり、平穏な用法あるいは主たる用法でなければ事業のために利用することを許容しているものとは解されない。」との解釈を判示しており、参考になります。

（注34）　佐久間毅「〈コラム〉区分所有者の共同の利益に反する行為に関する裁判例」山野目章夫ほか編『マンション判例百選』（有斐閣、2022）122頁。

## 問39　住居専用マンションにおける法人登記の可否

🔑 **キーワード**　【住居専用規定】【法人登記】【標準管理規約 12 条 1 項】

**Q**　当マンションの管理規約には、標準管理規約 12 条 1 項と同様に「区分所有者は、その専有部分を専ら住宅として使用するものとし、他の用途に供してはならない。」との定めがあります。この度、区分所有者から「マンションの一室を法人の本店所在地として登記したい」という相談がありました。登記を置くだけであり、営業活動は行わないということなのですが、管理組合として認めてもよいのでしょうか。

**A**　本店所在地としての登記を行うこと自体が規約違反であるとはいえません。ただし、管理組合として積極的に登記を認めることには慎重になるべきです。

標準管理規約コメント 12 条関係①は、「住宅としての使用は、専ら居住者の生活の本拠があるか否かによって判断する。したがって利用方法は、生活の本拠であるために必要な平穏さを有することを要する。」としています。裁判例においても、いわゆる住居専用規定の違反の有無を判断するに当たっては、実際の利用方法に着目しており[注35]、登記を置いただけで住居専用規定に違反したと判断したものは見受けられません。

　ただし、管理組合側が登記を積極的に認めると、後に営業行為までもが開始されてしまったときに「法人登記を認めたということは営業を容認したということだ」との反論を受けかねません。したがって、管理組合としては、法人登記を曖昧に承認するのではなく、「登記をするだけで規約違反とは判断しないが、使用態様等に照らして住居専用規定に違反すると判断した場合には理事長からの警告や法的措置等を行うことになる」という回答を、明確に行っておくことが必要です。

　なお、管理規約で法人登記自体を禁止することは難しいと考えます。管

---

（注35）東京高判平成 23 年 11 月 24 日判タ 1375 号 215 頁、東京地判令和元年 5 月 17 日ウエストロー・ジャパン登載（事件番号：平 30（ワ）11526 号）。

第**2**編　専有部分の問題

理組合が専有部分の利用方法を制限することができるのは、それが区分所有者間の共同の利益の保持に関連するためです。住居専用規定が目的とする平穏な居住環境の保持との関係では、現実的な利用方法に着目して規制を行うことが重要であり、かつ、それのみで規制としては足ります。これに対して、登記までを禁止することは、専有部分の利用方法に対する過度な規制として、管理組合の目的を逸脱する定めと判断される可能性があります。また、仮にそのような条項を定めたとしても、法務局における登記実務上において規約違反の有無が考慮されることはなく、実効性はないでしょう。

　法人登記との関連で何らかの措置を講じておくとすれば、登記を行う際には管理組合への届出を義務付ける規定を設けることが有効でしょう。法人登記の有無は、住居専用規定違反の可能性がある住戸について管理組合が調査を行う端緒として非常に重要なものです。管理組合としてあらかじめ法人登記の存在を知っていれば、実際に営業活動等が行われた場合にタイムリーな対応が可能ですから、平穏な住環境の保持という目的との関係で意味を有する定めと考えられます。

## 問40　専有部分での営業の不承認

**キーワード**　【店舗営業】【理事長の承認】

**Q**　私の会社では、マンションの専有部分を購入し貸し出すことで収益を得ています。最近、駅に近いマンションの1階部分に空きが出たため購入しました。賃借人を募集していたところ、心療内科クリニックから出店したいとの問合せがあったため、近々契約を結ぶ予定です。

　このマンションの管理規約には、マンションの風紀を損なうような風俗営業や、音や振動が問題になるカラオケ店等での営業は禁止すると明記されています。それ以外の営業については「管理者の承認を得て営業すること」と定められていたため、管理者である理事長に申請

---

（注36）標準管理規約コメント6条関係は、「管理組合の業務は、区分所有法第3条の目的の範囲内に限定される。ただし、建物等の物理的な管理自体ではなくても、それに附随し又は附帯する事項は管理組合の目的の範囲内である。各専有部分の使用に関する事項でも、区分所有者の共同利益に関する事項は目的に含まれる」としています。

を行いました。

　ところが、理事長からは「過去に１階で営業していた店のごみ出しのマナーが悪かった」「心療内科に通う患者がトラブルを起こすかもしれないので不安だ」というような理由で、営業を不承認とするとの回答がありました。ごみ出しは専用の業者と契約する予定ですし、患者がトラブルを起こすというのも偏見ではないかと思うのですが、それでも理事長が営業を不承認とすることは認められるのでしょうか。

 　本問の理事長による不承認判断は、管理者に与えられた裁量を逸脱するものと考えられます。不法行為上の違法性を有する行為として、本問のマンションの管理組合は損害賠償責任を負う可能性があるでしょう。

**解説**

　管理規約において専有部分における店舗等の営業を一律禁止すること、すなわち住居専用規定を設けることが有効である点に争いはありません（問 38 参照）。もっとも、本問の管理規約は店舗営業を一定の場合に禁止するものです。このような規定を置く管理規約では多くの場合、管理者の承認を得ることが営業の条件とされています。

　この場合における管理者の承認判断は完全な自由裁量というわけではありません。本問のように、管理組合が心療内科クリニックの営業を承認しなかった事案において、「裁判所がその処分の適否を審査するに当たっては、……裁量権の行使としての処分が、全く事実の基礎を欠くか又は社会観念上著しく妥当を欠き、裁量権の範囲を超え又は裁量権を濫用してされたと認められる場合に限り、違法であると判断すべきものである」として、不承認判断が不法行為上の違法性を有すると判示した裁判例があります[注37]。この裁判例に基づけば、本問の理事長の判断は、客観的な証拠や事実の裏付けなく臆測に基づいて判断を行っているという点において、裁量の逸脱・濫用に該当するという結論になるでしょう。

　なお、上記の裁判例は事例判断であり、実際に管理者がどの程度の裁量の幅を有するかは個々の管理規約の解釈によって異なります。ただし、専有部分の利用方法は原則として各区分所有者の自由ですから、その裁量の

───────────────

（注37）東京地判平成 21 年 9 月 15 日判タ 1319 号 172 頁。

範囲は原則として狭いものと解されます。よって、管理者の判断による制限を正当化するためには、①区分所有者間の共同の利益に反するか、②規約上明示された合理的な判断基準に違反しているか、いずれかの理由が必要と考えられます。本問のように「管理者の承認を得て営業する」という程度の記載しかない管理規約に基づいて営業制限を行うことができるのは、①の事実が業種それ自体から明らかな場合、例えば反社会的勢力による営業が行われる場合など、ごく限られたケースであると考えられます。<sup>(注38)</sup>

## ▶ 専有部分工事

###  問41 専有部分工事への管理費等支出

**キーワード** 【専有部分工事】【配管】【給水管】【排水管】【計画修繕】

**Q** 当管理組合では排水管の更新工事を計画しているのですが、区分所有者からは「費用を負担したくない」といった声が上がっています。会計には余裕があるため、管理組合の支出だけで工事を行うことは可能なのですが、専有部分内の工事に管理費や修繕積立金を支出してもよいのでしょうか。

**A** 管理費を支出することは認められませんが、計画修繕の一環として修繕積立金を支出することは許容されると考えます。

 **解説**

一般的にマンションの配管は、縦管が共用部分、横管が専有部分と考えられています。<sup>(注39)</sup>したがって、排水管の更新工事費用を管理費から支出すると、専有部分の工事に管理費を使用することとなってしまい、管理費や修繕積立金の使途として認められるのか問題となります。<sup>(注40)</sup>

---

(注38) 管理者が区分所有法違反を是認すべきでないのは当然であり、そのような理由に基づく不承認判断が裁量を逸脱することはないと考えられます。

(注39) ただし、厳密には個々の給排水管・マンションの構造によって異なります。この点に関する詳細は問44、問45を参照してください。

(注40) 専有部配管工事への修繕積立金の使用等が争われた裁判例として、東京高判平成29年3月15日 LLI/DB 判例秘書登載（事件番号：平28（ネ）5103号）。

　この点、令和3年6月に改正される前の標準管理規約コメントにおいては「配管の清掃等に要する費用については、第27条第3号の『共用設備の保守維持費』として管理費を充当することが可能であるが、配管の取替え等に要する費用のうち専有部分に係るものについては、各区分所有者が実費に応じて負担すべきものである。」との記載のみがありました。この見解に従うと、区分所有者が費用支出を拒否する場合には、当該居室について横管の更新ができず、更新工事全体を断念するか、新しい配管と古い配管との継ぎ接ぎ状態での更新を行わざるを得ないということになり、配管全体の維持管理に支障を来す事態が生じていました。

　そこで、現行の標準管理規約コメント21条関係⑦では、上記の記載を維持して管理費の支出には否定的な考え方を示しつつも、「なお、共用部分の配管の取替えと専有部分の配管の取替えを同時に行うことにより、専有部分の配管の取替えを単独で行うよりも費用が軽減される場合には、これらについて一体的に工事を行うことも考えられる。その場合には、あらかじめ長期修繕計画において専有部分の配管の取替えについて記載し、その工事費用を修繕積立金から拠出することについて規約に規定するとともに、先行して工事を行った区分所有者への補償の有無等についても十分留意することが必要である。」との記載が追加されました。

　したがって、今後の管理実務においては同コメントの考え方を参考に、専有部分の配管工事を計画修繕の一環として位置づけることで、修繕積立金の使途のうち「一定年数の経過ごとに計画的に行う修繕」（標準管理規約28条1項1号）に該当するものと整理することが望ましいでしょう。

## 問42　専有部分工事の承認

**キーワード**　【専有部分工事】【住居専用規定】【理事長の承認】
【標準管理規約17条1項】

**Q**　当マンションでは一定範囲の専有部分工事について理事長の承認を得ることが義務付けられています。この度、とある住戸から工事承認申請があったのですが、専有部分での営業行為を目的とした工事ではないかと疑われる内容でした。管理規約上、専有部分を住居以外で利用することは禁止されているため、申請を拒絶したいのですが、可能でしょうか。

標準管理規約と同様の管理規約を置いている場合、承認審査は工事に伴う物理的影響に着目して行うべきです。利用方法に関する警告や停止措置は、承認手続とは別軸で進めるべきでしょう。

**解説**

　標準管理規約17条1項は、専有部分の修繕等のうち「共用部分又は他の専有部分に影響を与えるおそれのあるもの」について理事長の承認を必要としています。その審査にあたっての考慮要素は標準管理規約コメント17条関係及び別添2に詳しいですが、これらは工事に伴う物理的影響に着目したものであり、修繕後の具体的な利用方法に関しては考慮すべきものとされていません。修繕後の住居専用規定違反が疑われるケースであっても、それだけを理由に承認申請を拒絶することは、承認手続において考慮すべきでない事情を考慮したとして、理事長・理事会の裁量を逸脱する可能性があります。

　専有部分の利用方法は本来的に区分所有者の自由であり、現行の標準管理規約における専有部分の工事承認は、共用部分や他の専有部分への影響を考慮して、特別の制限として許容されているものです[(注41)]。本来的に管理組合の管理に服する共用部分の管理とは異なり、専有部分への規制については、管理規約による定めの範囲内で判断を行うことが求められると考えるべきでしょう。専有部分に関する住居専用規定違反の発生が予想される場合には、それを理由に承認を拒絶するという対応ではなく、工事後にそのような態様で利用することは認められないことの確認や警告、工事後の利用方法に関する誓約書や確認書の提出要求、実際に違反行為が確認された段階での差止め等を行うべきです。

---

（注41）平成28年の標準管理規約改正前は「共用部分又は他の専有部分に影響を与えるおそれのあるもの」との要件がなく、全ての修繕等に関して理事長の承認が必要であるような規定とされていました。このような規定が直ちに無効であるとは考えませんが、共用部分又は他の専有部分に影響を与えるおそれがない場合に、専有部分の修繕等を拒絶することは正当化し難いことからすれば、過度な規制を招きかねない規定であったことは確かです。

▶ **専有部分への立入り**

 **問43　専有部分への立入り**

🔑キーワード　【立入請求】【大規模修繕】【配管】【排水管】

　当マンションでは大規模修繕工事の一環として、共用部分である排水管の更新工事を行っているのですが、室内への立入りを拒否する居住者がいます。入室して工事を行うことはできないのでしょうか。

**A**　共用部分の管理のために立入りを請求することは認められますが、請求に応じない場合には法的手続による解決が必要です。

**解説**

**1　立入請求の根拠**

　区分所有法6条2項は「区分所有者は、その専有部分又は共用部分を保存し、又は改良するため必要な範囲内において、他の区分所有者の専有部分又は自己の所有に属しない共用部分の使用を請求することができる。」と定めています。同項は「区分所有者」を請求主体としていますが、区分所有法上の管理者はその職務に関し区分所有者を代理する（区分所有法26条2項）ことから、同項に基づいて専有部分の使用請求が可能です。[注42]

　また、標準管理規約23条1項も「前二条により管理を行う者は、管理を行うために必要な範囲内において、他の者が管理する専有部分又は専用使用部分への立入りを請求することができる。」として、同趣旨の規定を置いています。標準管理規約21条1項は「敷地及び共用部分等の管理については、管理組合がその責任と負担においてこれを行うものとする。」としていますから、区分所有法6条2項の請求と異なり、管理組合が主体となって立入請求を行うことができるものと考えられます。

**2　実際の解決方法**

　もっとも、立入請求が認められるとしても、無理矢理に入室して工事を

---

（注42）東京地判平成27年3月26日ウエストロー・ジャパン登載（事件番号：平25（ワ）26863号）。

することは自力救済（問89、問91参照）として認められません。工事を実行するためには、立入りの承諾に代わる判決や、工事の妨害禁止を求める訴訟を提起した上で判決を取得し、強制執行を行う必要があります。対象となる住戸で現に漏水が発生しているなど、早期に工事する必要性が認められる場合には、訴訟に先立って仮処分を申し立てることも考えられるでしょう。

　なお、管理実務上は、法的手続の実行が負担であるとして入室を拒否する住戸については工事を保留するというケースも多々あります。もっとも、共用部分につき工事を実施すること自体は総会決議等により決定されている以上、理事は決議の執行義務を負います。理事会としては入室を拒否されたからといって安易に工事を断念するのではなく、複数回の立入請求を行うなどして、保留判断が善管注意義務に反しないといえる程度の努力を行っておくことが必要であると考えられます<sup>(注43)</sup>。

　なお、同じく大規模修繕工事で専有部分への立入りが拒まれた場合の対応について、問85も参照してください。

## ▶ 専有部分と共用部分の区別

### 問44　給排水管の帰属

　**キーワード**　【専有部分】【共用部分】【附属物】【漏水】【配管】【給水管】【排水管】

**Q**　給水管から水漏れが発生しました。原因箇所の修繕費用の負担は、給水管が専有部分に帰属するか、共用部分に帰属するかで変わると聞きました。給水管は専有部分、共用部分、いずれに帰属しますか。

**A**　まずは、管理規約を確認し、水漏れの原因箇所が専有部分、共用部分のいずれであると規定されているか確認してください。

(注43)　特定の区分所有者の専有部分の前に室外機や看板が設置され、自転車やバイクが駐輪されていたため、付近の共用部分につき工事が実施されなかったという事例について、裁判例は保留に関する理事の判断が裁量を逸脱していたかどうかを検討しています（東京地判平成24年3月28日判時2157号50頁）。

　　管理規約に規定がなければ、原則としては、「本管から各住戸メーターを含む部分までは共用部分、住戸メーター以降（枝管）は専有部分」となります。

**解説**

**1　給排水管は専有部分、共用部分のいずれに帰属するかについての考え方**

　給排水管の帰属については、管理規約で専有部分か共用部分か定められるという有力な学説が存在します。また、裁判例の中には、管理規約で給水管の帰属を決められることを前提とする裁判例もあります。<sup>(注44)</sup>

　他方で、区分所有法の立法担当者は、「共用部分と専有部分の範囲は、……法律により定まっていて、規約で定めればそのとおりになるというものではありません。しかし、共用部分としたものは管理組合で管理し、又はその使用を規制することができ、専有部分としたものは各区分所有者が管理し、自由に使用することができることを定めたものとみれば、その効力を認めることができると考えられます。」<sup>(注45)</sup>としています。すなわち、立法担当者は、専有部分か共用部分であるか、すなわち帰属は規約で定めることはできないものの、維持管理の問題は規約で対応できるとしています。

　よって、まずは、給排水管の帰属（専有部分か共用部分か）についての管理規約の具体的な定めを確認し、①補修工事をするのは区分所有者か管理組合か、②その費用負担は区分所有者か管理組合か、を判断することになります。

**2　標準管理規約における給排水管の帰属**

　標準管理規約においては、給排水管の帰属（専有部分か共用部分か）につき、以下のとおり規定されています。

**標準管理規約8条**

第8条　対象物件のうち共用部分の範囲は、別表第2に掲げるとおりとする。

**標準管理規約　別表第2**

別表第2　共用部分の範囲

(注44) 東京地判平成18年9月1日 LLI/DB判例秘書登載（事件番号：平16（ワ）24418号）。
(注45) 法務省民事局参事官室編『新しいマンション法　一問一答による改正区分所有法の解説［増補版］』（商事法務研究会、1986）74頁。

2 ……各種の配線配管（給水管については、本管から各住戸メーターを含む部分、雑排水管及び汚水管については、配管継手及び立て管）等専有部分に属さない「建物の附属物」

よって、給水管の水漏れ部分が「本管から各住戸メーターを含む部分」までであれば、共用部分であり、管理組合による管理部分となります。

具体的な区分については、国土交通省「マンション管理標準指針」（平成17年12月）69頁を参照してください。

**【図表4　マンション専有・共有区分図の例】**

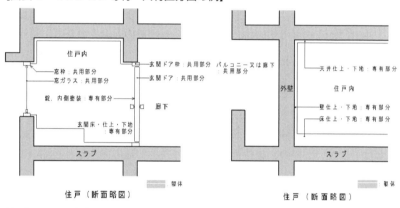

（出所）国土交通省「マンション管理標準指針コメント（二　管理規約の作成及び改正）」69頁

 **問45　区隔部分についての専有部分の範囲**

**キーワード**　【専有部分】【共用部分】【区隔部分】
【標準管理規約7条2項1号】

**Q**　住戸と住戸の間の境界部分（区隔部分）で鉄筋爆裂が発生しました。専有部分であれば居住者が、共用部分であれば管理組合が修繕費を負担すべきだと思うのですが、区隔部分についてはどこまでの範囲が専有部分になるのでしょうか。

**A**　標準管理規約7条2項1号では、躯体部分が共用部分とされ、上塗り部分などそれ以外の部分は専有部分とされています。

**解説**

　区分所有法上、区隔部分が専有部分に当たるのか、共用部分に当たるのかについて明確な定めはありません。議論も錯綜しているため、個々の管理規約に基づいて責任分担を解釈することが明快です。

　標準管理規約 7 条 2 項 1 号は「天井、床及び壁は、躯体部分を除く部分を専有部分とする。」と定めています。躯体部分、すなわち建物全体を維持するために必要な骨格部分は共用部分、それ以外の上塗部分（表面部分）は専有部分に当たるというのが標準管理規約の整理です。したがって、躯体部分で鉄筋爆裂が発生した場合、標準管理規約と同一の定めがあるマンションでは、管理組合が修繕費を負担することになります。

---

（注46）①区隔部分は全て共用部分に当たるとの説、②区隔部分は全て専有部分に当たるとの説、③骨格をなす部分（躯体部分）は共用部分であり、それ以外の部分（上塗部分）は専有部分に当たるとの説、④区分所有者間では③説を採用し、区分所有者以外との間では取引慣行に従い②説を採用すべきとの説などがあります（稲本洋之助ほか『コンメンタールマンション区分所有法［第3版］』（日本評論社、2015）19頁）。

（注47）ただし、管理規約によって専有部分・共用部分の範囲を決定することができるかについては争いがあります（問 44 参照）。

・第**3**編・

## 共用部分・共用施設に関する問題

▶ 総論

 **問46　共用部分**

----------------------------------

🔑キーワード　【共用部分】

　共用部分とは何ですか。

----------------------------------

　　区分所有者全員の共有に属する部分を指し、①専有部分以外の建物の部分、②専有部分に属しない建物の附属物、③区分所有法4条2項に基づき共用部分とされた附属の建物から構成されます。

----------------------------------

**解説**

　区分所有法2条4項は「この法律において『共用部分』とは、専有部分以外の建物の部分、専有部分に属しない建物の附属物及び第4条第2項の規定により共用部分とされた附属の建物をいう。」と定めており、それぞれ以下のように分類されます。

### 1　専有部分以外の建物の部分

　ここにいう「建物」とは、複数の専有部分を含む1棟の建物を指し、極めて単純に表現すると1棟のマンション建物そのもののことです。例えば、廊下や階段、屋上、外壁などが「専有部分以外の建物の部分」に当たります。

　「専有部分以外の建物の部分」は、区分所有法4条1項に基づき、その構造上当然に共用部分とされる法定共用部分と、区分所有法4条2項に基づいて規約により専有部分を共用部分とした規約共用部分に分かれます。

### 2　専有部分に属しない建物の附属物

　「建物の附属物」とは、建物そのものではないものの、建物に附属して

構造上・効用上その建物と不可分の関係にあるものを指します。具体例としては、ガスや水道の配管、テレビ受信アンテナ、冷暖房施設などです。建物内の設備等に限定されるものではなく、建物外に設置された共同の下水処理施設なども附属物に含まれます。建物の附属物は、専有部分に属するものを除いて共用部分となります。<sup>(注48)</sup>

### 3　区分所有法4条2項に基づき共用部分とされた附属の建物

「附属の建物」とは、区分所有建物と別個の不動産を指します。区分所有法4条2項は、附属の建物についても、規約により共用部分とすることを許容しています。代表例としては、マンション内の集会所などが挙げられるでしょう。

## ▶ 共用部分の権利関係

###  問47　共用部分の権利関係

🔑 キーワード 【共用部分】【一部共用部分】【共有】

1　共用部分、一部共用部分につき、それぞれ誰が所有していますか。
2　共用部分、一部共用部分につき、それぞれ共有者を変更することはできますか。
3　共用部分や一部共用部分の共有者でなくなった区分所有者は、共用部分、一部共用部分を使用できなくなるのでしょうか。

1　共用部分は区分所有者全員の共有、一部共用部分は、これを共用すべき区分所有者の共有となります。
2　管理規約によって、共用部分、一部共用部分の共有者は変更することができます。
3　共有者でなくなった区分所有者も共用部分、一部共用部分を使用できると解されます。

---

(注48)　コンクリートスラブ上の配管などは専有部分に属する建物の附属物と考えられています。

### 1　共用部分、一部共用部分の共有者

　管理規約に何らの定めがなければ、共用部分は区分所有者全員の共有、一部共用部分は、これを共用すべき区分所有者の共有となります（区分所有法11条1項、2項本文）。管理規約で特例の定めをして管理者を共用部分の所有者とする場合を除いて、区分所有者以外の者を共用部分の所有者とすることはできません（同法11条2項ただし書）。

### 2　共用部分、一部共用部分の共有者の変更

　区分所有法上、管理規約によって、

- 共用部分の一部を一部区分所有者の共有とすること
- 一部共用部分を区分所有者全員の共有とすること
- 共用部分又は一部共用部分を特定の区分所有者の所有とすること
- 一定の条件の下で管理者の所有（区分所有法27条1項）とすること

が認められています（区分所有法11条2項）。

### 3　共有者でなくなった区分所有者も共用部分、一部共用部分を使用できる

　共有者でなくなった区分所有者も共用部分、一部共用部分を使用できると解されます。

　区分所有法において、「各共有者は、共用部分をその用方に従つて使用することができる。」とされている（区分所有法13条）ことから、一見、共有者でなくなったら、共用部分や一部共用部分を使用できなくなるようにも思えます。

　しかしながら、ここにいう「共有者」とは、区分所有法11条1項の規定によって共用部分の共有者であった区分所有者をいうとされており、同条2項によって規約で共用部分の所有者を定めた場合であっても、また、管理者が共用部分の所有者となることを規約によって定めた場合（区分所有法27条1項）にも、共用部分の使用権を失わないとされています。

## ▶ 共用部分の管理

 **問48　共用部分の保存行為**

**キーワード**　【保存行為】

 共用部分の保存行為とは何ですか。

A 　共用部分を維持する行為（共用部分の滅失・毀損を防止して現状の維持を図る行為）のうち、緊急を要するか、比較的軽度のものを指します。標準管理規約に基づく場合には理事会決議により実施することが可能です。

### 解説

　保存行為は、民法上、共有物の管理に共通する概念です。共有物の現状を維持する行為であると解されており、修繕等の物理的な行為に加え、共用部分等に関する工事請負契約に基づく修補請求等の法律行為も、保存行為に含まれます。(注49)

　区分所有法上、共用部分の保存行為については、各共有者（区分所有法18条1項ただし書）及び管理者（同法26条1項）がすることができるとされています。もっとも、標準管理規約21条3項は一定の場合を除いて区分所有者が保存行為を行うことを禁止しており、かつ同条1項では「共用部分等の管理については、管理組合がその責任と負担においてこれを行う」と(注51)

----

(注49) 川島武宜ほか編『新版注釈民法(7)物権(2)』（有斐閣、2007）689頁〔濱崎恭生・吉田徹〕。

(注50) 専用使用権者による通常の使用に伴う保存行為、理事長の承認を得て行う保存行為、専有部分の使用に支障が生じた場合における緊急の保存行為については、区分所有者のみで行うことができます。

(注51) 標準管理規約21条6項が「理事長は、災害等の緊急時においては、総会又は理事会の決議によらずに、敷地及び共用部分等の必要な保存行為を行うことができる。」と定めていることからすると、保存行為は原則として管理者（理事長）が単独の判断で行うことができるものではなく、少なくとも理事会決議を経た上で行うべきものであると解されます。いずれにせよ予算執行の必要性があるため、理事長が理事会の判断を仰がずに単独で保存行為を行うという事例はほとんどありませんが、区分所有法上の管理者の権限を制限する以上、上記の解釈は今後の標準管理規約の改正において明示されるべきものであると考えます。

されています。そのため、保存行為は、管理実務上、理事会が総会決議を経ずに実行することができる行為であると解されています。

 問49　共用部分の狭義の管理

🔑キーワード　【狭義の管理】【広義の管理】

 共用部分の管理とは何ですか。

　共用部分の形状又は効用の著しい変更を伴わない変更を指します。総会の普通決議を取得した上で実行する必要があります。

**解説**

区分所有法18条1項本文は「共用部分の管理に関する事項は、前条の場合を除いて、集会の決議で決する。」としています。

そこで、区分所有法17条1項に定めのある「その形状又は効用の著しい変更を伴わない」変更を共用部分の管理と呼びます。

講学上では、これを「狭義の管理」と整理し、共用部分の保存行為、狭義の管理行為、変更行為を総括して「広義の管理」といいます(注52)。

狭義の管理については、区分所有法上、標準管理規約上いずれにおいても普通決議事項として定められています(区分所有法18条1項本文、標準管理規約47条3項2号括弧書き)。

---

(注52)　稲本洋之助ほか『コンメンタールマンション区分所有法［第3版］』(日本評論社、2015) 100頁。

## 問50　共用部分の変更

**♀キーワード**　【共用部分の変更】【区分所有法 17 条】

　共用部分の変更とは何ですか。

　共用部分の形状又は効用の著しい変更を伴う変更を指します。総会の特別決議を取得した上で実行する必要があります。

### 解説

区分所有法 17 条 1 項本文は「共用部分の変更（その形状又は効用の著しい変更を伴わないものを除く。）は、区分所有者及び議決権の各 4 分の 3 以上の多数による集会の決議で決する。」と定めています。

狭義の管理との区別、すなわち変更が形状又は効用の著しい変更を伴うものか否かが問題となる場合には、変更を加える箇所及び範囲、変更の態様及び程度等を考慮して総合的に判断する必要があります。[注53] また、標準管理規約コメントにおいては以下のように指摘されており、管理実務上での運用に当たってはこれを参考にして検討することも考えられます。

**標準管理規約 47 条コメント⑥**

> ⑥　このような規定の下で、各工事に必要な総会の決議に関しては、例えば次のように考えられる。ただし、基本的には各工事の具体的内容に基づく個別の判断によることとなる。
>
> ア）バリアフリー化の工事に関し、建物の基本的構造部分を取り壊す等の加工を伴わずに階段にスロープを併設し、手すりを追加する工事は普通決議により、階段室部分を改造したり、建物の外壁に新たに外付けしたりして、エレベーターを新たに設置する工事は特別多数決議により実施可能と考えられる。
>
> イ）耐震改修工事に関し、柱やはりに炭素繊維シートや鉄板を巻き付けて補修する工事や、構造躯体に壁や筋かいなどの耐震部材を設置する工事で基本的構造部分への加工が小さいものは普通決議により実施可能と考

（注53）稲本洋之助ほか『コンメンタールマンション区分所有法［第 3 版］』（日本評論社、2015）109 頁。

えられる。

ウ）防犯化工事に関し、オートロック設備を設置する際、配線を、空き管路内に通したり、建物の外周に敷設したりするなど共用部分の加工の程度が小さい場合の工事や、防犯カメラ、防犯灯の設置工事は普通決議により、実施可能と考えられる。

エ）IT化工事に関し、光ファイバー・ケーブルの敷設工事を実施する場合、その工事が既存のパイプスペースを利用するなど共用部分の形状に変更を加えることなく実施できる場合や、新たに光ファイバー・ケーブルを通すために、外壁、耐力壁等に工事を加え、その形状を変更するような場合でも、建物の躯体部分に相当程度の加工を要するものではなく、外観を見苦しくない状態に復元するのであれば、普通決議により実施可能と考えられる。

オ）計画修繕工事に関し、鉄部塗装工事、外壁補修工事、屋上等防水工事、給水管更生・更新工事、照明設備、共聴設備、消防用設備、エレベーター設備の更新工事は普通決議で実施可能と考えられる。

カ）その他、集会室、駐車場、駐輪場の増改築工事などで、大規模なものや著しい加工を伴うものは特別多数決議により、窓枠、窓ガラス、玄関扉等の一斉交換工事、既に不要となったダストボックスや高置水槽等の撤去工事は普通決議により、実施可能と考えられる。

## 問51　処分行為

**キーワード**　【処分行為】【広義の管理】

**Q** 　敷地や共用部分の処分行為とは何でしょうか。広義の管理（保存行為、狭義の管理行為、変更行為）との関係はどのように理解すればよいのですか。

**A** 　共有物の譲渡のような、変更を超えた法律的処分をいいます。広義の管理を超える行為とされるため、区分所有法の適用はなく、民法に従って共有者全員の同意が求められます。

**解説**

区分所有法は、「建物並びにその敷地及び附属施設の管理を行うための団体」（区分所有法3条）、すなわち管理組合に関して、民法とは異なる特別な規律を定めた法律です。広義の管理を超えて、所有権自体を処分するこ

とまでを管理組合には認めていません。処分行為については民法の規定に従って判断する必要があります。

　民法上、共有物を処分するには、共有者全員の同意が必要です（民法251条1項<sup>（注54）</sup>）。共有物の処分は変更の程度が多大であると考えられるため、共有者の一部でも反対する場合には認められず、全員の同意が必要とされているのです。

　マンション管理実務上、処分行為として問題になることが多いのは敷地の境界確定や売却です（問67参照）。そのほかには、共用部分に置かれた価値のある絵画を売却する場合などには、処分行為として共有者（区分所有者）全員の同意を要する可能性があります。

**【図表5　共有物の管理・処分の整理】**

| 分類 | | 区分所有法の適用 | 関連条文 | 実施要件<sup>（注55）</sup> |
|---|---|---|---|---|
| 広義の管理 | 保存行為 | あり<br>∵区分所有法の適用は、「建物並びにその敷地及び附属施設の管理」（区分所有法3条）の限度 | 区分所有法18条1項ただし書き、26条1項<br>標準管理規約21条1項ただし書、6項反対解釈 | 理事会決議 |
| | 狭義の管理 | | 区分所有法18条1項本文<br>標準管理規約47条3項2号括弧書き | 普通決議 |
| | 変更 | | 区分所有法17条1項本文<br>標準管理規約47条3項2号 | 特別決議 |
| 処分 | | なし | 民法251条1項 | 全員の同意 |

---

（注54）　川島武宜ほか編『新版注釈民法(7)物権(2)』（有斐閣、2007）452頁〔川井健〕。
（注55）　標準管理規約を前提にした整理をしています。

## 問52　共用部分の清掃は管理組合が主体になって行わなければならないか

**キーワード**　【共用部分】【保存行為】

**Q**　当マンションでは、コンシェルジュサービスを導入している専有部分区画が多くあります。この度、そのコンシェルジュサービスの内容として、共用部分の清掃までサービスを拡張することを検討してはどうかという話が挙がっています。

　つまり、共用部分の日常的な清掃に関して、管理組合が契約する管理会社との管理委託契約の委託事務には含めず、個々の区分所有者がコンシェルジュ会社と締結する契約に基づいて清掃を行ってもらうということです。

　当マンションでは、標準管理規約と同様の管理規約を制定していますが、共用部分の清掃を個々の区分所有者に任せることは可能でしょうか。

**A**　専用使用権付共用部分に関しては、可能です。
　専用使用権のない共用部分に関しては、標準管理規約においては保存行為も含めて管理組合の業務とされていますので、これを各区分所有者に任せるには少なくとも規約変更を行う必要があります。

　区分所有法18条1項ただし書においては、保存行為については各共有者がすることができるとされています。原則として共用部分の共有者は全区分所有者ですので、区分所有法の定める原則においては、各区分所有者において保存行為を単独で行うことができます（標準管理規約21条3項）。

　他方、区分所有法18条2項では、保存行為について、規約で別段の定めをすることができるとされています。これを受けて、標準管理規約では保存行為に関しても基本的に管理組合の業務として行う旨を定め、管理組合に権限を集約することとしています（標準管理規約21条1項本文、3項、標準管理規約コメント21条関係①、標準管理規約32条1号）。その上で、「バルコニー等の保存行為……のうち、通常の使用に伴うもの」については各区分所有者の責任においてこれを行うこととされ、「バルコニーの清掃」につ

いてはこれに含まれるとしています（標準管理規約 21 条 1 項ただし書、標準管理規約コメント 21 条関係④）。

　以上の整理からすれば、専用使用権付共用部分の清掃に関しては各区分所有者が個別にコンシェルジュ会社に委託して清掃を行わせることが可能です。一方、専用使用権のない共用部分に関しては、管理組合の業務として一括でこれを行うことが求められていると考えられますので、各区分所有者に委ねるためには少なくとも管理規約の変更が必要でしょう。

　なお、軽微な日常清掃は基本的に保存行為であると考えられますが、清掃を外部業者に委託する場合、その金額の多寡や規模によっては狭義の管理行為に至ると考えられます。

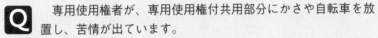

## ▶ 専用使用権付共用部分

 **問53　専用使用権に対する制約**

🔑 キーワード　【専用使用権付共用部分】【専用使用権】【管理規約】
　　　　　　　【使用細則】

**Q**　専用使用権者が、専用使用権付共用部分にかさや自転車を放置し、苦情が出ています。
　専用使用権付共用部分は、専用使用権者が自由に排他的に使用できる場所であるので、このような場合、規制できないのでしょうか。

---

**A**　専用使用権は、「敷地及び共用部分等の一部について、特定の区分所有者が排他的に使用できる権利」（標準管理規約 2 条 8 号）ですが、専用使用権者が、排他的にその使用方法までを定められるわけではありません。
　管理規約や使用細則により、専用使用権付共用部分の使用方法を定め、規制することが可能です。

---

**解説**

　専用使用権は、「敷地及び共用部分等の一部について、特定の区分所有者が排他的に使用できる権利」（標準管理規約 2 条 8 号）と定められています。専用使用権は、通常、規約をもって設定します。そして、専用使用権者が、専用使用権付共用部分において、どのような権利を有し義務を負うか

は、専用使用権を設定する規約により定めることができます。

　また、専用使用権を設定する規約のほか、管理規約による用法の制限や、区分所有者の共同の利益（区分所有法6条1項）による制限を受けます。すなわち、専用使用権者は、その部分を自由に使用する権利までは有しません。

　また、専用使用権付共用部分である専用使用部分について、管理規約や使用細則の変更を行い、規制することは可能であると考えます。

　この場合、規約や使用細則の変更が、「一部の区分所有者の権利に特別の影響を及ぼすべきとき」（区分所有法31条1項後段）に当たるときには、当該区分所有者らに承諾を得て、規定の新設や変更を行わなければなりません。この点、専用使用権付共用部分における管理規約の変更に関して、駐車場の専用使用権についての事案で、駐車場専用使用料の増額については、増額の必要性及び合理性が認められて「特別の影響」を受ける場合に当たらないとされた最高裁判例(注56)があります。また、増額の必要性や合理性が認められないとして、「特別の影響」を受ける場合に該当するとした裁判例(注57)があります。

　「一部の区分所有者の権利に特別の影響を及ぼすべきとき」に当たるか否かの検討については、問152も参照してください。

 **問54　専用使用権付共用部分の費用負担**

**キーワード**　【専用使用権付共用部分】【専用使用権】【保存行為】
　　　　　　　【通常の使用に伴うもの】【計画修繕】

**Q**　当マンションには1階住戸に専用使用権付共用部分としての庭がついています。この庭には芝生が植えてあるのですが、「芝生が剝げてきたため植え替えをしてほしい」という要望が届きました。分譲から20年以上が経っており、他の庭でも芝生の剝げが目立っているため、当該住戸の方の使い方が悪いというわけではなく経年劣化が原因と考えられます。この場合、植え替えの費用は管理組合と区分所有者のどちらが負担するべきなのでしょうか。

---

（注56）最判平成10年11月20日裁判集民190号291頁。
（注57）東京地判令和2年1月15日ウエストロー・ジャパン登載（事件番号：平30（ワ）35607号）。

**A**　計画修繕の一環として行う場合には、管理組合が負担すべきです。

**解説**

　標準管理規約21条1項ただし書によれば、専用使用権付共用部分の保存行為[注58]に関しては、通常の使用に伴うものであれば専用使用権者、それ以外は管理組合が行うものとされています。そこで、芝生の植え替えが「通常の使用に伴う」保存行為か否かが問題となります。

　もっとも、ここにいう「通常の使用に伴う」という語句が何を指すのかは極めて不明確です。例えば、専用使用部分である窓サッシの戸車等の修理・交換費用について争われた裁判例では、当該箇所の修理・交換が必要となった理由が経年劣化であるという点は争いがないにもかかわらず、地裁判決[注59]は「経年劣化による修理・交換は通常の使用に伴う管理には該当しないと解するべきであるから、その費用は管理組合が負担する」と判示しているのに対し、その高裁判決[注60]は「年数を経ることによって劣化していくのは、専用使用権者の通常の使用を前提とするものといわざるを得ない。したがって、……専用使用権者……の負担で行うべき」と、真逆の判断が行われています。

　このような裁判実務の状況下において、経年劣化を原因とする修繕費用の負担について正確な判断を行うことは容易ではありません。管理実務上は、個々の修繕に関して「通常の使用に伴う」という語句の定義に当てはめる形ではなく、標準管理規約コメントが示す区分に沿って運用することになると考えます。

---

（注58）なお、平成28年の改正前は、専用使用部分の「管理」に関する規定として標準管理規約21条1項ただし書が置かれていましたが、改正に伴い「保存行為」と変更されました。もっとも、この変更は『『バルコニー等の管理のうち、通常の使用に伴うもの』については、『保存行為』（共用部分の現状を維持する行為）の範囲内のものであることを明記する」趣旨であるとされています（国土交通省「マンションの新たな管理ルールに関する検討会報告書」（平成27年3月））。このことから、平成28年改正前の標準管理規約21条1項の「管理」という表現が使用されている管理規約でも、基本的には現行の標準管理規約と同様の考え方を採って差し支えないでしょう。

（注59）仙台地判平成21年3月5日ウエストロー・ジャパン登載（事件番号：平20（ワ）502号）。

（注60）仙台高判平成21年12月24日ウエストロー・ジャパン登載（事件番号：平21（ネ）155号）。

### 標準管理規約コメント 21 条関係（抜粋）

③　バルコニー等の管理のうち、管理組合がその責任と負担において行わなければならないのは、計画修繕等である。

④　本条第 1 項ただし書の「通常の使用に伴う」保存行為とは、バルコニーの清掃や窓ガラスが割れた時の入替え等である。

⑤　バルコニー等の経年劣化への対応については、③のとおり管理組合がその責任と負担において、計画修繕として行うものである。

　　ただし、バルコニー等の劣化であっても、長期修繕計画作成ガイドラインにおいて管理組合が行うものとされている修繕等の周期と比べ短い期間で発生したものであり、かつ、他のバルコニー等と比較して劣化の程度が顕著である場合には、特段の事情がない限りは、当該バルコニー等の専用使用権を有する者の「通常の使用に伴う」ものとして、その責任と負担において保存行為を行うものとする。なお、この場合であっても、結果として管理組合による計画修繕の中で劣化が解消されるのであれば、管理組合の負担で行われることとなる。

⑥　バルコニー等の破損が第三者による犯罪行為等によることが明らかである場合の保存行為の実施については、通常の使用に伴わないものであるため、管理組合がその責任と負担においてこれを行うものとする。ただし、同居人や賃借人等による破損については、「通常の使用に伴う」ものとして、当該バルコニー等の専用使用権を有する者がその責任と負担において保存行為を行うものとする。

以上のコメントからすれば、

## 1．経年劣化以外を理由とする保存行為

(1)　専用使用部分の清掃や破損については、専用使用権者が費用を負担すべき。

(2)　ただし、専用使用権者などの使用行為と無関係なケース（第三者の犯罪行為など）では、「通常の使用に伴う」ものといえないのは明らかであるため、管理組合が費用を負担すべき。

## 2．経年劣化を理由とする保存行為

(1)　原則として管理組合が、計画修繕[注61]の一環として費用を負担すべき。

(2)　ただし、一般的な基準や他の住戸との比較において劣化の程度が顕

---

(注61)　なお、計画修繕をいつ行うかという点に関しては、管理組合に一定の裁量があると考えられます（コメントが言及するように、長期修繕計画作成ガイドラインにおける修繕等の周期が目安になるかと思います。）。したがって、居住者からの要望を受けた場合であっても、直ちに修繕を実行する必要があるわけではないでしょう。

著である場合には、専用使用権者の「通常の使用に伴う」劣化である
と推認されるため、専用使用権者が費用を負担すべき。

と整理することができます。

　本問のケースでは、上記の2⑴に準じて、計画修繕として管理組合が費
用を負担することになるでしょう。これに対し、特定住戸のみの芝生が剥
げていたような場合には、2⑵の対応に近接します。もっとも、このよう
な場合でも、例えば周囲の状況からして当該住戸の庭のみ日当たりが悪く
芝が枯れやすい状況や、特別強い風雨に晒される状況にあったときには、
「通常の使用に伴う」劣化であると推認することができない可能性もあり
ます。このように、標準管理規約コメントの区分けに準じて検討を行う場
合でも、劣化の原因については調査検討の必要があり、特に専用使用権者
に負担を求める場合には慎重な判断が求められることになるでしょう。

 **問55　専用庭から共用部分に越境する枝への対処**

🔑キーワード　【専用使用権付共用部分】【専用使用権】【専用庭】【越境】
【民法233条】

**Q**　当マンションは、1階の専有部分の区分所有者にはそれぞれ
専用使用権付共用部分として、専用庭の使用権が与えられてい
ます。専用庭の利用方法に関しては、標準管理規約型の管理規約にお
いて細則への委任を定めた上、専用庭使用細則において「専用庭にお
いて、植物を育成することは禁止する。ただし、容易に撤去可能であ
り、高さ70センチメートル以下であり、かつ、その育成が区分所有
者の共同の利益に反しない草花に関してはその限りでない。」旨が定
められています。

　しかし、101号室の専用庭には、数メートルの専用庭の塀を越え
る大きな樹木（以下「本件樹木」といいます。）が植えられています。
101号室区分所有者であり居住者でもある人物Aからの聞き取りに
より、樹木は当該区分所有者Aが所有するものであると確認できてい
ます。本件樹木の存在が発覚してからは、管理組合から区分所有者A
に対し本件樹木を撤去するように注意してきたのですが、一向に撤去
を行わず、ついには、本件樹木の枝が専用庭の塀を越えて共用廊下
（共用部分）まで伸びるに至り、安全な通行の妨げになっています。

　管理組合としては、どう対応すればよいでしょうか。

第3編　共用部分・共用施設に関する問題

使用細則違反となる本件樹木の撤去を求める裁判外請求又は訴訟を行う方法（標準管理規約 67 条 1 項、3 項 1 号）、催告及び相当期間を経た上で専用庭を越えて伸びた枝を切除する方法（民法 233 条 3 項 1 号）などが考えられます。

　本問の樹木の育成は、専用庭使用細則の違反に当たります。したがって、当該違反行為に対しては使用細則違反となる本件樹木の撤去を求める裁判外請求又は訴訟を行う方法（標準管理規約 67 条 1 項、3 項 1 号）が考えられます。また、標準管理規約 67 条のような条項を欠く場合には、区分所有法 57 条に基づく共同利益背反行為の停止等請求として行う方法も考えられるでしょう。当該請求によって、本問の樹木自体の排除という抜本的な解決を行うことができます。

　一方、当面の間は共用廊下に伸びた部分の枝（以下「越境枝」といいます。）の切除を行えば足りるという場合には、民法の相隣関係規定を利用する方法が考えられます。本問のような場合において枝の切除は共用部分の保存行為と考えられる可能性が高いですから、管理者たる理事長が共用部分の共有者たる区分所有者らを代理して本件樹木の所有者たる区分所有者Aに対して越境枝を切除するよう催告を行った上で、相当期間内に切除を行わない場合には、越境枝の切除を行うことができます（民法 233 条 3 項 1 号）。

## 問56　専用使用権付共用部分への防犯カメラの設置

キーワード　【専用使用権付共用部分】【専用使用権】【防犯カメラ】【管理規約】【使用細則】

　専用使用権付共用部分に、防犯カメラを設置することは許されるでしょうか。

　管理規約や使用細則で、防犯カメラを設置予定の部分についての使用方法が定められているか確認してください。特段の定めがない場合においては、少なくともマンション住民のプライバシー

が侵害されるような態様での設置は許されないと考えます。

### 解説

#### 1　専用使用権の内容の確認

専用使用権の内容は、その設定の目的、目的物の用途・性質等から決定されるべきであるとされています[注62]。また、標準管理規約コメントにおいては、「専用使用権は、その対象が敷地又は共用部分等の一部であることから、それぞれの通常の用法に従って使用すべきこと」とされています（標準管理規約コメント14条②）。

また、「専用使用権は、それが設定された際に合意又は規約において定められた用法に限定された権利であ」るとされています[注63]。

以上から、まずは、防犯カメラの設置を予定している部分の使用方法について、管理規約や使用細則の定めを確認する必要があります。

#### 2　「通常の用法」に当たるか否かの検討

管理規約や使用細則の定めを確認し、防犯カメラの設置を予定している部分の使用方法について何らの定めがない場合には、次に、防犯カメラを設置することが「通常の用法」に当たるか否かを検討する必要があると考えます。

この点、共用部分への防犯カメラ設置行為について、「防犯カメラという他の区分所有者のプライバシーを侵害し得る装置を固定的に設置することであり、これは有体物の設置という物理的な面でみても、防犯カメラという装置の機能的な面でみても、共用部分に対する『通常の用法』……とはいえず、共用部分の変更又は管理というべきである。」と判示している裁判例があります[注64]。

専用使用権付共用部分に設置するとしても、他の区分所有者のプライバシーを侵害するような態様での設置は、上記裁判例に照らし、「通常の用法」とはいえないため、認められないと考えます。

---

(注62)　稲本洋之助ほか『コンメンタールマンション区分所有法［第3版］』（日本評論社、2015）87頁。

(注63)　東京地判昭和63年5月26日判時1303号87頁。

(注64)　東京地判平成28年12月13日ウエストロー・ジャパン登載（事件番号：平26（ワ）13247号）。

## 問57 第三者による犯罪行為等により破損した専用使用権付共用部分の修繕

📍キーワード 【メールボックス】【専用使用権付共用部分】【専用使用権】【補修費用】

**Q** 当マンションの管理規約には、標準管理規約21条1項と同様の規定が置かれています。

また、当マンションにおいては、玄関扉、メールボックスは専用使用権付共用部分とされています。

この度、区分所有者から、「メールボックスがいたずらで壊されたので、修理してほしい」と求められました。管理組合において修理しなければならないでしょうか。

**A** 管理組合の責任と負担によって修理することになります。

 解説

標準管理規約コメント21条関係③、④によれば、管理組合は、専用使用権付共用部分のうち、計画修繕等を行うことになっており、「通常の使用に伴う」保存行為は、専用使用権者が行います（標準管理規約コメント21条関係③、④）。

他方、「破損が第三者による犯罪行為等によることが明らかである場合の保存行為の実施については、通常の使用に伴わないものであるため、管理組合がその責任と負担においてこれを行うものとする。」（標準管理規約コメント21条関係⑥）とされています。よって、本問の場合、メールボックスの破損は、いたずら（器物損壊）によるものであることから、管理組合がその責任と負担においてこれを行うものと考えます。

**標準管理規約21条1項**

> 第21条 敷地及び共用部分等の管理については、管理組合がその責任と負担においてこれを行うものとする。ただし、バルコニー等の保存行為（区分所有法第18条第1項ただし書の「保存行為」をいう。以下同じ。）のうち、通常の使用に伴うものについては、専用使用権を有する者がその責任と負担においてこれを行わなければならない。

▶ **駐車場**

## 問58　駐車場専用使用権の廃止

**キーワード**　【駐車場】【専用使用権】【特別の影響】

**Q** 　当マンションの駐車場には、管理規約によって専用使用権が付されている部分と、管理組合と使用者が使用契約を締結して使用する部分とが混在しています。この度、駐車場の全てを、管理組合と使用者が使用契約を締結して使用するようにしたいと考えています。専用使用権を廃止することはできますか。

**A** 　専用使用権を廃止することはできますが、専用使用権者の承諾が必要となります。

**解説**

　専用使用権は、共用部分や敷地に対し、主に、管理規約で設定されるものです。管理規約で設定されている専用使用権については、専用使用権を消滅させる方向で管理規約を変更することにより、専用使用権を消滅させることができます。

　ただし、専用使用権は、専用使用権が付されている共用部分を、排他的に使用できる権利であり、その排他的使用権が消滅させられるわけですので、基本的に「特別の影響を及ぼすべきとき」（区分所有法31条1項後段）に該当すると解されます。

　そのため、専用使用権を廃止するには、専用使用権者の承諾が必要となります。

　上記区分所有法31条1項後段の「特別の影響を及ぼすべきとき」とは、規約の設定・変更・廃止の必要性及び合理性と、これによって受ける一部の区分所有者の不利益とを比較して、一部の区分所有者が受忍すべき程度を超える不利益を受けると認められる場合であると解されています。

　例えば、最高裁判例<sup>(注65)</sup>においては、「直接に規約の設定、変更等」をする場合だけでなく、駐車場の専用使用権を廃止しようとする集会決議につき、

──────────

（注65）最判平成10年11月20日裁判集民190号291頁。

区分所有法 31 条 1 項後段の規定を「類推適用して区分所有者間の利害の調整を図るのが相当である」とされ、本裁判例の事情の下では、専用使用権者に特別の影響が及ぼすものであるとされています。

　なお、専用使用権の廃止において、必ず専用使用権者の承諾を必要とするかは、諸事情を検討する必要があると考えます。駐車場の専用使用権の代金を支払っていなかった専用使用権者の承諾を得ずに行った、専用使用権を廃止する規約変更の有効性が争われた事案<sup>(注66)</sup>では、管理規約において、専用使用権は、「当初の管理規約においても、代金 1000 万円を支払うことと対価関係を有するものとして設定されたものであ」ることを認定し、専用使用権の代金を支払わない以上、専用使用権を取得できないことは当初の管理規約において定められていたものといえ、本裁判例の事情の下で、規約変更は、専用使用権者に「特別の影響」を及ぼすものではないとされています。

## 問59　駐車場使用細則の変更による利用料の値上げの可否

ＱＱキーワード　【駐車場】【専用使用権】【賃貸借契約】【使用細則】
【区分所有法 31 条 1 項後段】

**Q**　当マンションでは、区分所有者や専有部分の占有者に対して共用部分である駐車場を貸し出しています。

　最近の物価高騰の影響で近傍の駐車場の値段も上がってきており、駐車場の設備も古くなってきて、このままの駐車場利用料では賄えません。そのため、駐車場使用細則を変更し、駐車場利用料の値上げを行うことになりました。

　すると、一部の区分所有者が、「駐車場利用契約書には賃料の値上げについて記載がない。契約違反だ！」と主張してきました。

　駐車場利用契約書に賃料増額について記載していないと、駐車場利用料を値上げすることはできないのでしょうか。

---

（注66）東京高判平成 11 年 7 月 27 日判タ 1037 号 168 頁。

区分所有者や専有部分の占有者に関しては、管理規約や使用細則の適用を受けますので、管理規約等の変更により駐車場利用料の値上げをすることができます。ただし、管理規約等の変更が一部の区分所有者の権利に対して「特別の影響を及ぼす」（区分所有法31条1項後段）場合には、影響を受ける者の承諾を得なければなりません。

**解説**

賃借人が区分所有者や専有部分の占有者である場合には、共用部分たる駐車場に関する駐車場利用契約は、原則として当然に共用部分の管理に関する制約が前提となります（ただし、例外的に駐車場利用契約において、管理規約等の効力を排除する旨の記載がある場合などを除きます。）。

したがって、管理組合としては、内部規範たる管理規約等の改正を行うことによって、駐車場利用料を変更することが可能と考えられます。

ただし、駐車場利用料の増額が「一部の区分所有者の権利に特別の影響を及ぼすべきとき」（区分所有法31条1項後段）には、当該区分所有者の承諾を取得する必要があります（問152）。

近傍利用料上昇に伴う相当額の増額に関しては、一般的には特別の影響が否定される場合が多いと考えられます。ただし、駐車場利用権が分譲されている（駐車場専用使用権取得の対価が支払われている）などの特殊な事情がある場合には注意が必要です。（注67）

また、区分所有者や専有部分の占有者以外の外部者に関しては、当然に管理規約等の効力の適用を受けるわけではありません。この点については、問153、問154を参照してください。

 **問60　駐車場使用細則の変更による利用料の値上げの効力は外部者にも及ぶか**

🔑キーワード　【駐車場】【専用使用権】【賃貸借契約】【使用細則】

　　当マンションでは、区分所有者や専有部分の占有者のほか、当マンションとは関係のない外部者に対しても、共用部分であ

（注67）最判平成10年10月30日民集52巻7号1604頁。

る駐車場を貸し出しています。

　この度、駐車場使用細則を改正して、駐車場利用料の増額を行いました。

　駐車場使用細則の改正に伴う駐車場利用料の増額に関しては、原則として個別の承諾はいらないと聞いたのですが、当マンションのように外部者に貸し出している場合でも同じなのでしょうか。

　外部者に対しては、管理規約等の効力は当然には及びません。
　したがって、駐車場利用契約中に、管理規約等の変更に伴い当然に駐車場利用契約の内容が変更する旨の規定等がない場合には、外部者との関係では管理規約等の変更による駐車場利用料の増額を主張することは通常できません。

　この場合は、契約期間満了のタイミングなどで、個別に合意を行うことになります。

**解説**

　区分所有者や専有部分の占有者は、管理規約や使用細則の適用を受けます（標準管理規約5条2項）。

　一方、これら以外の外部者と管理組合との間で駐車場利用契約を結ぶ場合に、外部者は当然に管理規約等の適用を受けるわけではありません。なぜならば、外部者にとって、管理規約等は管理組合の内部規範にすぎないからです。

　したがって、管理規約等及び管理規約等の変更の効力を外部者に及ぼすためには、駐車場利用契約上に「本契約当事者は、管理規約等（変更のある場合は変更後の管理規約等を含む）の効力の適用を受ける」旨の規定を定めて、外部者との間で合意しておかなければなりません。

　このような規定又は個別の利用料増額条項がない場合、契約期間中は、外部者との駐車場利用契約においては管理規約等の変更による利用料の増額ができません。また、基本的に、駐車場利用契約には借地借家法の適用もありません。したがって、一般的には、契約期間満了のタイミングなどで、利用料の増額について個別に合意を行うことになります。

## 問61　駐車場契約の更新拒絶

🔑 キーワード　【駐車場】【賃貸借契約】【更新拒絶】

**Q** 　当マンションでは標準管理規約と同様、駐車場使用契約を締結して各区分所有者に駐車場を使用させています。先日駐車場を利用している区分所有者Aから、駐車している車がパンクしているという申し出がありました。区分所有者Aは、証拠もないのに他人がパンクさせたと決めつけており、「奥の方の区画に駐車していればパンクさせられることもなかった。利用区画を指定したのは管理組合なのだから弁償しろ」といった不当な要求を繰り返しています。理事会としても対応に疲弊しているため、今後同様の要求を繰り返すようであれば使用契約を更新しないと警告したいのですが、問題ないでしょうか。

**A** 　駐車場使用契約や使用細則上、更新拒絶の事由が限定されていないのであれば問題はありません。

 **解説**

　建物の所有を目的とした賃貸借契約には借地借家法が適用されるため、その更新を拒絶するためには正当事由が要求されます（借地借家法6条、28条）。これに対して、駐車場の使用契約は、建物所有を目的とした賃貸借契約に該当しません（注68）。そのため、更新拒絶が許容されるかどうかは、個別の契約の解釈に従うことになります。

　標準管理規約コメント15条関係④に掲載されている駐車場使用契約書のひな型をそのまま使用している場合、同契約書は更新の定めを置いていませんから、更新拒絶を行うまでもなく契約は原則として終了します。したがって、契約期間終了後の再契約を行わないという意味で、区分所有者

（注68）　東京地判平成16年11月16日 LLI/DB 判例秘書登載（事件番号：平15（レ）245号）は、マンションの機械式駐車場が借地借家法上の建物に該当するかという点について「『建物』といえるためには、障壁等によって他の部分と区画され、独占的排他的支配が可能な構造・規模を有することが必要と解されるところ、……本件駐車場は機械式立体駐車場で、……貸与されているパレット自体は上記構造・規模を有するとはいえない」と判示しています。

Aに対して「更新しない」と警告しても問題はありません。

　もっとも、多くの管理組合では標準管理規約コメント15条関係④のひな型よりも詳細な条項を定めた契約書を使用しており、かつ駐車場使用細則を置いています。このような場合には、契約更新に関する条項の有無を確認し、更新拒絶の事由が限定されていないか確認しなければいけません。管理実務上は、更新拒絶の事由に限定はないものの、通知期間は限定されている場合が多いと思います。このような場合にも更新拒絶は認められることになるでしょう。

　なお、特定の区分所有者に対する嫌がらせを行う目的があった場合や、駐車場に空きが存在するにもかかわらず些細な義務違反を理由として更新拒絶を行う場合には、更新拒絶が信義則（民法1条2項）に反するとの判断がなされる可能性があります。特に複数回の契約更新が行われている場合や、日常生活において自動車の利用が不可欠な地域のマンションでは、区分所有者側としても契約更新への期待を有していることが想定されます。そのような期待を前提としてなお、更新拒絶の判断に相当な理由があるか（期待を覆されることもやむを得ないと考えられるか）という検討も必要でしょう。

## ▶ 敷地（植栽関係を含む）

 **問62　敷地利用権**

 キーワード　【敷地利用権】【敷地権】

**Q**　敷地利用権とは何ですか。

　区分所有者が、マンションの敷地上において専有部分を所有するための根拠となる利用権を指します。敷地の所有権（共有持分権）又は敷地の借地権のいずれかである場合がほとんどです。

### 解説

　区分所有法2条6項は「この法律において『敷地利用権』とは、専有部分を所有するための建物の敷地に関する権利をいう。」と定めています。すなわち、専有部分を所有しているということは、敷地を自らの専有部分

の所有のために利用しているということであり、敷地に対する何らかの権利がなければ認められない行為です。もし、敷地利用権がないにもかかわらず専有部分を所有している者がいる場合には、敷地の所有者から専有部分の収去請求<sup>(注69)</sup>や、区分所有権の売渡請求（区分所有法10条）を受けることになります。

　もっとも、デベロッパーは、通常、マンションの建設時にあらかじめ敷地所有権を取得するか、地権者との間で借地権を設定することで敷地利用権を確保し、分譲時にこれらの権利を持分権として区分所有者に売却しています。さらに、敷地利用権は、専有部分と独立して売買等の処分をすること、つまり分離処分が原則禁止されています（区分所有法22条）から、分譲マンションにおいて敷地利用権のない専有部分というものが発生することはほとんどありません。

　なお、敷地利用権は、通常、専有部分の登記表題部に「敷地権」として一体で記載されています（区分所有法46条）。したがって、専有部分の登記を確認すれば敷地利用権が設定されているかどうかを確認できるようになっています<sup>(注70)</sup>。

第3編　共用部分・共用施設に関する問題

 ## 問63　植栽の伐採

🔑キーワード　【植栽】【附属施設】【共用部分の変更】【総会決議】
【特別決議】【普通決議】

**Q** マンションの敷地内に植えてある樹木を伐採しようと考えていますが、総会決議は必要ですか。必要な場合、普通決議、特別決議いずれの決議が必要でしょうか。

**A** 樹木の伐採は総会決議が必要と解されます。
　　樹木伐採が、マンションの景観を著しく変更するような場合などには、特別決議を必要とすると解されます。著しい景観変更に

---

(注69)　区分所有建物の一部の収去請求を認めた裁判例として、東京地判昭和47年6月10日判タ285号265頁。

(注70)　ただし、敷地権の登記は昭和58年法律第51号による旧不動産登記法改正（昭和59年1月1日施行）によって導入された制度であるため、築年数が古いマンションでは敷地権の登記がされておらず、敷地利用権の確認のために敷地の登記を確認しなければならないこともあります。

　　　　至らない程度の伐採を実施する場合には、普通決議で行えると解
　　　　されます。

．．．．．．．．．．．．．．．．．．．．．．．．．．．．．．．．．．．．．．．．．．．．．．．．．．．．．．．．．．．．．．．．．

**解説**

### 1　植栽は附属施設に当たる

　樹木は「植栽」に当たります。植栽は、標準管理規約別表第1において
附属施設とされており、多くの管理規約でも同様に附属施設とされていま
す。

　附属施設は、区分所有法21条により、区分所有法17条から19条まで
の規定が準用されます。

### 2　特別決議が必要な場合

　植栽の伐採によって、植栽の景観を著しく変更される場合や、それまで
植栽が、隣地との間で目隠しの役割を担っていたような場合において、当
該機能を一切失わせるときには、「共用部分の変更（その形状又は効用の著し
い変更を伴わないものを除く。）」（区分所有法17条）に当たると考えられ、特別
決議が必要と解されます。

　例えば、そのマンションの景観として象徴されるような大木を伐採する
ような場合や、大木を伐採し、大きくその景観を変更するような場合、植
栽の多くを伐採するような場合が考えられます。

### 3　普通決議で足りる場合

　他方、共用部分の変更について、「形状又は効用の著しい変更」に当た
るか否かの判断基準として、変更を加える箇所及び範囲、変更の態様およ
び程度等を勘案して判断されるとしています[注71]。そして、上記に加えて、
「建築後の年月の経過や社会の変化をも考慮して、各区分所有者が当該区
分所有建物等を使用するに当たり、たとえば大規模修繕を行う場合のよう
に、当該変更が建物等の適正な管理に必要不可欠であるか否かといった観
点から判断すべきである」、また、「各区分所有者にとって必ずしも適正な
管理に必要不可欠なものとはいえないような場合であっても、一部の区分
所有者にとっては必要不可欠であるような共用部分のバリアフリー化や車
椅子対応化等の福祉的観点からの変更については」、諸事情を勘案しつつ、
「特段の事情がない限り軽微変更と解するのが適当であろう。」とされてい

---

（注71）吉田徹＝和田澄男＝一場康宏＝佐伯千種「建物の区分所有等に関する法律の
　　一部改正法の概要（上）（下）」金法1664号67頁、1665号34頁。

<sup>(注72)</sup>
ます。

　例えば、伐採しようとしている植栽が大木であり、その形状の大きな変更に当たる場合であったとしても、当該樹木が道路に倒れるおそれがあるなどの場合には、適正な管理に必要不可欠であるため、普通決議で行えると考えます。

　また、植栽の伐採が、「その形状又は効用の著しい変更を伴わない」場合には、共用部分の管理行為（区分所有法18条）に当たると考えられ、普通決議で行うことができると解されます。

## ▶ その他の共用施設

 ### 問64　管理組合の営利活動・広報活動

🔑 キーワード　【権利能力なき社団】【管理組合の目的】【収益事業】
【営利活動】【広報活動】【駐車場】

**Q** 　当管理組合においては、半年前から駐車場の一部を外部貸ししています。しかしながら、周辺住民に対する認知度が低いこともあって駐車場に空きがある状態が続いています。

　そこで、周辺住民への認知度向上のために、チラシを配布することを検討しています。この点、いわゆる権利能力なき社団（非営利団体？）であるマンション管理組合にて、営利活動を積極的に実施することの可否について教えてください。

**A** 　管理組合が営利活動やその広報活動を行うことは、それが管理組合の目的の範囲内である限り、認められます。

### 解説

　権利能力なき社団は、非営利団体という意味ではありません。日本法では、法人格を取得するためには会社設立などの手続が必要とされています。他方、管理組合や町内会、あるいはサークルのような団体については、団

---

（注72）稲本洋之助ほか『コンメンタールマンション区分所有法』（日本評論社、2015）109頁。

体全体で契約等の行為を行う必要がありますし、構成員と団体との関係も法によって規律する必要があります。そこで、一定の要件の下、これらの団体を「権利能力なき社団」と定義し、法人と同じように扱おうというのが、権利能力なき社団という概念が用いられる意味です。

つまり、管理組合が権利能力なき社団だからといって、即座に営利事業が禁止されるわけではありません。現に駐車場の外部貸しを行っている管理組合や、基地局のために屋上を貸して収益を得ている管理組合も多々あります。

ただし、管理組合は「建物並びにその敷地及び附属施設の管理を行うための団体」（区分所有法３条）ですから、この目的に反するような行為は認められません。例えば、特定の政治団体を応援する目的で、無償で敷地を使わせるといったことは認められない可能性があります。

収益事業については、その収益が管理組合に与えられ、回りまわって建物等の管理費用などに充てられるわけですから、ある程度積極的にこれを行うことも管理組合の目的の範囲内であると考えられます。そのための宣伝活動を行うことも問題はないでしょう。

また、宣伝行為そのものによる潜在的なレピュテーションリスクは存在しますが、本問の場合、チラシの内容が過激でない限りはリスクが顕在化する可能性は低いものと思われます。マンションのイメージを崩さない内容となるよう、心がけて作成してください。

## 問65　パーティールームの使用禁止

**キーワード**　【パーティールーム】【共用施設】【使用細則】【使用停止】【制裁】

**Q**　当マンションの共用施設であるパーティールームについて、ある区分所有者は、使用時間を守らず、深夜２時まで使用し、また、使用を終えたらごみを片付けるルールであるにもかかわらずごみを放置するなど、パーティールームの使用ルールを守りません。この区分所有者が、これからもルールを守らず、このような使用を続けるのであれば、使用を禁止したいのですが、可能でしょうか。

使用禁止措置が制裁手段として妥当性を欠かなければ定められると考えます。そのため、管理規約又は使用細則において、使用禁止措置が、制裁手段としての妥当性を欠かないように定める必要があります。

**解説**

　区分所有法13条により、区分所有者は、共用部分等を使用する権利を有しますので、パーティールームを使用禁止とする措置は、一般的には制裁方法として妥当性を欠くものとされます。

　しかしながら、区分所有法も、制裁手段の一種として、専有部分の使用に直接関係のない共用部分等の使用の禁止までを絶対的に認めないとしているものではないと解されます[注73]。

　また、制裁を科す場合には、その制裁手段が妥当であると認められる必要があるため、管理規約又は使用細則における定め方にも留意する必要があります。例えば、1回目の違反で直ちに使用禁止にせず、複数回の違反を要件とすること、使用禁止期間を定めることなどが考えられます。

 ## 問66　再築のためのブロック塀の撤去

🔑 キーワード　【ブロック塀】【共用部分の変更】【処分行為】

　当マンションの敷地上に建っているブロック塀について、耐震強度の不足が指摘されました。理事会ではこれを契機にブロック塀を撤去し、倒壊が発生しても比較的安全なフェンスに再築しようと計画しています。管理組合内部ではどのような手続を取ればよいでしょうか。

　総会の特別決議を要すると考えられます。

---

（注73）　稲本洋之助ほか『コンメンタールマンション標準管理規約』（日本評論社、2012）250頁。

**解説**

　平成 30 年 6 月 18 日に発生した大阪府北部を震源とする地震による塀の倒壊被害を受け、国土交通省は全国のブロック塀について耐震診断及び強度不足の塀の撤去を促すよう求めました（平成 30 年 6 月 21 日付国住指第 1130号）。これに伴い、本問のようなケースは増加していますが、管理組合内部における手続的要件については議論が深まっていません。

　本問における問題は、ブロック塀を撤去することが処分行為（問 51）に該当し、ブロック塀の撤去に際し共有者の全員の同意を要するという考え方があり得るという点です。ただ、管理実務上においては、例えば機械式駐車場を平置駐車場に変更するという場合、一旦機械式部分を解体してしまうにもかかわらず総会決議で足り、全員同意を要するものとは解されていません。この点について明確に根拠を論じた裁判例等は見受けられないものの、私見としては、当該解体については機械式駐車場から平置駐車場への変更行為の過程に過ぎないことから、それ自体を独立の処分行為としては評価していないものと考えています。

　以上の考え方に基づくのであれば、本問の場合、ブロック塀の撤去は、ブロック塀からフェンスへの変更行為の過程として行われると考えることができ、塀という附属施設それ自体の廃止を伴うわけではないことから、処分行為には該当せず、共用部分（附属施設）の変更と捉えてよいと考えられます。具体的な手続としては、総会特別決議を取得することになるでしょう。

## ▶ 境界の問題

###  問67　境界確定の要請への対応

**キーワード**　【境界確定】【処分行為】

**Q**　当マンション敷地の隣地所有者から、当管理組合宛てに、境界確認の依頼がありました。理事長が境界確認に立ち会った上で、境界確定書の締結を行ってほしいということなのですが、総会決議を取得すれば対応して構わないでしょうか。

境界確定には敷地共有者の全員同意を要します。管理実務上は、境界確認の要請への対応は困難でしょう。

### 解説

　境界確定とは、隣地間の境界が不明確となっている場合に、両土地の所有者が立ち会って境界標などを設置することや、合意書等を取り交わすことなどによって境界を確定することをいいます。土地の売却を行う際などには、後々の隣地との越境トラブルなどを避けるため、売主が境界確認を行うよう求められることがあります。

　境界確定を行うこと自体は、特にマンション側の塀などの越境が疑われる場合は、有意義なものです。もっとも、不確定な境界を確定することにより、最終的には、敷地所有権の一部を隣地所有者に譲渡するか、又は隣地所有者から譲り受けることになります。前者は処分行為（問51）に該当し、後者は各共有者による所有権（持分権）の取得に当たりますから、いずれの場合も敷地所有権全員の同意を要すると考えられます。

　管理実務上、特に大規模マンションにおいては共有者が数百人に及ぶことも珍しくなく、その全員から同意書を取得することは現実的ではありません。したがって、現状、境界確定の要請には対応できないと回答せざるを得ませんが、この点については法改正による手当てが必要と考えられるところです。

（注74）譲渡と異なり、取得はそれ自体によって財産が減少するものではありません。そのため、敷地所有権の取得が敷地又は共用部分の管理との間で有意義なものといえる特段の事情があるのであれば、変更又は狭義の管理に該当すると考える余地はあります。しかし、敷地所有権の取得により固定資産税の支払などの管理負担が増加する面もあることからすれば、必ずしも広義の管理の枠内にとどまるものとはいえず、原則としては全員同意を要するものと考えるのが妥当です。

## 問68　区分所有者へ損害賠償請求する際の弁護士費用

**キーワード**　【標準管理規約 67 条】【損害賠償請求】【弁護士費用】

**Q**　区分所有者が、共用部分を壊してしまい修繕費用を要したことから、管理組合において、その損害を賠償請求するため、区分所有者に訴訟を提起しました。
その際の弁護士費用は、管理組合の負担となりますか。

 **A**　標準管理規約 67 条と同様の規定がある場合、区分所有者が敷地及び共用部分等について不法行為を行った際に生じた損害賠償金を請求する訴訟を提起したときは、相手方である区分所有者に対し、弁護士費用を請求することができます（標準管理規約 67 条 3 項、4 項）。

### 解説

　なお、当該規定がなければ、弁護士費用は、不法行為に基づいて認められた損害賠償金の 1 割程度になるのが通例です。標準管理規約 67 条と同様の規定を設けておくことは、訴訟を提起する場合に、管理組合からの出費を減らすことができ、有用です。

### 標準管理規約 67 条

> 第 67 条　区分所有者若しくはその同居人又は専有部分の貸与を受けた者若しくはその同居人（以下「区分所有者等」という。）が、法令、規約又は使用細則等に違反したとき、又は対象物件内における共同生活の秩序を乱す行為を行ったときは、理事長は、理事会の決議を経てその区分所有者等に対し、その是正等のため必要な勧告又は指示若しくは警告を行うことができる。
> 2　区分所有者は、その同居人又はその所有する専有部分の貸与を受けた者若しくはその同居人が前項の行為を行った場合には、その是正等のため必要な措置を講じなければならない。
> 3　区分所有者等がこの規約若しくは使用細則等に違反したとき、又は区分所有者等若しくは区分所有者等以外の第三者が敷地及び共用部分等において不法行為を行ったときは、理事長は、理事会の決議を経て、次の措置を講ずることができる。

　　一　行為の差止め、排除又は原状回復のための必要な措置の請求に関し、
　　　管理組合を代表して、訴訟その他法的措置を追行すること
　　二　敷地及び共用部分等について生じた損害賠償金又は不当利得による返
　　　還金の請求又は受領に関し、区分所有者のために、訴訟において原告又
　　　は被告となること、その他法的措置をとること
　4　前項の訴えを提起する場合、理事長は、請求の相手方に対し、違約金と
　　しての弁護士費用及び差止め等の諸費用を請求することができる。
　5　前項に基づき請求した弁護士費用及び差止め等の諸費用に相当する収納
　　金は、第27条に定める費用に充当する。
　6　理事長は、第3項の規定に基づき、区分所有者のために、原告又は被告
　　となったときは、遅滞なく、区分所有者にその旨を通知しなければならな
　　い。この場合には、第43条第2項及び第3項の規定を準用する。

## ・第4編・

## 損害賠償責任の問題

### ▶ 管理組合の損害賠償責任

 **問69　民法717条責任**

**キーワード**　【漏水】【民法717条1項】【工作物責任】【占有者】

**Q**　　漏水被害を受けた区分所有者が、漏水原因は共用部分にあること、また、管理組合は共用部分を管理し占有しているゆえに、民法717条1項の「占有者」に当たることから、管理組合に対し、損害賠償請求をするとの通知が届きました。管理組合には、この請求に応ずる義務はあるのでしょうか。

**A**　　民法717条1項の「占有者」について、管理組合は「占有者」に当たるとする説と、「占有者」に当たらないとする説の両方があります。

　東京高判平成29年3月15日判タ1453号115頁以降は、管理組合は、民法717条1項の「占有者」には当たらないとする裁判例が何例も出ています。よって、このような最近の流れからすると、管理組合は、本問のようなケースで民法717条1項の責任に基づき損害賠償に応ずる義務はないと考えられます。

　ただし、別の法的根拠（民法709条不法行為に基づく義務）に基づき、管理組合が損害賠償義務を負う可能性はあります。

**解説**

### 1　民法717条1項の「占有者」

　民法717条1項は、「土地の工作物の設置又は保存に瑕疵があることによって他人に損害を生じたときは、その工作物の占有者は、被害者に対してその損害を賠償する責任を負う。ただし、占有者が損害の発生を防止す

るのに必要な注意をしたときは、所有者がその損害を賠償しなければならない。」と規定しています。

　共用部分については、管理組合が修繕をし、また管理をしていることから、共用部分の瑕疵によって漏水が引き起こされた場合などは、管理組合が共用部分について「占有者」であるとして、民法 717 条 1 項責任が追及される場合があります。

### 2　管理組合は「占有者」に当たるとされた裁判例

　この点、福岡高判平成 12 年 12 月 27 日判タ 1085 号 257 頁は、「屋上等のクラックから雨水等が浸入するのは、本件マンションが通常有すべき安全性を欠いていたというべきであり、工作物の保存に瑕疵（民法 717 条 1 項）があったというべきであるから、工作物責任も免れないことになる。」と判示し、管理組合に占有者責任を認めています。

### 3　管理組合は「占有者」に当たらないとされた裁判例

　他方、東京高判平成 29 年 3 月 15 日判タ 1453 号 115 頁は「本件建物の共用部分の占有者は、管理組合たる第 1 審原告ではなく、本件建物の区分所有者の全員である。第 1 審原告は、区分所有法 3 条の団体（管理組合）であり、本件建物の共用部分を管理しているが、管理責任があるところに占有があるとはいえないのであり、管理組合が共用部分の占有者（民法 717条 1 項の第一次的責任主体）であるとみるには無理がある。」と判示し、管理組合は、建物の共用部分の占有者ではないと判示しました。

　この裁判例が出されて以降、上記の「占有者」の考えに沿った裁判例が何例も出ています。

---

 **問70　区分所有者の一人が被害者である場合の民法 717 条 1 項の「他人」**

🔑 **キーワード**　【民法 717 条 1 項】【他人】

 　区分所有者の一人が漏水等の被害者である場合に、同被害者は、民法 717 条 1 項の「他人」に該当しますか。

---

　該当すると考えられます。

裁判例において、共用部分の「占有者」(民法717条1項)は、区分所有者全員であると判示されています。この考え方によると、区分所有者の一人が、共用部分の設置又は保存に瑕疵があることによって被害を受けた被害者である場合に、同被害者が、民法717条1項責任の「他人」に該当するかが問題となります。

この点、区分所有法の立法担当者は、区分所有者の一人が被害者の場合には、同区分所有者は「他人」(民法717条1項)に該当すると解しており、実質的にみても、共用部分の欠陥による損失は全員で負担すべきであるのに、たまたまその被害者がその一員であれば、被害者は何らの賠償も受けられず、その損失はその者一人が負わなければならないとするのは妥当ではないとしています。

## ▶ 役員の損害賠償責任

### 🏢 問71 役員が訴えられた場合の弁護士費用

📍キーワード 【弁護士費用】【役員】【役員活動】【管理費】
【管理組合の自治】【総会決議】

**Q** 区分所有者から、役員が訴えられました。役員が裁判手続を弁護士に依頼した場合、弁護士費用は管理費から支出できますか。

**A** 見解は分かれるようですが、訴えられた原因となる行為が役員の業務遂行又は業務遂行に関わる行為である場合には、適法な手続による総会決議を経て、管理費から支出できると考えます。

一般的に、区分所有者は、管理組合に、敷地及び共用部分等の管理に要する経費に充てるため、管理費及び修繕積立金を納めなければなりません

---

(注75) 東京高判平成29年3月15日判タ1453号115頁。
(注76) 濱﨑恭生『建物区分所有法の改正』(法曹会、1989) 139頁。

（区分所有法19条、21条、標準管理規約25条1項）。

　本問のようなケースでは、役員が訴えられた場合の弁護士費用が、「敷地及び共用部分等の管理に要する経費」に当たるか否かが問題となります。

　上記「敷地及び共用部分等の管理に要する経費」という文言には、一見、役員が訴えられた場合の弁護士費用は含まれないように思えます。また、標準管理規約25条は区分所有法19条及び21条の区分所有者の費用負担を具体化したものであるとされ、このことからも、管理費の支出は、共用部分及び敷地の管理経費に限定されるように思えます。

　この点、役員の業務の遂行ないし業務の遂行に関わる行為に対して提起された訴訟に要する費用を管理組合が負担することとした総会決議は、公序良俗に反するとか、違法である等ということはできないと判断した裁判例があります。また、本裁判例は、役員の業務遂行ないし業務の遂行に関わる行為に関して訴えられた訴訟に要する費用を負担することは、役員の業務の遂行ないし業務の遂行に関わる行為に関する費用の負担であり、管理組合の自治に委ねられた支出であるということができるとも判示しています。すなわち、本裁判例は、役員の業務遂行ないし業務遂行に関わる行為に関して訴えられた訴訟に要する費用は、総会決議を経て管理費から支出できると判断したものであるといえます。

　役員が、役員活動に関し、損害賠償請求訴訟を提起された際、訴えられた原因を問わず、役員自身の財産から弁護士費用を支出しなければならないとすれば、役員のなり手は、より一層少なくなると思われます。現状、役員のなり手不足が問題となっているマンションは多くあります。この点を鑑みても、役員の業務遂行に関わる行為に対して提起された訴訟に要する費用を管理費から支出することを、認める必要があると思われます。なお、役員の業務遂行に関しない、個人としての行為が原因で訴えられた場合においては、管理費から弁護士費用を支出することは認められません。

---

（注77）東京高判平成24年5月31日ウエストロー・ジャパン登載（事件番号：平23（ネ）8167号）。

## 問72　管理組合役員の損害賠償責任保険

**キーワード**　【役員】【役員活動】【損害賠償責任】【保険】

 **Q**　管理組合の役員が、管理組合の役員活動によって損害賠償責任を負うことになった場合に備えて、何か対策できることはありますか。

**A**　マンションが加入する共用部分の保険の特約として、管理組合の役員に対して、損害賠償金や弁護士費用を補償するものがありますので、加入・付加することを検討してみてください。

**解説**

　管理組合役員が、管理組合の役員活動のために、第三者に損害を負わせてしまい、損害賠償責任を負う場合に、損害賠償金などを補償する保険の特約があります。

　管理業務の外部専門家への委託に向けた環境整備や、管理組合役員の抱える損害賠償リスクなどにより、保険加入のニーズが高まり、設けられました。マンションが加入する共用部分の保険の特約であり、損害賠償金のみならず弁護士費用も補償するものもあります。詳しくは各社のパンフレットを参照してください。

### ▶ 漏水問題

 ## 問73　損害賠償請求の問題（規約に基づく損害賠償請求）

**キーワード**　【漏水】【損害賠償請求】【債務不履行】

**Q**　組合員から、理事長に対し、「管理組合は、管理規約上、共用部分を管理する義務があるにもかかわらず、その管理を怠ったので、共用部分を原因として漏水が発生した。管理組合に対して、損害賠償請求をする」との通知が届きました。管理組合は、この請求に応じなければならないのでしょうか。

組合員が請求の根拠とした管理規約の条文を具体的に確認する
必要がありますが、管理組合が個々の組合員に対して債務として
共用部分を維持管理する義務を負うことを定めた規定や、そのこ
とを前提とする規定がない限り、管理規約違反を前提に、損害賠
償請求はできないと解されます。

**解説**

　管理規約には、個々の組合員と管理組合との間の権利義務関係を定めた
規定と、管理組合の目的・権能を定めた規定とが混在しています（なお、
問 153 も参照してください。）。本問のケースでは、管理組合の共用部分を管理
する義務について定めた規定を根拠として、共用部分を原因として発生し
た漏水につき、規約違反に基づく損害賠償請求が認められるか否かが問題
となります。

　標準管理規約 21 条は「敷地及び共用部分等の管理については、管理組
合がその責任と負担においてこれを行うものとする。」と定めており、多
くの管理組合の管理規約で、同様の規約条文が設けられています。

　また、標準管理規約 32 条は、管理組合は、「管理組合が管理する敷地及
び共用部分等（以下本条及び第 48 条において「組合管理部分」という。）の保安、
保全、保守、清掃、消毒及びごみ処理」や「組合管理部分の修繕」などの
業務を行うと定めています（標準管理規約 32 条 1 号、2 号）。多くの管理組合
の管理規約で、細部の文言は異なることもありますが、同趣旨の内容が管
理組合の業務として定められています。

　福岡高判平成 12 年 12 月 27 日判タ 1085 号 257 頁においては、上記標準
管理規約 21 条と同様の規約を根拠に、「管理組合において管理すべき共用
部分に起因して個々の区分所有者に損害が発生した場合、その区分所有者
の責に帰すべき事情がない限り、その損害が最終的には全区分所有者間で
その持分に応じて分担されるとしても、先ずは管理規約に基づいて管理組
合に対して請求できると解するのが相当である。」と判示しています。

　他方、近年、多くの裁判例では、標準管理規約 21 条又は 32 条 1 号、2
号と同趣旨の規定を根拠として、直ちに、管理組合に対し、規約違反に基
づく損害賠償請求を行うことは認められていません。

　例えば、近年の裁判例の中で代表的な東京高判平成 29 年 3 月 15 日判タ
1453 号 115 頁においては、標準管理規約 21 条に当たる規定について、

「区分所有法３条の団体（管理組合）たる第１審原告の目的・権能を定めた規定であって、第１審原告（管理組合）と本件建物の個々の区分所有者との間の権利義務関係を定めた規定ではないと解される。」と判示して、当該規定を根拠とする管理組合の債務不履行責任を認めませんでした。

なお、本裁判例は、「区分所有法３条の団体（管理組合）は、建物が瑕疵のない状態にあることを保証すべき責任を、個々の区分所有者に対して負うべき立場にはない。」とも判示しています。

また、東京高判令和３年９月22日ウエストロー・ジャパン登載（事件番号：令元（ネ）2495号）の裁判例においては、規定内容が全く同じではないものの、標準管理規約32条と同様に管理組合の業務を定めた規定に関し、「個々の区分所有者に対する債務の履行としてこれを行うものとは解されないし、個々の区分所有者に対する債務として建物等が瑕疵のない状態にあることを保証するものとも解されない。」と判示しています。

なお、本裁判例は、仮に、管理組合が区分所有者に対してマンションの建物等の維持管理をする債務を負うとしても、その債務の内容は、建物等に瑕疵が一切存在しない状態を常時維持するものではあり得ないことを判示しています。そして、「その時々の管理費等の積立額、区分所有者らの意向、当該瑕疵による損害発生の切迫度の諸事情を総合的に考慮して」、管理組合ないしは管理者の合理的な裁量によって、「修繕工事の内容や時期を決定し、数年あるいはそれ以上に長期の年月をかけて、順次これを実施していくというものにならざるを得ないのは当然である」としています。

 **問74 漏水原因の調査費用**

🔑キーワード 【漏水】【調査費用】

 漏水原因の調査費用は、誰が負担すべきですか。

 漏水原因の調査費用は、最終的には、漏水原因箇所を修繕すべき義務を負う区分所有者又は管理組合が負担します。

**解説**

漏水原因が判明するまでの間は、実務上、管理組合において立て替えて

支出していることが多いです。

## ▶ 建物の設置又は保存の瑕疵に関する推定規定

 問75　区分所有法9条

🔑キーワード　【建物の設置又は保存の瑕疵】【損害賠償責任】

**Q** 　区分所有者の専有部分の洗面所に湿気がこもりがちとなり、カビが生えたため、原因を調査しましたが、判明しませんでした。

　この場合、区分所有法9条により、洗面所に湿気がこもりがちになった原因が共用部分にあると推定されるので、共用部分を管理する管理組合に当該責任があり、損害賠償をしなければならないのでしょうか。

 　区分所有法9条は、「建物の設置又は保存に瑕疵があることにより他人に損害を生じたときは、その瑕疵は、共用部分の設置又は保存にあるものと推定する。」とあります。これは、損害が生じた場合において、全てその瑕疵が共用部分の設置又は保存にあるものと推定されることを意味するものではありません。

　本問の場合、建物の設置又は保存に瑕疵があるかが定かではないので、共用部分の設置又は保存に瑕疵があるとは推定されません。

**解説**

　区分所有法9条は、損害が生じた場合において、建物の設置又は保存の瑕疵があることを推定する規定ではありません。

　あくまで、「建物の設置又は保存に瑕疵があること」、「その瑕疵によって損害が生じたこと」については、損害を被った被害者が立証すべきです。

　本問においても、まずは、区分所有者の洗面所に湿気がこもりがちとなった原因を特定し、主張立証すべきです。

# ▶ 外壁タイル

##  問76　外壁タイルの落下

**キーワード**　【外壁タイル】【瑕疵担保責任】【不法行為責任】【施工業者】【監理業者】【時効】

**Q**　当マンションは平成27年に分譲されたマンションです。当マンションにおいて、外壁タイルがまとまって落下したため、業者に相談をしたところ、タイルの調査をすることになりました。その結果、施工不良が原因で多量のタイルが浮いていることが分かりました。補修しなければなりませんが、多額の補修費用がかかります。マンションの修繕積立金から補修費用を捻出しなければならないのでしょうか。誰かに責任を追及できませんか。

**A**　まずは、分譲業者に瑕疵担保責任を追及することが検討できます。

時効等を理由に瑕疵担保責任に基づく請求ができないようであれば、施工業者又は監理業者に、不法行為責任を追及することが考えられます。

### 解説

### 1　瑕疵担保責任

マンションの分譲業者と各区分所有者は、売買契約を締結しています。

売買契約において引き渡された目的物に「瑕疵」(改正前の民法570条)があるとき、瑕疵担保責任を追及できます。なお、平成29年法律第44号により、民法が改正されましたが、原則として、施行日である令和2年4月1日より前に締結された契約については、改正前の民法が適用され、施行日後に締結された契約については改正後の新しい民法が適用されます。よって、平成27年にマンションが分譲された本問では、改正前の民法570条に基づき、瑕疵担保責任を追及することとなります。

外壁タイルの浮きや落下(以下「浮き等」といいます。)は現象であって、その浮き等が起きた原因が経年劣化であれば、マンションの外壁タイルに瑕疵があるとはいえないと解されます。

しかしながら、浮き等の原因が施工不良であれば、売買契約当事者がそ

の契約締結に際して予定した品質・性能を欠くといえますので、旧民法570条の「瑕疵」に該当し、瑕疵担保責任を請求できます。

　瑕疵担保責任を追及できるのは、売買契約の当事者ですから、各区分所有者となり、相手方は、分譲業者となります。ただし、瑕疵担保責任は、長くても、引渡しから10年の消滅時効にかかります。

## 2　不法行為責任

　売買契約に基づく瑕疵担保責任が時効消滅しているようであれば、施工業者又は監理業者に対し、不法行為責任を追及することが考えられます。

　施工業者又は監理業者は、建物の建築に当たり、当該建物に建物としての基本的な安全性が欠けることがないように配慮すべき注意義務を負うとされています。そして、この義務を怠ったために建築された建物に建物としての基本的な安全性を損なう瑕疵があり、それにより居住者等の生命、身体又は財産が侵害された場合には、不法行為の成立を主張する者が上記瑕疵の存在を知りながらこれを前提として当該建物を買い受けていたなど特段の事情がない限り、これによって生じた損害について不法行為による賠償責任を負うとされています(注78)。

　また、上記「建物としての基本的な安全性を損なう瑕疵」とは、「居住者等の生命、身体又は財産を危険にさらすような瑕疵」をいい、建物の瑕疵が、居住者等の生命、身体又は財産に対する現実的な危険をもたらしている場合に限られず、瑕疵の性質に鑑み、これを放置するといずれは居住者等の生命、身体又は財産に対する危険が現実化することになる場合も該当するとされています(注79)。

　そして、最判平成23年7月21日裁判集民237号293頁は、どのような場合が瑕疵に当たるか具体的に示しており、

- 「鉄筋の腐食、劣化、コンクリートの耐力低下等を引き起こし、ひいては建物の全部又は一部の倒壊等に至る建物の構造耐力に関わる瑕疵」
- 「建物の構造耐力に関わらない瑕疵であっても、これを放置した場合に、例えば、外壁が剥落して通行人の上に落下したり、開口部、ベランダ、階段等の瑕疵により建物の利用者が転落したりするなどして人身被害につながる危険があるとき」

---

(注78)　最判平成19年7月6日民集61巻5号1769頁。

(注79)　最判平成23年7月21日裁判集民237号293頁。

- 「漏水、有害物質の発生等により建物の利用者の健康や財産が損なわれる危険があるとき」

は、瑕疵に当たるとしています。

逆に、

- 「建物の美観や居住者の居住環境の快適さを損なうにとどまる瑕疵」

は、該当しないとしています。

## ▶ 共用部分における損害賠償責任の請求者

 ### 問77　共用部分の損害賠償請求権の行使者

🔑キーワード　【外壁タイル】【損害賠償請求】【管理者】【区分所有法 26 条】

**Q** 　当マンションの横の道路で事故があり、自動車が当マンションの外壁に衝突し、外壁の一部が損傷しました。当該外壁には、高価なタイルを使用していたこともあり、高額な補修費用がかかります。車両運転者に損害賠償を請求したいのですが、管理組合が損害賠償請求をできますか。

**A** 　共用部分に発生した損害の損害賠償請求権は、管理者によって行使されます（区分所有法 26 条 2 項、4 項）。そのため、管理組合ではなく、管理者によって損害賠償請求をします。

### 解説

　損壊行為等の不法行為やマンション建設工事の瑕疵等により共用部分等に損害が生じた場合の損害賠償金の請求及び受領について、損害賠償請求権は可分債権であり、各区分所有者に分割的に帰属するものとされています。

　そして、区分所有法 26 条 2 項は、「管理者は、その職務に関し、区分所有者を代理する。第 18 条第 4 項（第 21 条において準用する場合を含む。）の規定による損害保険契約に基づく保険金額並びに共用部分等について生じた損害賠償金及び不当利得による返還金の請求及び受領についても、同様とする。」と規定し、共用部分の損害賠償請求は、管理者が区分所有者を代理して行うことができるとしています。

　本問の場合は、共用部分に損害が発生していますので、その損害賠償請求権は各区分所有者に帰属します。

　よって、管理組合ではなく、管理者が区分所有者を代理して損害賠償請求をすることになります。

　また、管理者は、区分所有者の代わりに、損害賠償請求訴訟を提起できます。

　管理者に訴訟を提起させるには、規約で管理者の権限を定めるか、総会決議をすることが必要です（区分所有法26条4項）。

## ▶ 敷地・擁壁（擁壁倒壊）

 **問78　斜面に関する損害賠償責任**

**キーワード**　【擁壁】【斜面】【共用部分の管理】【共用部分の変更】【総会】【決議要件】【民法717条1項】【区分所有者】

**Q**　当マンション建物は、造成された傾斜地の上に建っていますが、斜面において十分な強度を有さない部分があります。なお、造成された敷地及び傾斜地は、区分所有者の共有です。もし、斜面が崩れ、第三者に損害を与えた場合、管理組合は、損害を賠償しなければならないのでしょうか。

**A**　管理組合は、斜面が崩れることについて予見可能性があった場合には、民法709条により損害賠償責任を負う可能性があります。
　また、区分所有者全員は民法717条により損害賠償責任を負うことになると解されます。

**解説**

　民法717条1項に工作物責任が定められています。当該責任は、「土地の工作物」の設置又は保存に瑕疵があることにより、他人に損害を与えた場合には、「土地の工作物」の占有者は、その損害を賠償しなければならないとする責任です。

　ただし、その占有者が、損害の発生を防止するに必要な注意をしていたときは、「土地の工作物」の所有者が責任を負います。所有者は、「土地の工作物」の設置又は保存において、損害の発生を防止するのに必要な注意

をしていても責任を問われる、無過失責任を負います。

　今回、敷地そして傾斜地の占有者かつ所有者は、区分所有者全員と解されます。

　また、敷地及び傾斜地は造成されたものですので、「土地の工作物」に該当する、又は民法717条1項が準用されると解されます。

　そのため、区分所有者全員は、「損害の発生を防止するのに必要な注意をしていた」と立証できても、結局、責任を負うことになります。

　なお、管理組合が民法717条1項の「占有者」に当たるかについては争いがありますが、当たらないと解されます。[注80]

　ただし、擁壁について、以前から崩れる兆しがあり、それを放置していたという場合には、管理組合には、それを予見し、結果を回避する義務があり、故意・過失が認められると考えます。

　この場合には、故意又は過失に基づいて、他人の権利を侵害し、他人に損害を与えた場合に当たりますので、管理組合は、民法709条により、不法行為責任を負い、損害賠償をしなければならないと解されます。

---

（注80）東京高判平成29年3月15日判タ1453号115頁。

# ・第 **5** 編・

# 迷惑行為の問題

▶ **総論**

## 問79　区分所有法 57 条の手続

🔑キーワード　【共同利益背反行為】【餌やり行為】【区分所有法 57 条 1 項】
【標準管理規約 67 条】

**Q**　　当マンションの管理規約には、標準管理規約 67 条と同様の
規定がなく、この度、区分所有法 57 条 1 項に基づいて、バル
コニーでの鳩への餌やり行為を差し止めることを求めることにしまし
た。
　区分所有法 57 条 1 項に基づいて、餌やり行為の差止め請求は、誰
から行うことになりますか。また、訴訟を行うに際して、どのような
手続が必要ですか。

**A**　　通常は、理事長が請求を行うことになると解されます。
　また、訴訟を行うには、総会において、普通決議を取得する必
要があります。

**解説**

　裁判外の請求は、各区分所有者によっても行えるとされていますが、裁
判上の請求は、管理組合法人、理事長（管理者）、区分所有者全員、又は総
会で指定された区分所有者が原告となります（区分所有法 57 条 1 項、3 項）。
　裁判を起こすには、総会の普通決議が必要です（区分所有法 57 条 2 項）。

**問80　専有部分の使用禁止（区分所有法58条）の手続**

🔑 キーワード　【専有部分】【使用禁止】【区分所有法58条】【暴力団】
【事務所利用】【弁明の機会】

**Q**　当マンションには、各地で他の暴力団と対立・抗争を繰り返している暴力団が拠点たる事務所として使用している専有部分があります。

当マンション居住者の人命に関わるので、区分所有法58条に基づいて、専有部分の使用禁止を請求しようと考えています。その手続について教えてください。

---

**A**　区分所有法58条の使用禁止の請求をするには、訴訟を提起する必要があります。

---

**解説**

裁判で原告になれる者は、管理組合法人、相手方となる区分所有者を除いた区分所有者全員、管理者、総会で指定された区分所有者となります（区分所有法58条1項、4項、57条3項）。

訴訟を提起するには、総会決議（特別多数決議）を必要とします（区分所有法58条2項）。

また、当該決議の前に、あらかじめ、被告となる区分所有者に「弁明する機会」を与える必要があります（区分所有法58条3項）。弁明の機会は、総会の席上で与えることが望ましいとされていますが、決議に不当な影響を与える場合には、事前に弁明書を提出させ、決議前に、弁明書の内容を伝達する方法でも足りるとされています。

---

 **問81　区分所有権の剥奪（区分所有法59条）の手続**

🔑 キーワード　【区分所有権の剥奪】【区分所有法59条】【59条競売】
【管理費等滞納】【形式的競売】【弁明の機会】

**Q**　当マンションには、何度請求しても、また、二度ほど訴訟を提起し判決を得ても、管理費を支払わない区分所有者がいます。また、預金差押えを実行しましたが、預金には、数百円しか入っておらず、回収ができませんでした。その管理費滞納総額（遅延損害金を

含む）は、500 万円を超えており、当管理組合では、区分所有法 59
条の競売請求を起こすほかはないとの判断に至りました。
　　1　区分所有法 59 条の区分所有権及び敷地利用権の競売請求を行
　　うための手続を教えてください。
　　2　競売請求訴訟の判決を得れば、区分所有者から区分所有権は剥
　　奪されますか。

　　1　区分所有法 59 条の競売請求をするには、訴訟を提起する必
　　　要があります。
　　2　判決を取得したとしても、それだけで区分所有者から区分所
　　　有権を剥奪することはできません。

**解説**

## 1　競売請求訴訟

　区分所有法 59 条の競売請求をするには、訴訟を提起する必要がありま
す。

　裁判で原告になれる者は、管理組合法人、被告となる共同利益背反行為
者を除く区分所有者全員、管理者、又は総会で指定された区分所有者とな
ります（区分所有法 59 条 1 項、2 項、57 条 3 項）。

　訴訟を提起するには、総会決議（特別多数決議）を必要とします（区分所有
法 59 条 2 項、58 条 2 項）。

　また、当該決議の前に、あらかじめ、被告となる区分所有者に「弁明の
機会」を与える必要があります（区分所有法 59 条 2 項、58 条 3 項）。

　弁明の機会は、総会の席上で決議前に与えることが望ましいとされてい
ますが、決議に不当な影響を与える場合には、事前に弁明書を提出させ、
決議前に、弁明書の内容を他の区分所有者に伝える方法でも足りるとされ
ています。

## 2　区分所有権の剥奪

　判決を取得したとしても、それだけで区分所有者から区分所有権を剥奪
することはできません。

　区分所有権を剥奪するためには、判決が確定した日から 6 か月を経過す
るまでの間（区分所有法 59 条 3 項）に、換価のための競売（民事執行法 195 条）
を申し立てる必要があります。

第5編　迷惑行為の問題

## 問82　占有者に対する専有部分の引渡請求（区分所有法 60 条）の手続

🔑キーワード　【占有者】【専有部分】【引渡請求】【区分所有法 60 条】
　　　　　　　【住居専用規定】【店舗営業】【弁明の機会】

**Q**　当マンションには、数年前から住居部分を整骨院として使用する賃借人がおり、区分所有者は迷惑を被っています。

　当該賃借人を追い出すよう、賃貸人である区分所有者に求めても、契約を解除して追い出すなどの手続を取ってくれません。そこで、区分所有法 60 条に定める占有者に対する専有部分の引渡請求の手続を取ろうと思います。その手続的な要件を教えてください。

**A**　区分所有法 60 条に基づき、訴訟を提起する必要があります。

　裁判で原告になれる者は、管理組合法人、相手方となる者を除く区分所有者全員、管理者、総会で指定された区分所有者となります（区分所有法 60 条 1 項、2 項、57 条 3 項）。

　また、被告とする者は、専有部分の占有者に専有権限がある場合は、該当戸の区分所有者と占有者の両方を被告とします。なお、転貸借の場合は、区分所有者は被告とならず、被告は転貸人と転借人となります。そして、専有部分の占有権限の根拠となる契約を解除し、その引渡しを請求します。

　占有者に専有権限がない場合は、占有者のみを相手方とし、当該専有部分の引渡しを請求します。

　訴訟を提起するには、総会決議（特別多数決議）を必要とします（区分所有法 60 条 1 項、2 項、58 条 2 項）。また、当該決議の前に、あらかじめ、占有者に「弁明の機会」を与える必要があります（区分所有法 60 条 1 項、2 項、58 条 3 項）。弁明の機会は、総会の席上で与えることが望ましいとされていますが、決議に不当な影響を与える場合には、事前に弁明書を提出させ、決議前に、弁明書の内容を伝達する方法でも足りるとされています。なお、この弁明の機会は、占有者にのみ与えれば足るとされています。<sup>(注81)</sup>

---

（注81）最判昭和 62 年 7 月 17 日裁判集民 151 号 583 頁。

## 問83　区分所有法6条1項の「区分所有者の共同の利益に反する行為」

🔑 キーワード　【共同利益背反行為】【区分所有法6条1項】
【区分所有法57条1項】【餌やり行為】

**Q** 　当マンションでは、ベランダで、鳩やスズメに餌やりをしている者がおり、周囲の者から苦情がきています。この区分所有者にこの行為をやめさせたいと考えております。当該区分所有者の行為は、区分所有法6条1項の「区分所有者の共同の利益に反する行為」に当たるとして、区分所有法57条1項に基づいて行為をやめさせられませんか。

**A** 　区分所有法6条1項の「区分所有者の共同の利益に反する行為」に当たるとして、区分所有法57条1項に基づいて餌やり行為をやめさせることができると考えられます。

　区分所有法6条1項に定める「建物の保存に有害な行為その他建物の管理又は使用に関し区分所有者の共同の利益に反する行為」とは、行為類型で分けると、①建物の不当毀損行為（例：隣接する専有部分二個を所有する区分所有者がその間の耐力壁を取り壊す、専有部分や外壁に工事をして、ベランダのような突き出しを設置する）、②建物などの不当使用行為（例：共用部分に私物を積み上げる）、③プライバシーの侵害ないしニューサンス（騒音、振動、悪臭又は有毒ガスの発散行為、他人に迷惑を及ぼすような動物の飼育等）、④建物などの不当外観変更行為（ただし、④は上記①または②に含まれ得る）に分けられるとされています。[注82]

　本問の野鳥への餌やり行為は、③に該当し得る行為であると考えられます。

第5編　迷惑行為の問題

（注82）法務省民事局参事官室編『新しいマンション法　一問一答による改正区分所有法の解説［増補版］』（商事法務研究会、1986）271～272頁。

## ▶ 迷惑行為者の問題

 問84　迷惑行為者への対応（管理規約と区分所有法 57 条）

🔎キーワード　【迷惑行為】【共同利益背反行為】【撤去】【バルコニー】
【サンルーム】【区分所有法 57 条】【標準管理規約 67 条】

**Q**　区分所有者がバルコニーにサンルームを建築しており、緊急時の避難路になり得ず、困っています。当該区分所有者にサンルームを撤去するように、何度も申入れていますが、聞き入れません。管理組合としては、どのような対応を取ることができますか。

　まずは、管理規約及び使用細則を確認してください。管理規約又は使用細則に、「バルコニーにサンルームを設置してはならない」旨の規定と標準管理規約 67 条と同様の規定があれば、その規定に従って、サンルームの撤去を求めて訴訟を提起することが考えられます。

　また、標準管理規約 67 条と同様の規定がない場合には、区分所有法 57 条に基づいて、サンルームの撤去請求訴訟を提起することが考えられます。

### 解説

#### 1　標準管理規約 67 条に基づく訴訟提起

　標準管理規約 67 条 3 項は、「区分所有者等がこの規約若しくは使用細則等に違反したとき、……理事長は、理事会の決議を経て、次の措置を講ずることができる。」として、「行為の差止め、排除又は原状回復のための必要な措置の請求に関し、管理組合を代表して、訴訟その他法的措置を追行すること」ができると定めています。

　サンルーム設置が、管理規約又は使用細則で禁止されており、区分所有者がそれに違反している場合において、上記標準管理規約 67 条と同様の規定があれば、当該規定に基づいて、訴訟提起をすることを第一に検討するとよいでしょう。

#### 2　区分所有法 57 条 1 項に基づく訴訟提起

　区分所有法 57 条 1 項によっても、サンルームの撤去訴訟を提起することは可能と考えますが、同項は、「区分所有者が第 6 条第 1 項に規定する

行為をした場合又はその行為をするおそれがある場合には、……その行為を停止し、その行為の結果を除去し、又はその行為を予防するため必要な措置を執ることを請求することができる。」と規定しています。

　本問に当てはめると、サンルームがバルコニーに設置されたことだけでは足りず、区分所有法 6 条 1 項、すなわち、区分所有者が「建物の保存に有害な行為その他建物の管理又は使用に関し区分所有者の共同の利益に反する行為」をした、又はそのおそれがあることが要件とされており、上記標準管理規約 67 条と同様の規定がある場合と比べ、サンルーム撤去の請求が認められる要件が加重されています。

　また、標準管理規約 67 条と同様の規定があれば、理事会決議により機動的に訴訟提起ができます。他方、当該規定がなく、区分所有法 57 条 1 項の規定に基づく場合には、同法 2 項により総会決議で承認を得なければなりませんので、時間がかかります。

　さらには、管理規約に標準管理規約 67 条 4 項と同様の規定があれば、弁護士費用を違約金として被告に請求できます。他方、もし同様の規定がなく、区分所有法 57 条 1 項に基づいて訴訟提起する場合には、弁護士費用も管理組合の負担となります。

**第5編 迷惑行為の問題**

## 標準管理規約 67 条

> 第 67 条　区分所有者若しくはその同居人又は専有部分の貸与を受けた者若しくはその同居人（以下「区分所有者等」という。）が、法令、規約又は使用細則等に違反したとき、又は対象物件内における共同生活の秩序を乱す行為を行ったときは、理事長は、理事会の決議を経てその区分所有者等に対し、その是正等のため必要な勧告又は指示若しくは警告を行うことができる。
>
> 2　区分所有者は、その同居人又はその所有する専有部分の貸与を受けた者若しくはその同居人が前項の行為を行った場合には、その是正等のため必要な措置を講じなければならない。
>
> 3　区分所有者等がこの規約若しくは使用細則等に違反したとき、又は区分所有者等若しくは区分所有者等以外の第三者が敷地及び共用部分等において不法行為を行ったときは、理事長は、理事会の決議を経て、次の措置を講ずることができる。
>
> 一　行為の差止め、排除又は原状回復のための必要な措置の請求に関し、管理組合を代表して、訴訟その他法的措置を追行すること
>
> 二　敷地及び共用部分等について生じた損害賠償金又は不当利得による返還金の請求又は受領に関し、区分所有者のために、訴訟において原告又

は被告となること、その他法的措置をとること

4　前項の訴えを提起する場合、理事長は、請求の相手方に対し、違約金としての弁護士費用及び差止め等の諸費用を請求することができる。

5　前項に基づき請求した弁護士費用及び差止め等の諸費用に相当する収納金は、第27条に定める費用に充当する。

6　理事長は、第3項の規定に基づき、区分所有者のために、原告又は被告となったときは、遅滞なく、区分所有者にその旨を通知しなければならない。この場合には、第43条第2項及び第3項の規定を準用する。

## 問85　大規模修繕工事で専有部分への立入りが拒まれた場合の対応

🔑 キーワード　【迷惑行為】【立入請求】【大規模修繕】【配管】

**Q**　当マンションでは、数か月後に大規模修繕工事の実施を予定しています。当マンションの配管設備の仕様上、共用配管の修繕の際には専有部分に立ち入って内部から工事をする必要があり、さらに同じ系統の配管については同じ日に工事を終了してしまわないといけません。

そのため、工事日程を調整するため、各専有部分の占有者に対してアンケート調査を行ったのですが、ある占有者からは「立入り拒否」との回答が来てしまいました。

このままでは当該系統の配管工事全体の実施が困難になってしまいます。今後、どのように対処すればよいでしょうか。

**A**　まずは、当該占有者が専有部分への立入りを拒んでいるのか、拒んでいるとすればどのような理由に基づいて拒んでいるのか、話合いによる解決の余地はあるのかなどを確認しましょう。

話合いの過程においては、想定される損害賠償金額を具体的に明示するなどの方法によって、占有者から譲歩を引き出すとよいでしょう。

裁判外での解決が困難と見込まれる状況ならば、速やかに裁判手続に移行すべきです。

**解説**

　専有部分への立入請求についての一般的解説は、問 43 を参照してください（なお、問 43 の事案と異なり、本問では当該区画の立入りができない場合には当該系統すべての住戸で配管工事が実施できませんので立入りをせず工事を未実施とする方向での解決は取り得ません。）。

　本問では、共用配管工事のために当該専有部分への立入りが必須ですから、立入請求権が認められます（標準管理規約 23 条 1 項）。そして、事前に日程調整なども打診しているのですから、占有者側において立入りを拒む正当な理由はまず認められないでしょう。したがって、本問のケースでは訴訟に至れば立入り請求が認められる場合に当たるでしょう。

　しかし、訴訟提起から第一審判決が出るまで、最短でも数か月間程度の時間を要します。また、訴訟提起に際しては弁護士費用その他の一定の費用の支出が必要になります。そのため、まずは裁判外での請求や話合いによる早期解決が可能な状況か、やむを得ず法的手段を取らざるを得ない状況か否かを速やかに確認すべきです。

　話合いによって解決が可能な状況か否かを判断するためには、当該専有部分の占有者・所有者の姿勢や意向を確認します。具体的には、「占有者が専有部分への立入りを拒んでいる理由は何なのか」、「日程・時間帯を調整すれば立入りが可能か」、「区分所有者と占有者はどのような関係か」、「占有権限が賃貸借権とすれば、賃貸借契約の解約は可能か」、「区分所有者や同居人や親族の協力は得られるか」などを検討します。専有部分を貸与する際には、区分所有者は占有者（第三者）に規約等を遵守させる義務を負いますので（標準管理規約 19 条 1 項）、占有者が標準管理規約 23 条と同旨の規定に違反している場合には、区分所有者においても間接的に違反を生じます。

　また、交渉の際には、立入りを拒絶した場合に占有者に生じる負担を明示しながら交渉することも有用です。当該負担としては、正当な理由なく立入りを拒んだ場合の損害賠償（標準管理規約 23 条 3 項。例えば、工事延期により発生する延滞金、工事未実施中に工事ができないことにより発生又は拡大した事故の損害賠償金など）や、立入請求訴訟等を提起する際の弁護士費用等の諸費用相当額の違約金（標準管理規約 67 条 4 項）などが考えられます。

　ただし、仮に合意ができたとしても、占有者が当日突然立入りを拒むことも考えられますので、相手方の態度、代替日の有無等によって、適切な方法を慎重に選択する必要があります。本問のケースのように、一部の専

有部分において立入りができない結果として、同一系統全ての工事日程に影響を及ぼすような場合には、占有者の態度に不安が感じられるのであれば裁判手続による方が確実です。

## 問86　区分所有者からの過剰要求に関する管理組合の対応

🔑 キーワード　【迷惑行為】【過剰要求】【共同利益背反行為】【専有部分】【騒音】

**Q**　当マンションの201号室の区分所有者から管理組合に対して、1年ほど前から、「騒音がひどい。301号室が犯人だ。301号室に騒音を止めるよう言ってほしい」と繰り返し求められています。

管理組合として、201号室からの連絡を受けて、これまでに、①騒音被害に関する一般的なアンケート調査、②騒音に配慮するように組合員全体に周知するポスターの掲示などを行ってきました。

アンケート調査では、201号室以外の住民からは「日常生活レベルの物音はあるが、特に騒音というほどにまでは至っていない」という回答ばかりであり、301号室をはじめとしてどの住戸からも騒音の発生は確認できませんでした。管理員も清掃の際などに騒音の発生がないか気を付けていますが、いずれの住戸からも騒音というような物音は確認できていません。

管理組合から201号室の区分所有者に対してアンケート調査の結果を周知しましたが、納得する様子がありません。最近では、毎日、管理会社の担当者に対して電話をしているようで、管理会社からも難色を示されています。

ついには、「騒音がうるさいので201号室では眠れない。ホテルに泊まるから管理組合がホテル代を支払え」と言ってきました。

管理組合としては、どのように対応していけばよいのでしょうか。

**A**　まずは、管理会社から201号室の区分所有者に対して、法的義務にないことについては対応できない旨を伝える書面を送付するとよいです。細かい内容は下記解説2を参考にしてください。

その後さらに要求が続く場合は、上記書面を引用して同旨の回

答を繰り返します。場合によっては、内容証明郵便等の方法によって書面を送付することも検討します。

**解説**

### 1　共同利益背反行為——管理組合の目的の範囲

管理組合はあくまでも「建物並びにその敷地及び附属施設の管理を行うための団体」（区分所有法3条）です。したがって、マンション内部で生じた紛争であっても、それが単に区分所有者個人間の紛争、専有部分に関する紛争にすぎない場合、これへの対応は管理組合の目的の範囲外になります。

ただし、騒音や迷惑行為などの共同生活上の不当行為については、それが共同利益背反行為に該当する場合には、管理組合が当該行為の停止等を求めることができます。共同利益背反行為とは、「建物の保存に有害な行為その他建物の管理又は使用に関し区分所有者の共同の利益に反する行為」（区分所有法6条1項）のことです。例えば、騒音の場合、ある特定の区分所有者間の騒音被害にとどまらずにある程度広い範囲の複数戸が受忍限度を超える騒音被害を受けているのであれば、共同利益背反行為に該当する可能性が十分考えられるでしょう。

本問では、管理組合としては、201号室の主張に対して、まずはそれが共同利益背反行為に該当するかどうか分別するために調査を行っています。そして、結果として、騒音の事実自体が確認されていません。したがって、本問の騒音に関して管理組合として必要な対応は既に尽くしたといえ、管理組合としてこれ以上の対応を行う必要はないでしょう。

### 2　書面の送付

かえって201号室区分所有者の行動こそ、管理会社への高頻度の架電（不当な方法での要求）、管理組合に支払義務のないホテル代の要求（不当な内容の要求）を行うに至っています。

そのため、カスタマーハラスメント事案と類似の対応を取っていくことになります。[注83]

具体的には、まずは、今後の証拠とするため、①201号室側の主張する事実及び要求、②当該主張に対して管理組合の行った対応内容及び調査結

第5編
迷惑行為の問題

---

[注83]　香川希理編著『カスハラ対策実務マニュアル』（日本加除出版、2022）21頁以下参照。

果、③共同利益背反行為等に至る騒音の存在が確認できず管理組合として
これ以上の対応は不要と判断したこと、④管理組合としてホテル代等の損
害賠償責任を負う立場にないこと、⑤これ以上の対応を求められても管理
組合としては対応しかねること等を記載した書面を送付します。

　当該書面を送付してもなおお要求をやめない場合は、基本的には上記書面
を引用して同旨の回答を繰り返すことで、こう着状態を作ります。かえっ
て感情を害することになってはいけませんので、初期の段階から内容証明
郵便にまでする必要はありませんが、要求が続くようであれば、口頭、普
通郵便、内容証明郵便、弁護士名義での書面等と、徐々に強度を高めて通
知するのも有効でしょう。

　それでもなお、高頻度の架電を続けるような場合には、201号室区分所
有者の行動が逆に管理組合の業務の遂行や運営に支障を生じさせるものと
して共同利益背反行為性を帯びる場合がありますので、適宜、不法行為の
差止請求又は区分所有法57条等によって要求行為の停止を求めることも
検討できます。

## ▶ ペットの問題

###  問87　ペット飼育禁止違反者への対応

**キーワード**　【ペット】【迷惑行為】【不法行為】【債務不履行】

**Q**　当管理組合のペット飼育細則では大型犬の飼育を禁止してい
ますが、どうやら当マンション内で大型犬を飼っている区分所
有者がいるようです。もし大型犬が飼育されていることを管理組合が
知っていて、特に個別に注意等を実施していない状態で、その大型犬
が他人に危害を加えた場合、管理組合が有効な注意喚起をしなかった
ことに対し法的な責任を問われる可能性はあるのでしょうか。

 **A**　管理組合が何も手段を講じていなかった場合、責任追及を受け
る可能性があります。

**解説**

## 1　被害者が区分所有者以外である場合

　まず、被害者が区分所有者以外である場合、管理組合が不法行為（民法709条）に基づく賠償責任を負う可能性があります。

　不法行為責任は、損害結果発生との間に「故意又は過失」があるときに認められるものですが、本問で想定しているケースでは、少なくとも管理組合が故意に噛みつき事故を発生させたわけではありません。

　しかし、大型犬飼育禁止の使用細則は大型犬特有の危険性に着目して制定するものと思われる以上、これに違反して大型犬を飼育している状態を放置すれば、いずれ、噛みつき事故が起こるという可能性は予見可能であったといえます。では、どのように手段を講じればよいかというと、管理組合としては「無理矢理飼育をやめさせる」ことまでは求められず、「個別的に注意する」ことで足りると考えられます。逆にいえば、このような容易な手段すらとらなかった場合、大型犬の噛みつきは特に危険であるため、飼い主に対し個別的に注意を行う義務があったと判断される可能性は高いでしょうし、義務を十分に果たしていないとして、過失があったものとして賠償責任を負う可能性があります。

## 2　被害者が区分所有者である場合

　被害者が区分所有者である場合、上記の不法行為責任を追及される可能性に加え、管理組合は、善管注意義務ないし管理義務に違反したものとして、被害者から債務不履行責任（民法415条）を追及される可能性があります。具体的には、「ペット飼育細則違反の状態を是正する義務があったにもかかわらず、それを行わなかった以上、義務違反があり、義務違反により発生した噛みつき事故に基づく損害（治療費等）を支払う義務がある。」との主張を受けることになるでしょう。

　以上をまとめると、管理組合が何も手段を講じていなかった場合、責任追及を受ける可能性は十分にあります。個別的な注意は継続して行い、その証拠を書面などで残すことで、果たすべき義務は果たしていたという主張をできるようにしておくことが、リスク回避の観点からは適切でしょう。

第5編
迷惑行為の問題

# ▶ ごみ、放置物の問題

 **問88　粗大ごみ放置への対応**

**キーワード**　【ごみ】【放置物】【迷惑行為】【防犯カメラ】【プライバシー権】
【名誉毀損】【個人情報】【違約金条項】【不法行為】

**Q**　当マンションにおいては、粗大ごみなどを所定の手続を経ず
に放置する者がいるため、やむなく定期的に管理費を使い処分
しております。定期的に全戸に粗大ごみの出し方の案内文を配布した
り、粗大ごみ置場に注意書きを設置したりもしていますが、あまり効
果が出ておりません。

　そこで、管理組合としてもう一歩進んだ対応として、以下の二つの
対応をしたいと考えており、法的に問題がないかアドバイスいただけ
ればと思います。

　1　防犯カメラ映像から抽出した画像を案内文に掲載し犯人を公開
　すること

　2　犯人を特定した場合に処分費を徴収すること

　1　防犯カメラ映像を案内文に掲載し犯人を公開することはやめ
　　た方がよいです。

　2　処分費の徴収をしたい場合には、管理規約に違約金条項を入
　　れておいた方がよいです。

**解説**

## 1　防犯カメラ映像から抽出した画像の公開について

　まず、防犯カメラ映像から抽出した画像の公開については、消極的に考
えざるを得ません。個人を特定できる要素が映っていれば、それはプライ
バシー侵害や名誉毀損、個人情報保護法違反の問題につながりかねません。
また、仮に個人が特定できずとも、通常の管理組合における防犯カメラ設
置の目的である、「防犯目的」からかけ離れた利用方法ですので、防犯カ
メラ運用細則違反になる可能性があります。

　案内文や注意書きには、防犯カメラがごみ置き場を撮影していることを
それとなく示すとともに、「不法投棄者には直接の注意を行う」と書いて
おけば、抑止効果としては十分ではないでしょうか。

## 2 処分費の徴収について

　処分費の徴収を確実に行いたいのであれば、所定の手続を経ずに粗大ご
みを放置した場合には違約金を徴収する旨を管理規約において定めればよ
いでしょう。違約金の額は実費が一応のベースとなりますが、違反行為の
態様や程度を考慮して相当な額であれば、実費を超えても問題ありません。

　管理規約等に定めがない場合であっても、共用部分への粗大ごみ放置に
対しては、共同利益背反行為として、不法行為責任（民法709条）に基づき
実費相当額の損害賠償請求を行う余地もありますが、請求が認められるか
否かは事案によって変わってきます。管理規約で明確に違約金条項を定め
た方がよいでしょう。

---

## ▶ 動産撤去の問題

## 問89　宅配ボックスの長期利用

**♀キーワード**　【宅配ボックス】【自力救済】【所有権】

**Q**　　当マンションの玄関付近には、共用部分である「宅配ボック
ス」を設置しています。

　皆さんよく利用しており、便利になったと好評でした。ですが、こ
の度「一部の宅配ボックスが常に利用状態になっている。そのため、
宅配ボックスが満室であることを理由として、配達がなされないこと
が頻発している。どうやら一部の区分所有者が宅配ボックスの大部分
を占有しているようである」と苦情が複数件ありました。

　調べてみたところ、10個ある宅配ボックスのうち6個が1か月以
上前から101号室の荷物によって占有されていることが分かりまし
た。なお、当マンションの宅配ボックスは電子管理されており、開錠
をしなくても保管開始日時と部屋番号が記録されます。確認したとこ
ろ、その6個の宅配ボックスは、施錠されてから一度も開けられてい
ないようです。

　当マンションは、単身者中心のマンションですので、宅配ボックス
の空個数が足りていないことによって、かなりの配達物が再配達に
なってしまっているようです。

　この状態を改善すべく、101号室の居住者に連絡を取ろうとして
いるのですが、居住者名簿の連絡先に電話してもつながりません。ま

た、電気メーターなどから 101 号室に居住はしているようなのですが、インターフォンを鳴らしても居留守を使われてしまいます。

　なお、宅配ボックス使用細則には、宅配ボックスの内容物は「保管開始から 72 時間を利用期限とする」旨の条項があります。

　今後、当管理組合としてはどのように対処すべきか、下記の点についてご相談させてください。

　1　本件事情の下で、宅配ボックスを開錠してよいでしょうか。

　2　本件事情の下で、内容物を取り出して保管してもよいでしょうか。

　3　本件事情の下で、内容物を廃棄してよいでしょうか。

1・2　通知書面によって物品の回収を求め、これが到達した上であれば、開錠、内容物の取り出し及び保管は違法とならない可能性が高いでしょう。できれば、開錠の前に警察に連絡を入れ、立会いを求めることも検討してください。

　3　現段階では廃棄は認められない可能性があります。内容物の保管可能性、101 号室居住者の交渉態度などを踏まえて、廃棄をすることが「緊急やむを得ない特別の事情が存する場合」といえるまでに至っているかを検討してください。

### 解説

　勝訴判決等の債務名義によらずに違反状態を排除することは、「自力救済」として禁じられています。ただし、「法律に定める手続によつたのでは、権利に対する違法な侵害に対抗して現状を維持することが不可能又は著しく困難であると認められる緊急やむを得ない特別の事情が存する場合においてのみ、その必要の限度を超えない範囲内で、例外的に許されるものと解する」として、例外的に自力救済が認められる場合があるとされています(注84)。

　裁判手続を経ずに宅配ボックスを強制的に開錠し、内容物を取り出し、さらに廃棄することはいずれも基本的には自力救済に当たりますので、原則的には認められません。ただし、上記のような「緊急やむを得ない特別の事情」が存在すれば、例外的に「その必要の限度を超えない範囲内」の

---

（注84）　最判昭和 40 年 12 月 7 日民集 19 巻 9 号 2101 頁。

自力救済を行うことができます。

　本問のケースでは、宅配ボックスの60％が占有されることにより現に他の区分所有者の利用に重大な支障が生じています。また、使用細則にも宅配ボックスの利用期限が明示されており、保管はこれを相当逸脱する長期にわたっています。1か月を超える長期保管については、内容物の腐敗等の可能性もあり、そうなると宅配ボックスの破損や他の区分所有者の内容物の汚損等を招くおそれもあります。他方で、裁判手続によってこれを開錠するためには、最短でも数か月の時間を要することになります。以上からすれば、「緊急やむを得ない特別の事情が存する場合」といえる可能性も十分考えられるでしょう。

　そして、まずは保管者に対して自ら開錠することを促したものの、これに従わない場合において、開錠して内容物を確認しこれを保管することは、「その必要の限度を超えない範囲内」での措置といえる可能性が高いでしょう。この際には、賃貸借契約に関して警察立会いの下での鍵交換行為が自力救済に当たらないとした裁判例（注85）なども参考に、警察立会いの下での開錠も検討してください。

　他方で、「廃棄」については、所有権自体を処分する行為に至ってしまいますので、一般的には「その必要の限度を超えない範囲内」とはいえないでしょう。もし「廃棄」の判断をする場合には、違法駐輪の場合（問91）なども参考に、相当慎重な手続を行う必要があります。

## ▶ 名誉毀損の問題

 ### 問90　区分所有者による役員の名誉毀損行為

**キーワード**　【共同利益背反行為】【区分所有法6条】【区分所有法57条】【名誉毀損】【役員】

**Q**　当マンションの区分所有者が、役員の名誉を毀損するような文書を繰り返し投函しています。
　また、当該区分所有者は、当マンションが業務を依頼している管理会社や大規模修繕業者の名誉を毀損するような文書も、投函していま

---

（注85）　東京地判平成26年11月27日ウエストロー・ジャパン登載（事件番号：平26（ワ）2450号）。

す。

　当該区分所有者にこのような行為をやめさせたいのですが、話合いは平行線の状況です。訴訟を提起して、この区分所有者の行為をやめさせることはできるでしょうか。

　　当該区分所有者の行為は、区分所有法6条1項に定める「区分所有者の共同の利益に反する行為」に該当する可能性があります。これに該当するとして、区分所有法57条に基づき、行為をやめるよう請求するため、訴訟を提起することが検討できます。

### 解説

　区分所有法6条1項の「建物の保存に有害な行為その他建物の管理又は使用に関し区分所有者の共同の利益に反する行為」の類型として、①建物の不当毀損行為、②建物の不当使用行為、③プライバシーの侵害ないしニューサンス（間接的に他人の生活を侵害あるいは妨害する行為）、④不当外観変更行為があります。本問のような名誉毀損行為については、③に当たるかが問題となります。

　名誉毀損行為は、名誉毀損をされた者の人格権の侵害行為であり、一見、生活妨害行為ではないようにも思えるからです。

　この点、最高裁判例は、「マンションの区分所有者が、業務執行に当たっている管理組合の役員らをひぼう中傷する内容の文書を配布し、マンションの防音工事等を受注した業者の業務を妨害するなどする行為は、それが単なる特定の個人に対するひぼう中傷等の域を超えるもので、それにより管理組合の業務の遂行や運営に支障が生ずるなどしてマンションの正常な管理又は使用が妨害される場合には、法6条1項所定の『区分所有者の共同の利益に反する行為』に当たるとみる余地があるというべきである。」と判示しています。

　なお、本裁判例の事例は、マンション付近の電柱に役員を誹謗中傷するビラを繰り返し貼り付けるなどの行為、管理組合から業務を受注した業者に対し、趣旨不明の文書を送付し、工事の辞退を求める電話をかけ続けるなどの行為、役員らへの暴行、誹謗中傷するビラの投函、役員に対する電

---

（注86）最判平成24年1月17日裁判集民239号621頁。

話、FAX などの文書投函行為など、相当なことが行われていた事例ですので、本問では当該区分所有者の行為がどの程度のものかも考慮の上、訴訟を提起するか検討する必要があります。

## ▶ 違法駐車、違法駐輪の問題

 ### 問91　持ち主が分からない放置自転車への対応

🔍キーワード　【違法駐輪】【放置自転車】【自力救済】【無主物】【準遺失物】

**Q** マンションの敷地に数か月間自転車が放置されています。自転車には名前などが書かれておらず、誰の物か分からないので撤去を促すこともできません。管理組合で移動や処分をしてしまっても構わないでしょうか。

**A** 放置自転車であっても、無断で移動・処分することは許されません。

**解説**

　マンションの敷地上に自転車が放置されている場合、管理組合側が撤去を請求できることは争いがないものと考えられます。もっとも、権利があることと、その権利を実現する方法が適法であるのかは別問題と考えられています。法的手続によらず自転車を移動・処分することは自力救済として<sup>(注87)</sup>損害賠償請求などの問題となり得ます。放置自転車への対応は、以下の手順で行うことをお勧めします。

### 1　所有者の調査

　まずは、管理組合において貼紙の実施や居住者への聴き取りなど、所有者の調査を行ってください。それでも所有者が判明しない場合には、盗難車の疑いがあるという理由で警察への届出を行ってください。盗難車であれば所有者による引き取りが期待できます。盗難車ではない場合でも、防

---

（注87）自力救済とは、自らの権利を法的手続によらず私力で実現することをいいます。私力による解決が認められると、暴力などの不当な手段による権利の実現が横行し、社会秩序の維持が困難になるものと考えられるため、原則として禁止されています（最判昭和 40 年 12 月 7 日民集 19 巻 9 号 2101 頁）。

犯登録から所有者が確認できる場合がありますから、警察に所有者への連絡・指導を要請することや、所有者の情報提供を求めることも考えられます。もっとも、個人情報保護を理由として所有者名の提供は受けられないケースが多いでしょう。

　警察への届出を行っても所有者が判明しない場合には、放置自転車の所有者を特定することは困難と判断してよいと考えます。

## 2　無主物としての処分の検討

　無主物とは、所有者のない動産のことです。民法239条1項は「所有者のない動産は、所有の意思をもって占有することによって、その所有権を取得する。」と定めています。放置自転車が無主物に当たる場合、役員等が所有権を取得した上で処分することが可能と考えられます（管理組合が所有権を取得してしまうと、処分には総会決議又は全員同意を要する可能性があるため注意が必要です。）。

　問題は、放置自転車が無主物と判断できるか、つまり元々の所有者が所有権を放棄したといえるかどうかです。裁判例には、車体全体に錆が生じ、ブレーキが作動せず、後輪タイヤが外れかかっており、スタンドのバネも欠損していた放置自転車について、所有権が放棄されたものとまでは認められないと判断したものがあります[注88]。あくまでも事例判断ではありますが、少なくとも走行可能な状態の自転車が無主物と判断されることはほぼなく、廃車に近いような場合でない限り、直ちに無主物として扱うことにはリスクがあると考えるべきでしょう。

## 3　準遺失物としての処分の検討

　放置自転車の所有権が放棄されていると考えられない場合には、準遺失物としての処理が考えられます。他人の置き去った物は準遺失物に該当しますから（遺失物法2条1項参照）、無主物ではない、すなわち誰かの所有物と考えられる放置自転車は、遺失物法4条1項に従い所轄の警察署長へ準遺失物としての届出を行うことができるものと考えられます。警察が準遺失物につき公告を行ったにもかかわらず、3か月間持ち主が現れなかった場合には、拾得者が所有権を取得します（民法240条）ので、処分を行うことも認められます。

　なお、現実問題として警察が届出を受理しない場合もあります。その場合には、上記の法的根拠を示して、警察が届出を受理しない根拠を回答す

---

（注88）浦和地判昭和58年12月19日判タ521号162頁。

るよう求めるなど粘り強い交渉を行ってください。

## 4　最終手段としての、無主物としての処分の検討

　警察があくまでも準遺失物としての保管を行わないということであれば、リスクは否定できないものの、無主物としての処分を目指すしかないものと考えられます。その場合には移動・処分を行う前段階として、可能な限りリスクを減らすこと、すなわち管理組合側として、当該自転車の所有権が放棄されていると信じたこともやむを得ないといえる事情を、可能な限り多く用意しておくことが重要となります。

　マンション内で遺失物法の規定に準じた保管・公告手続を実行する、これ以上放置が継続されれば無主物として廃棄する旨を車両や掲示板への貼紙で予告するなど、所有者がいないと判断することも合理的であり、やむを得ないといえる状況を、想像力を働かせて積極的に作り出してください。繰り返しになりますが、このような場合でも後に放置自転車の所有者が現れると法的紛争に発展するリスクは否定できませんので、最終手段として検討を行ってください。

・第**6**編・

# 総会に関する問題

▶ **総論**

 **問92 総会**

**♀キーワード** 【総会】【集会】【区分所有者】【管理者】

 **Q** 「総会」とは何ですか。

 **A** 「総会」とは、建物等の管理に関する重要な事項を決定するための、区分所有者全員で構成される会議のことです。

**解説**

## 1 「総会」とは

　総会は、区分所有法においては、「集会」（区分所有法3条）と表現され、「建物等の管理を行う区分所有者の団体、すなわち管理組合の中心的、かつ最高の意思決定機関」として位置づけられています。[注89]

　また、標準管理規約42条1項において、「管理組合の総会は、総組合員で組織する。」と規定されており、区分所有者全員で構成される会議です。

　年に1回決まった時期（標準管理規約42条3項では、「毎年1回新会計年度開始以後2か月以内に招集しなければならない。」とされています。）に開催される通常総会と、必要に応じて開催される臨時総会があります。

## 2 総会の招集権者

　総会の招集は、通常、理事長（又は管理者）が招集することになっていま

---

（注89）法務省民事局参事官室編『新しいマンション法　一問一答による改正区分所有法の解説［増補版］』（商事法務研究会、1986）212頁。

す（標準管理規約 42 条 3 項、4 項、区分所有法 34 条 1 項）。

　また、区分所有者の 5 分の 1 以上で議決権の 5 分の 1 以上を有するもの
は、要件を満たせば総会を招集できます（標準管理規約 44 条 1 項、2 項、区分
所有法 34 条 3 項、4 項）。

　標準管理規約 41 条 3 項では、監事も、「管理組合の業務の執行及び財産
の状況について不正があると認めるときは、臨時総会を招集することがで
きる」とされています。

### 3　決議事項

　区分所有法上、特別多数決議によるとされている「特別決議事項」と、
区分所有者及び議決権の各過半数で決するとされている「普通決議事項」
（同法 39 条 1 項）があります。

　特別決議事項の要件は、決議事項によって異なります。例えば、「規約
の設定、変更又は廃止」には、区分所有者及び議決権の各 4 分の 3 以上の
多数が必要であり（区分所有法 31 条 1 項前段）、建物を取り壊し建て替える
「建替え」決議は、区分所有者及び議決権の各 5 分の 4 以上の多数が必要
です（区分所有法 62 条 1 項）。また、規約で定めても、これを集会の決議以
外の方法で決することはできません。

　普通決議事項の要件は、規約で別段の定めができ、標準管理規約 47 条
2 項は、「総会の議事は、出席組合員の議決権の過半数で決する」として
います。

### 4　議決権

　議決権は、区分所有法では、「規約に別段の定めがない限り、第 14 条に
定める割合による。」（区分所有法 38 条）とされており、標準管理規約にお
いては、「各組合員の議決権の割合は、別表第 5 に掲げるとおりとする。」
と定められています（標準管理規約 46 条 1 項）。

　標準管理規約コメント 46 条関係に、「共用部分の共有持分の割合」（あ
るいはそれを基礎としつつ賛否を算定しやすい数字に直した割合）によることが適
当であること（標準管理規約コメント 46 条関係①）や、各住戸の面積があまり
異ならない場合は、「住戸 1 個につき各 1 個の議決権」によることが可能
であること（標準管理規約コメント 46 条関係②）が示されています。

### 5　総会決議の効力

　総会決議は、区分所有者のほか、その特定承継人に対しても、その効力
を有し（区分所有法 46 条 1 項）、また、占有者は、建物又はその敷地若しく
は附属施設の使用方法につき、区分所有者が総会の決議に基づいて負う義

務と同一の義務を負う（区分所有法46条2項）とされています。

## 6　その他

　区分所有法第5節に、総会の招集通知（区分所有法35条）等の手続の規定や、総会の議長（区分所有法41条）、議事録（区分所有法42条）などの規定があり、標準管理規約にも、総会に関する手続等の規定があります。

 **問93　管理規約における総会の決議事項（共用部分の管理に関する事項）の「別段の定め」**

**キーワード**　【共用部分】【別段の定め】【区分所有法18条】

**Q**　共用部分の管理に関する事項は、集会の決議で決する（区分所有法18条1項）とされていますが、区分所有法18条2項で規約において「別段の定め」ができるとされています。管理規約において、どのような規定を設けることが考えられますか。

 **A**　例えば、「共用部分の管理（又はその一部）は理事会決議で決することができる」「共用部分の管理は、理事長が決定する」などの規定が考えられます。

 **問94　動議**

**キーワード**　【動議】

**Q**　総会において、動議が出されました。動議とは何ですか。どのように対応したらよいでしょうか。

 **A**　「動議」とは、予定された事項以外の審議を求める提案のことをいいます。

　実質的な提案を内容とする動議については、その内容が議案の範囲内であれば、総会で討議、採決を行う必要があります。

　総会進行に関する動議については、議長の不信任の動議と会議の延期・続行の動議であれば、議場に諮って決める必要がありま

す。

．．．．．．．．．．．．．．．．．．．．．．．．．．．．．．．．．．．．．．．．．．．．．．．．．．．．．．．．．．．．．．．．．．．．．．．．．．．．．．．．．．．．．．．．．．．．．．

**解説**

### 1　「動議」とは

「動議」とは、予定された事項以外の審議を求める提案のことをいいます。

動議には、議案の修正等に関する実質的な提案（例として、同一議題に対して、既に提出された議案のほかに、当該議案を修正するような議案の提出をし、採決を求めるもの）と総会進行に関する提案（議長不信任の動議、会議の延期・続行の提案など）があります。

### 2　「動議」への対応

#### (1)　実質的な提案を内容とする動議への対応

総会においては、同一議題に対して、既に提出された議案のほかに、当該議案を修正するような議案の提出がなされ、採決を求められたときには、通知によりあらかじめ通知された事項のみ、決議をすることができます（区分所有法37条）。そのため、出された動議がその範囲内であるか確認し、その範囲内であれば、討議、採決が必要となります。

討議・採決の順序は、議長の議事整理権によって、議長単独で、又は、議場に諮って決めることができます。

#### (2)　総会進行に関する動議への対応

議事進行については議長に権利があり、基本的には、議事進行に関する動議について取り上げ、議場に諮るかも含め、議長において判断ができます。

ただし、議長の不信任の動議と会議の延期・続行の動議については、議場に諮って決める必要があります。

## 問95　委任状の書式をなくすことができるか（議決権の行使方法）

．．．．．．．．．．．．．．．．．．．．．．．．．．．．．．．．．．．．．．．．．．．．．．．．．．．．．．．．．．．．．．．．．．．．．．．．．．．．

🔑キーワード　【委任状】

**Q**　総会時に、出席票・委任状・議決権行使書を1枚の紙で配布しています。できる限り、出席者を増やし、また、議決権行使書によって、区分所有者の意思表明をさせようという考えの下、委任

状の書式を廃止しようと考えています。問題ないでしょうか。

 　出席票・委任状・議決権行使書の書式から、委任状部分だけを削除することは可能です。

　ただし、委任状によって議決権行使をする権利は、区分所有法で定められている権利です（区分所有法39条2項）。

**解説**

　区分所有者の権利を奪うような結果とならないよう、委任状の書式を廃止した趣旨は、委任状による議決権行使を排除するものではないことを周知し、廃止後も代理人による議決権行使を行いたい者には委任状による議決権行使を認めなければなりません。

　管理規約に定めても、この権利を否定することはできません。

 ## 問96　総会の出席者

**キーワード** 【総会】【出席者】【区分所有者】【占有者】

 　1　マンションの総会には誰でも参加できますか。
　2　また、占有者が出席できる場合である、「会議の目的につき利害関係を有する場合」とはどのような場合を指しますか。

 　1　標準管理規約45条と同様の規定がある場合には、区分所有者のほか、会議の目的につき利害関係を有する賃借人等の占有者、理事会が必要と認めた者が総会に出席できる者となります。なお、会議の目的につき利害関係を有する占有者がいる場合には、総会の日時、場所及び会議の目的（議題）を、所定の掲示場所に掲示しなければなりません。

　2　会議の目的につき、法律的な利害関係を有する場合となります。

**解説**

## 1　総会に出席できる者

標準管理規約45条は、以下のとおり規定しています。

**標準管理規約45条**

> 第45条　組合員のほか、理事会が必要と認めた者は、総会に出席すること
> ができる。
> 2　区分所有者の承諾を得て専有部分を占有する者は、会議の目的につき利
> 害関係を有する場合には、総会に出席して意見を述べることができる。こ
> の場合において、総会に出席して意見を述べようとする者は、あらかじめ
> 理事長にその旨を通知しなければならない。

なお、標準管理規約45条1項の「理事会が必要と認めた者」として、
「マンション管理業者、管理員、マンション管理士等」があるとされてい
ます（標準管理規約コメント45条関係）

また、標準管理規約45条2項は、区分所有法44条1項で占有者に認め
られた権利であり、同条2項により、総会の日時、場所及び会議の目的
（議題）を、所定の掲示場所に掲示しなければならないと定められています。
標準管理規約43条8項にも同様の規定があります。

## 2　会議の目的につき利害関係を有する場合

標準管理規約45条2項の「利害関係」とは、法律的な利害関係を指し、
事実上の利害関係は含まないとされています。

事実上の利害関係がある場合の具体例としては、管理費の値上げや、大
規模修繕を決議する場合が挙げられます。

「会議の目的につき利害関係を有する場合」とされているのは、以下の
ようなものです。

① 「建物又はその敷地若しくは附属施設の使用方法」に関する議題（区
　分所有法46条2項）

② 占有者に対し、共同の利益に反する行為の停止等の請求訴訟を提起
　する議題（区分所有法57条4項）　＊ただし、解釈が分かれています。

③ 占有者に対し、区分所有法60条の引渡請求及び契約の解除を目的と
　する訴訟提起をする議題（区分所有法60条）

**問97　家族で総会に出席できるか**

🔑 キーワード　【総会】【出席者】【標準管理規約45条】

**Q**　当マンションでは規約の変更を予定しています。議題を提示したところ、ある区分所有者から「建物の使用に関係しているので、家族で総会に出席したい」と求められました。家族で総会に出席することはできますか。

**A**　管理規約で、標準管理規約45条1項と同様の規定が置かれている場合は、総会の出席資格は、組合員のほか、理事会が必要と認めた者に限定されていると解されます。家族で総会に出席したい場合、理事会に必要と認めてもらう必要があります。

　標準管理規約45条2項では、「区分所有者の承諾を得て専有部分を占有する者は、会議の目的につき利害関係を有する場合には、総会に出席して意見を述べることができる」と定められています。また、区分所有法44条1項においても、「区分所有者の承諾を得て専有部分を占有する者」の総会への出席が認められています。

　ただし、ここにいう「専有部分を占有する者」とは、家族のことを指さないと考えられています。

　そのため、区分所有者の家族が総会に出席したいのであれば、理事会に必要と認めてもらう必要があります。

### ▶ 総会の運営

 **問98　総会招集期間は何日まで短縮することができるか**

🔑 キーワード　【招集通知】【区分所有法35条】【標準管理規約43条】

**Q**　当マンションの管理規約には、総会開催の2週間前に総会招集通知を発送する旨の規定があります。この度、期限の近い会

計資料の承認漏れが見つかったことから、急ぎで総会承認を行いたいのですが、総会招集期間はどの程度短縮することが可能ですか。

 標準管理規約では5日まで短縮することができるとしています（標準管理規約43条9項）。

　　これ以上短縮することは、発送から到達までの期間や書面による議決権行使の機会の確保などの点からして、招集手続省略に準じて全員同意（区分所有法36条）があるなどの例外的な場合を除いて、認められないでしょう。

### 解説

　区分所有法35条1項では、原則的な総会招集期間を1週間と定める一方、管理規約による期間の伸縮を許容しています。

　標準管理規約43条1項では、総会招集期間を2週間と定めています。したがって、標準管理規約に倣った多くの管理組合においては、総会招集期間は2週間とされるのが一般的です。

　一方、標準管理規約43条9項には、「緊急を要する場合には、理事長は、理事会の承認を得て、5日間を下回らない範囲において、第1項の期間を短縮することができる。」とあり、緊急を要する場合においては招集期間を短縮できると定めています。

　なお、上記の規定がある場合であっても適切な議決権の行使のためには各管理組合の規模や議題の内容に応じた余裕のある招集が適切ですから、単に漫然と招集を怠った場合などは「緊急を要する場合」に当たらないと考えるべきでしょう。

　また、会社法においては議決権行使書面等による議決権行使が可能な場合には招集期間の短縮が認められない（会社法68条）ことなどを踏まえると、安易に招集期間を短縮することには抑制的になるべきと考えられます。

　ただし、「区分所有者全員の同意」がある場合には招集手続自体の省略が認められます（区分所有法36条）ので、この同意がある場合には、招集期間の省略もこれに準じて任意に短縮が認められるでしょう。

第6編
総会に関する問題

## 問99 立候補の制限

🔑キーワード 【立候補】【役員】【善管注意義務】

**Q** 当マンションには他の居住者に対する誹謗中傷や根拠のない組合運営への批判を繰り返している区分所有者がいます。今般、理事会では通常総会に向けて次期役員選任議案の準備をしていたところ、当該区分所有者が「役員立候補届」と題した書面を提出し、自らを役員候補として総会に上程するよう求めてきました。役員として明らかに不適格である以上、立候補を拒否したいのですが問題ないでしょうか。

 理事会限りで立候補を拒否することはできず、総会で判断を行う必要があります。

**解説**

　東京高判平成31年4月17日判時2468・2469合併号5頁は「立候補者が役員候補者として選出されるためには、理事会承認を必要とする」という規約を新設し、それに基づいて理事会が立候補を拒否したという事案において、「承認をするかどうかについて理事会に広範な裁量を与えるものであるとすると、本件管理組合の規約において、一方では組合員である区分所有者に役員への立候補を認めながら、他方で特定の立候補者について理事会のみの判断によって、立候補が認められず、集会の決議によって役員としての適格性が判断される機会も与えられないという事態が起こり得るから、役員への立候補に関して区分所有者間の利害の衡平を害するものであって（同時に、選任者である区分所有者の議決権の行使を妨げるという意味でも、区分所有者間の利害の衡平を害することになる。）、区分所有法30条3項に反する」ため、当該規定は一部無効であるとの判断をしました。（注90）

　さらに本裁判例においては、立候補を承認しなかった役員らの行為について「当該立候補者が有する人格的利益（役員としての適格性の是非を、集会

────────────────

（注90）規定の全部を無効と判断したものではなく、成年被後見人等やこれに準ずる者のように客観的に見て明らかに本件管理組合の理事としての適格性に欠ける者の立候補を承認しないという限度では有効としています。したがって、標準管理規約36条の2のような規定が無効であるとまではいえません。

において区分所有者によって、判断されて、信任・選任されるという利益）を侵害するものとして、違法性を有する」との判断までもがなされています。[注91]

　したがって、本問のケースにおいても、理事会限りの判断で立候補を拒絶することは、立候補者の人格的利益を侵害する違法な措置と判断され、役員は善管注意義務違反に基づく責任を負う可能性があります。立候補を希望する者については、総会において判断を受ける機会を与えるべきでしょう。[注92]

## 問100　区分所有者からの総会招集請求（招集権者）

 キーワード　【区分所有者】【総会招集請求】【総会招集権者】

**Q**　組合員から、組合員総数の5分の1及び議決権総数の5分の1以上に当たる組合員の同意を得て、会議の目的を示して、総会の招集請求がなされました。

　しかし、招集請求をした組合員の押印はありますが、その他の組合員が同意をしているか一見して不明の状況です。このような場合、理事長は、臨時総会を開催しなければならないのでしょうか。

**A**　総会招集請求をした組合員に、組合員総数の5分の1及び議決権総数の5分の1以上に当たる組合員の同意を得ていることの、根拠を求めた方がよいと考えます。

　実際には同意を得ていない場合には、当該請求は無効であり、また、理事長が招集せず、総会招集請求をした区分所有者らが総会招集をする場合は、決議自体も無効となるためです。

（注91）なお、本裁判例においては、役員らは法律やマンション管理について専門知識を有していなかったことなどから、当該規定が有効と考えたことはやむを得ず過失がないとして、結論としては損害賠償責任までは認められませんでした。もっとも、先例のないケースにおいて、専門家ではない役員らに損害賠償責任を負わせることまでは酷との判断に基づいた、いわゆる救済判決とも考えられます。今後も同様に過失を否定する判決が出るかどうかは不透明ではないでしょうか。

（注92）なお、総会での判断の機会を与えること、すなわち役員候補者として総会に議案として上程することは、総会において役員に選任されることまでを保証するものではありません。

第6編　総会に関する問題

**解説**

　管理者が、区分所有者の総会招集請求に必要な、5分の1の同意がある
か否かの根拠を求めたにもかかわらず、総会招集請求した区分所有者らが
十分な根拠を示さなかった事案で、その後の区分所有者らによる招集手続
を無効と判示した裁判例があります。[注93]

　本事案では、管理規約に標準管理規約44条1項及び2項と同様の規定
がある管理組合の組合員が、当該要件を満たしたとして、管理者に対し、
総会招集請求を行いました。しかし、管理者が、区分所有者らによる総会
招集請求の可否を判断するために、同意書の交付を求めたところ、当該組
合員らが同意書を交付しなかったため、管理者は総会招集しませんでした。
そうしたところ、区分所有者らが、標準管理規約44条2項に相当する規
定に基づき、総会招集をしましたが、この区分所有者らによる招集は無効
と判断されました。

　なお、管理者は、組合員らから総会招集請求書を交付された際に、同意
書について、1枚10秒程度提示されましたが、同意書に署名・押印した
者の氏名を一人ひとり確認したり、メモを取ったりする状況にはなかった
と裁判例では認定されています。

　本裁判例においては、区分所有法34条は、総会の第1次的招集権者を
管理者と定めているとし、「一定数以上の区分所有者が総会の招集を希望
する場合であっても、まずは管理者に対して総会の招集を請求させ、管理
者において、同請求権の有無を確認した上、総会招集手続を取らせること
としたのであるから、この趣旨からすると、組合員が総会を招集するに当
たっては、……総数要件及び議決権要件を充足することが必要であること
はもとより、理事長に対し、組合員からされた総会の招集請求がこれらの
要件を充足しているか否かを判断することが可能な程度の資料・根拠を提
出するか又はその閲覧の機会を与える必要があると解するのが相当であ
る。」と判示しました。

　そして、このような経緯の下で、区分所有者らによって開催された総会
は、招集請求手続に重大な瑕疵があり、総会及び総会における決議はいず
れも無効であるというべきであると判示しています。

---

（注93）東京地判平成25年5月27日ウエストロー・ジャパン登載（事件番号：平
　　24（ワ）2164号）。

## 問101　区分所有者からの総会招集請求（手続）

🔎キーワード　【区分所有者】【総会招集請求】【総会招集権者】
【総会招集手続】

**Q**　5分の1以上で、かつ議決権の5分の1以上を有する区分所有者らから総会招集請求が理事長宛てに提出されました。どのように対応すればよいでしょうか。

**A**　① 管理者（理事長）が、区分所有者らの請求の日から2週間以内に、請求の日から4週間以内の日を総会の日と定めて、総会の招集通知を発します。
　② 管理者（理事長）が①の招集通知を発しないときは、総会招集を請求した区分所有者が、臨時総会の招集通知を発することができます。

**解説**

　区分所有法34条4項には「前項の規定による請求がされた場合において、2週間以内にその請求の日から4週間以内の日を会日とする集会の招集の通知が発せられなかつたときは、その請求をした区分所有者は、集会を招集することができる。」とあります。

　これにより、まずは、①管理者（理事長）が、区分所有者らの請求の日から2週間以内に、請求の日から4週間以内の日を総会の日と定めて、総会の招集通知を発することになります。

　次に、②管理者（理事長）が①の招集通知を発しないときは、総会招集を請求した区分所有者が、臨時総会の招集通知を発することができます。

　なお、標準管理規約44条1項、2項と同様の内容の規約を定めている管理組合が多いと思われるところ、区分所有法34条3項、4項と標準管理規約44条1項、2項は、ほぼ同内容の規定となっており、同法の確認規定とされています。標準管理規約44条1項、2項と同様の規定が管理規約に定められている場合は、当該規定を根拠として手続をとるとよいでしょう。

第6編　総会に関する問題

標準管理規約 44 条

> 第 44 条　組合員が組合員総数の 5 分の 1 以上及び第 46 条第 1 項に定める議
> 決権総数の 5 分の 1 以上に当たる組合員の同意を得て、会議の目的を示し
> て総会の招集を請求した場合には、理事長は、2 週間以内にその請求が
> あった日から 4 週間以内の日（会議の目的が建替え決議又はマンション敷
> 地売却決議であるときは、2 か月と 2 週間以内の日）を会日とする臨時総
> 会の招集の通知を発しなければならない。
> 2　理事長が前項の通知を発しない場合には、前項の請求をした組合員は、
> 臨時総会を招集することができる。

##  問102　区分所有者からの総会招集請求（議長）

🔑キーワード　【区分所有者】【総会招集請求】【議長】【総会】

**Q** 　　区分所有者から総会招集請求が出されました。当マンション
の管理規約には、標準管理規約 44 条と同様の規定が設けられ
ています。標準管理規約 44 条 3 項には「前二項により招集された臨
時総会においては、第 42 条第 5 項にかかわらず、議長は、総会に出
席した組合員（書面又は代理人によって議決権を行使する者を含む。）
の議決権の過半数をもって、組合員の中から選任する。」とあります
が、この場合の議長の選任はどのようにしたらよいでしょうか。

**A** 　　この点、「議長選任の議案」を立てることが考えられます。[注94]

### 解説

　この「議長選任の議案」の際に、誰が議事進行を行うかという事実上の
問題が生じますが、この場合には理事会役員が事実上の進行を行うことも
やむを得ないと考えます。

　なお、この「議長選任の議案」の委任状の取り方には注意が必要です。

　管理組合においては、総会招集通知と同日に委任状の書式を一斉に配布

---

（注94）野﨑俊夫（公益財団法人マンション管理センター　管理情報部参与）「連
載　マンション管理基礎講座　総会運営の基礎知識　第 2 回　～総会の進め方・総会当
日について～」月刊マンション管理センター通信 445 号 12 頁参照。

することが多く、委任状に委任者の名前がない場合には、「議長に一任するとみなす」との注意事項が入っていることが多いです。

しかしながら、当該議案は議長の選任のための議案であり、議長が不在のため、「議長に一任する」との委任状は無効（又は棄権）と解さざるを得ないと考えられます。

## 問103　区分所有者からの総会招集請求（議案の変更）

**キーワード**　【区分所有者】【総会招集請求】【総会の議題】【議案の変更】

　組合員らから、組合員総数の5分の1以上及び組合員の議決権総数の5分の1以上に当たる組合員の同意を得た臨時総会招集の請求書が届きました。当該請求書には、議題と議案が示されていますが、示された議案に問題がありました。理事長が、議案だけを変更して、総会招集することはできますか。

**A**　議案は、変更できる場合とできない場合があります。

### 解説

**1　議案を変更できる場合**

区分所有法34条も、標準管理規約44条も、要件を満たした組合員らが、会議の議題を示して総会招集を請求した場合には、管理者は総会を請求しなければならないと定めているため、会議の議題は同一である必要があります。

会議の議題さえ同一であれば、招集請求した組合員らは、総会において、自らの議案を提案することができるので、組合員らによって示された議案の変更は許容されると考えられているようです。

会議の議題を変えた総会招集請求の場合には、管理者によって総会招集請求がなされなかったとされ、組合員が、最初に示した議題により総会招集できることとなります。

**2　議案を変更できない場合**

一方で、会議の議題だけではなく、総会招集請求をした組合員が示した議案を変えてはならない場合もあります。

　それは、総会招集する際に、同招集通知に議案の要領を示さなければならない場合です。具体的には、共用部分の変更、規約の変更、滅失した共用部分の復旧、建替えの場合です（区分所有法35条5項）。

　この場合は、招集通知において議案の要領を示さなければならないので、議題が請求書と同じであっても、議案が変更され、異なってしまうと、招集請求した組合員らは、総会において議案の提出ができず、区分所有法34条、標準管理規約44条に基づき実現しようとした目的が実現できません。このような場合に、請求書に示された議案に問題があると判断したときの対応の一案として、理事長は、総会招集請求した区分所有者らに対し、議案の修正を求めることが考えられます。

## 問104　区分所有者による総会招集請求があった場合の、管理会社の総会支援業務

🔑キーワード　【区分所有者】【総会招集請求】【管理会社】【総会支援業務】

**Q**　区分所有者による総会招集請求がありました。管理会社は、総会支援業務を行う必要がありますか。

**A**　管理委託契約の内容にもよりますが、管理会社は、理事長が総会招集を行うときと同様に、区分所有者による総会招集請求の際に、総会支援業務を行う必要があると解されています。

**解説**

　標準管理委託契約書には、管理組合から管理会社に対して委託する業務が記載されています。別表第1の2(2)には、「総会支援業務」が定められています。そして、標準管理委託契約書コメント40　別表第1　2関係⑨に、「理事会支援業務や総会支援業務について、区分所有法及び管理組合の管理規約に照らし、管理組合の管理者等以外の正規に招集の権限があると考えられる者から当該支援業務に関する契約書に規定する業務の履行の要求があった場合にも、これを拒否すべき正当な理由がある場合を除き、管理業者は業務を履行すべきものである。」とあります。よって、管理会社は、区分所有者らによる総会招集の際にも、総会支援業務を行う必要があります。

## ▶ WEB総会

 **問105　ITを活用した総会（WEB総会）**

**キーワード**　【IT】【WEB】【総会】【WEB総会】【WEB会議システム】

**Q**　WEB会議システムを用いた総会開催は、区分所有法上許容されているのでしょうか。

**A**　許容されています。

 **解説**

　令和2年12月に取りまとめられた「ITを活用した総会の在り方検討会報告書」(注95)によれば、「集会（総会）における決議は、区分所有者が自分たちの問題を議論し、練り上げて、各人の意見の相乗効果により、もっとも妥当な結論に達することに意義があると考える」とされ、「そのため、インターネット等の手段（WEB会議システム等）を用いて、リアルタイムに開催場所と各区分所有者との間で情報伝達の双方向性と即時性が確保されている環境にあれば、上記集会（総会）の意義を満たし、管理者からの事務報告や、区分所有者同士の建設的な議論の機会として、有用な手段であると考える。」とされています。すなわち、各区分所有者が開催場所とリアルタイムにつながり、双方向かつ即時に意見を交わせる環境が整備されていれば、区分所有法の下で、WEB総会が否定されるものではないと考えられています。

(注95) https://www.mlit.go.jp/jutakukentiku/house/content/001384374.pdf

**問106　WEB 総会のための規約の変更**

🔑 キーワード　【IT】【WEB】【総会】【WEB 総会】【管理規約の変更】

**Q**　当マンションの管理規約には、WEB 総会についての記載が一切ありません。WEB 総会を開くためには、管理規約の変更が必要でしょうか。

　令和 3 年 6 月改正前の標準管理規約と同様の規約においても、規約の変更を行うことなく、WEB 総会を行うことができます。ただし、WEB 会議システム等によって参加する区分所有者が、他の区分所有者や管理者等と即時的かつ双方向的に映像及び音声を通信する環境が確保されている必要があります。

**解説**

　国土交通省は、「『マンション標準管理規約』の改正について（概要）(注96)」の中で、令和 3 年 6 月の標準管理規約改正の趣旨について、「この IT を活用した総会・理事会については、それを可能とすることを明確化する観点から標準管理規約の改正を行っているものであるため、この改正に伴って各管理組合の管理規約を変更しなくとも、IT を活用した総会・理事会の開催は可能」であるとしています。

　また、マンション管理センターが令和 4 年 3 月 7 日付で発表した「IT を活用した総会・理事会の開催に関する Q&A（改訂版）(注97)」の Q1 に、区分所有者が、他の区分所有者や管理者等と即時的かつ双方向的に映像及び音声を通信する環境が確保されているのであれば、総会の会場に訪れて総会に出席することと同様の効力があり、IT を活用した総会を行うにあたり、規約の改正等は必ずしも必要ではない旨が記載されています。

　また、IT を活用した総会の在り方検討会が令和 2 年 12 月 1 日付で策定した「IT を活用した総会の実施ガイドライン(注98)」においても、リアル総会とオンラインの併用型総会においては、開催場所と各区分所有者との間の

---

（注96）https://www.mlit.go.jp/common/001410147.pdf
（注97）https://www.mankan.or.jp/cms-sys/wp-content/uploads/2022/03/20220307_CORONA-ITQA1.pdf
（注 98）https://www.mlit.go.jp/jutakukentiku/house/content/001384375.pdf

情報伝達につき即時性かつ双方向性が確保されていれば、総会に出席し、議決権行使をできるものと考えるとされています。特段、規約の変更をWEB 総会開催の要件とはしていません。

　もっとも、区分所有者全員が納得して、疑義なく WEB 総会に参加することができるように、WEB 総会について管理規約に定めるとともに、WEB 総会において考えられるトラブルを事前に防止するためにも、WEB 総会におけるルールを管理規約や使用細則において設けることは有用です。

　なお、WEB 理事会の開催のために管理規約を変更する必要があるかという点については、問 133 を参照してください。

## 問107　WEB 総会の開催方法

**キーワード**　【IT】【WEB】【総会】【WEB 総会】【議決権行使】

**Q**　令和 3 年 6 月の標準管理規約改正において「IT を活用した総会」の開催が可能である旨示され、総会会場に行かずとも、総会に出席し、議決権行使ができることとなったようです。総会会場に行かずとも総会に出席し、議決権行使ができる「IT を活用した総会」とは具体的には、どのような総会を開催すればよいですか。

**A**　WEB 会議システム等（即時性及び双方向性を備えた映像及び音声の通信を行うことができる会議システム等のこと）を用いて総会を開催することが想定されています。

　具体的な開催方法は、「IT を活用した総会の実施ガイドライン」に定められています。

---

【解説】

### 1　WEB 会議システム等を用いた総会とは

　ここでいう「WEB 会議システム等」とは、マンション標準管理規約 2 条 11 号において、「電気通信回線を介して、即時性及び双方向性を備えた映像及び音声の通信を行うことができる会議システム等」をいうとされています。よく知られたシステムで考えれば、Zoom や Teams がこの例にあがると考えられます。

## 2　具体的な開催方法

　具体的な開催方法は、「IT を活用した総会の実施ガイドライン」に定められており、主に 2 パターンが想定されています。

　① リアル＋オンライン併用型総会：リアル総会を開催する一方で、当該リアル総会の場に在所しない区分所有者等についても、WEB 会議システム等を用いて遠隔からこれに出席し、議決権行使・質疑等することを許容する形態

　② オンライン総会：リアル総会を開催せず、区分所有者等がすべて WEB 会議システム等を用いて総会に出席する形態

　上記ガイドラインにおいて、パソコンを所持していない、又はその操作ができない区分所有者や、リアル会場への出席を希望する区分所有者が一人でもいる場合においては、リアル総会又はリアル総会＋オンライン併用型を採用する必要があるとされています。

## 問108　WEB 総会の注意点

🔑 キーワード　【WEB 総会】【議決権行使】【開催場所】【本人確認】
【総会における質問】

 **Q**　WEB 総会の開催における実務上の留意事項を教えてください。

 **A**　「IT を活用した総会の実施ガイドライン」において「法的・実務的論点」と「考え方」が整理されていますので、詳細はそちらを参照してください。

### 解説

　以下、「IT を活用した総会の実施ガイドライン」に基づき、WEB 総会の開催における実務上の留意点と考えられるものをまとめます。

### (1)　出席・議決権行使に関するもの

　「リアル集会（総会）の開催場所と各区分所有者との間で情報伝達の双方向性と即時性が確保されている環境」にあることが必要とされています。議決権行使方法について、意思確認を担保できるルールを設けることが望ましいとされ、議決権行使方法の具体例が挙げられてい

ます。

## (2)　出席者の本人確認

　「基本的にはリアル集会（総会）と同様の取扱いを取ることが相当と考えられ」、また、「代理人の本人確認についても、現状の実務を踏まえ」るとされています。その上で、いずれも、「適切な本人確認の方法を選択し、実施することが望ましい」とされています。

## (3)　出席者からの質問等の取扱い

　オンライン総会においては、オンライン出席区分所有者からの質問等について、テキストで受け付けることも可能となりました。これに伴い、質問権の行使が濫用的に行われる可能性もあり、議事運営に支障が生じる事態も想定し、「画面を通じて挙手又は WEB 会議システム等の挙手機能等を使って質問の意思を示し、議長の采配により質問者を指名する」といった対応をすることや、テキストで質問を受けることを可能とする場合、一人が提出できる質問回数、文字数等の制約、質問を取り上げる際の考え方、個人情報や個人的な攻撃につながる内容の質問への対処等について、あらかじめ運営ルールを定め、招集通知や WEB 上で通知することが具体例として挙げられています。

## (4)　通信障害への対応

　通信障害（オンライン出席区分所有者側の問題に起因する通信障害も含む）への対応について、あらかじめ管理組合において協議しておくことが望ましいとされ、具体的な規約の定め方などが掲載されています。

## (5)　招集通知への記載方法

　「日時、会議の目的たる事項に加え、開催方法（オンライン形式等）を記載した招集通知を行い、オンライン出席予定者に対して、当日の出席方法（URL やログイン ID・PW 等）を案内すること」が考えられるとされています。

第6編
総会に関する問題

**総会議案書の問題**

### 問109　議案の要領の通知

**キーワード**　【総会議案書】【議案の要領】【管理規約の変更】

**Q** 　次回総会において管理規約の変更を行うにあたり、総会議案書を作成しています。ただ、規約案の細かい表現について、理事の間で協議が続いており、議案書の発送までに変更案が固まらない可能性があります。変更後の条項を議案書へ載せる必要はあるのでしょうか。

 　原則として、変更後の管理規約の条項を正確に載せる必要があります。ただし、条項自体の趣旨や効果に関わらないような些細な表現に関し修正する可能性がある場合に限っては、表現に修正があり得ることを議案書に付記した上で、総会当日において理事長が総会決議を経て修正することも許容されると考えます。

**解説**

　総会の招集に当たっては原則として「会議の目的たる事項」、すなわち議題を通知することで足りるとされています（区分所有法35条1項）。しかし、区分所有法35条5項は例外的に、管理規約の変更や共用部分の軽微ではない変更など、一定の重要事項に関して決議を行う場合には、議題のみならず議案の要領まで通知することを義務付けています。管理実務上は総会議案書の送付によってこれらの通知をしていることがほとんどですから、議案書には区分所有法35条5項に従って、十分な程度の記載を行わなければなりません。

　ここで問題になるのは、「議案の要領」とは具体的にどの程度の記載を指すのかということです。東京高判平成7年12月18日判タ929号199頁は、議案の要領の通知という例外措置を定める区分所有法35条5項の趣旨について「区分所有者の権利に重要な影響を及ぼす事項を決議する場合には、区分所有者が予め十分な検討をした上で総会に臨むことができるようにするほか、総会に出席しない組合員も書面によって議決権を行使することができるようにし、もって議事の充実を図ろうとしたことにあると解

される」と説明しています。その上で、議案の要領としてどの程度の具体的な内容が求められるかという点については「法の趣旨に照らせば、右議案の要領は、事前に賛否の検討が可能な程度に議案の具体的内容を明らかにしたものであることを要する」と判示しました。

　管理規約の変更に引き直して考えるのであれば、「事前に賛否の検討が可能な程度に議案の具体的内容を明らかにした」ものといえるためには、総会議案書に変更後の規約内容を掲載し、変更箇所を明らかにすることが必要であると考えられます。<sup>(注99)</sup>もっとも、区分所有者が規約改正にあたり関心を持つのは、専ら規約の変更による法的効果の変動であり、些細な言い回しの変更によって賛否が変わることは基本的に想定されません。そこで、本問のようなケースでは議案書において変更が生じ得る箇所を説明した上で、総会当日に理事長が修正動議を発することで細部の表現を修正することは許されると考えます。<sup>(注100)</sup>

　なお、管理実務上は議案の要領の通知までを要しない、すなわち議題の記載のみで足りる議案であっても、議案内容までを具体的に説明している場合が大半です。したがって、議案の要領の通知について検証する場合には、説明に充てている文章量が多いというだけで安心するのではなく、文章や記載事項の中身に着目して「事前に賛否の検討が可能な程度に議案の具体的内容を明らかにした」表現が行われているかという点に注意する必要があるでしょう。

## 問110　総会議案書への個人情報の記載

**キーワード**　【総会議案書】【個人情報】【プライバシー権】【管理費等滞納】

**Q**　管理費等の滞納者に対して訴訟を提起するに当たり、決議をとることになりました。当マンションの管理規約では理事会決議のみで訴訟を提起することも可能なのですが、通常総会が近い時期に予定されており、訴訟費用の予算承認との関係で組合員に対する説明も必要であるため、訴訟提起に関する議案も併せて総会上程する方

(注99)　東京地判平成30年10月29日ウエストロー・ジャパン登載（事件番号：平30（ワ）1952号）。
(注100)　この場合でも、表現の修正により条項の意味が変わってしまう場合には、議案の要領を欠いたものと判断されます。

針となっています。そこで総会議案書を作成しているのですが、理事の一人から「総会に諮る以上、議案書に滞納者の氏名と住戸番号を記載し、組合員に周知するべきだ」という意見が出ました。滞納者の情報を総会議案書に書くことは許されるのでしょうか。

 滞納者の氏名を議案書に記載することはプライバシー侵害と判断される可能性が高いです。議案書には滞納金額と期間を記載するにとどめ、個人の特定につながる情報を記載することは避けることをお勧めします。

### 解説

　マンションの部屋を所有し管理組合に所属している以上、管理費等を支払うことは義務であり、これを怠ることは許されません。しかし、他方で管理費等を滞納しているという事実からは、個人の経済状況という私生活上の問題が推認されますから、一般人としての感覚からして公開されることを望むものではありません。したがって、管理費等を滞納しているという事実についても、プライバシーとして保護されるものと考えられます。

　以上のような前提に基づくと、滞納者の氏名を周知することは、原則として許されません。例えば、滞納者に対する制裁としてマンション内に滞納状況を貼り出すような行為は、違法性を有するプライバシー侵害に当たると考えられます。

　そこで、総会議案書の作成において、管理実務上は住戸番号を書かず「管理費等の長期滞納者（滞納額〇円、滞納期間〇年〇月〜〇年〇月）」のように表記して、滞納期間と滞納金額を記載するにとどめている例が見受けられます。このような記載であれば、個人名や住戸番号は伏せられている以上、滞納者個人を特定することはできず、議案書上の記載から直ちに滞納者のプライバシーを侵害することはありません。

　管理費等滞納者への訴訟において、以上のような記載がされた議事録が提出された場合、裁判所は、理事長の陳述書を追加で提出し、当該議事録の記載が被告（訴えられている滞納者）を指すことの説明を求める場合が多いです。もっとも、陳述書を提出した上でなお、被告の特定に欠けると裁判所が認定した例を経験したことはなく、裁判上も不都合が出ることはないと考えます。

　なお、私見としては住戸番号の記載までであればプライバシー侵害は成立しないと考えるところですが、<sup>(注101)</sup>総会議案書への個人情報の記載について判断した確固たる裁判例は存在しません。裁判所の判断が読み切れない以上は、リスク回避の観点から上記のような記載にとどめることをお勧めします。

## ▶ 議決権行使書・委任状の問題

###  問111　議決権行使書と委任状

**🔑キーワード**　【議決権行使書】【委任状】【総会】【議決権行使】

**Q**　議決権行使書と委任状について、いくつか質問があります。
　1　区分所有者が、総会招集通知に同封した議決権行使書や委任状の書式ではなく、独自の議決権行使書や委任状を提出してきた場合、その有効性についてどう考えればよいでしょうか。
　2　議決権行使書と委任状の両方が提出された場合、どちらを優先すべきでしょうか。
　3　2通以上の議決権行使書や委任状が提出された場合、どのように扱えばよいでしょうか。
　4　理事会が決めた提出期限を徒過したものの、総会開催までに提出された議決権行使書や委任状はどのように扱えばよいでしょうか。

第6編　総会に関する問題

---

（注101）私見としては、訴訟提起のための決議取得という理由自体は合理的なものですから、議案書への住戸番号の記載は必要最小限の対応として許容されるものと考えています。滞納者は自らの滞納状況を（滞納の事実それ自体を通じて）債権者である組合に提供しており、これを組合が公開するかどうかは、自己情報コントロール権としてのプライバシーが侵害されているか否かという問題です。そして、滞納者も管理組合の一員として規約による拘束に同意しており、規約上は滞納者に対して決議を取得し法的措置を取ることが予定されているのですから、決議取得のため要求される必要最小限の範囲であれば、自己の情報が組合内において共有されることも承諾していると解釈すべきではないでしょうか。裁判所が実務上、陳述書での追加説明などを求めていることは、住戸番号の書いていない議事録では原則として特定に欠けるという解釈が前提と考えられます。そうであるとすれば、決議の対象となっている者を特定するために住戸番号を記載することは、必要最小限の個人情報の公開として承諾の範囲内にあるのではないかと考えるところです。

1　独自の議決権行使書や委任状を提出してきた場合であっても、有効と扱うべきです。

　2　本人の意思を確認できなかった場合には、原則として、議決権行使書を優先すべきと考えます。

　3　本人の意思を確認できなかった場合には、最後の意思表示（日付が新しい方）を優先すべきと考えます。

　4　理事会が定めた提出期限を過ぎたとしても、総会開催までに提出された議決権行使書や委任状は有効と扱うべきです。

**解説**

### 1　独自の議決権行使書や委任状の有効性

　区分所有法39条2項は、「議決権は、書面で、又は代理人によつて行使することができる。」と規定しています。また、標準管理規約46条4項は、「組合員は、書面又は代理人によって議決権を行使することができる。」と規定しています。

　すなわち、区分所有法も標準管理規約も、議決権行使書と委任状の書式を特に問題としていません。

　したがって、総会招集通知に同封した議決権行使書や委任状の書式ではなく、独自の議決権行使書や委任状を提出してきた場合であっても、有効と扱うべきです。

### 2　議決権行使書と委任状の両方が提出された場合の扱い

　区分所有者は、総会に出席して議決権行使をするほか、書面又は代理人によっても議決権を行使することができます（区分所有法39条2項）。

　一人の区分所有者から、議決権行使書（書面）と委任状の両方が提出された場合、どちらを優先させるかが問題となります。

　対応としては、まずはどちらを優先すべきか、総会開催前に本人に直接確認するよう努めるべきです。その結果、本人の意思を確認できた場合には、それに従うことになります。

　本人の意思を確認できなかった場合には、書面から読み取れる当事者の合理的意思を解釈することになります。例えば、書面に「代理人欠席の場合は議決権行使書」などと記載されていればそれに従うことになります。また、総会に複数の議案が上がっており、議決権行使書と委任状で、異なる議案について議決権を行使しているのであれば、それぞれの議案に対す

る意思表示として扱って問題ありません。

では、書面からは議決権行使書と委任状のどちらを優先すべきか読み取れない場合はどのように考えるべきでしょうか。

この点、議決権行使書の方が、本人意思が直接的に表明されているため、当事者の合理的意思解釈として、議決権行使書を優先すべきと考えます。[注102]

### 3　2通以上の議決権行使書や委任状が提出された場合の扱い

これも可能であれば総会前に本人の意思を確認すべきです。本人の意思を確認できなかった場合には、当事者の合理的意思を解釈することになります。この点、複数回において議決権行使書や委任状を提出した者の意思を合理的に解釈すると、一度書面を提出したものの、その後考えが変わったため、再度提出したと考えられます。したがって、最後の意思表示（日付が新しい方）を優先すべきと考えます。

### 4　理事会が決めた提出期限を徒過した議決権行使書や委任状について

総会の事前準備をスムーズに行うために、議決権行使書や委任状の提出期限を理事会が設定することがあります。

しかし、議決権行使書や委任状を通じて総会において行使すべき権利は、区分所有者としての根幹をなす権利であることから、理事会が定めた提出期限を徒過したとしても、剥奪されるべきものではありません。したがって、理事会が定めた提出期限を徒過したとしても、総会開催までに提出された議決権行使書や委任状は有効と解すべきです。

第6編
総会に関する問題

## 問112　代理人の資格

🔑キーワード　【代理人】【資格】【議決権行使】

 　区分所有者は、代理人によって**議決権行使**ができるとされていますが、その代理人となれる者には制限があるのでしょうか。

 　代理人の資格については、法令上、特に制限が設けられていません。

　ただし、管理規約では代理人の資格制限がなされている場合が

---

（注102）高層住宅法研究会『〔改訂新版〕マンション管理組合総会運営ハンドブック』（大成出版社、2005）168 頁も同旨。

あります。

**解説**

標準管理規約コメントにおいては、「総会は管理組合の最高の意思決定機関であることを踏まえると、代理人は、区分所有者としての組合員の意思が総会に適切に反映されるよう、区分所有者の立場から見て利害関係が一致すると考えられる者に限定することが望ましい」（標準管理規約コメント46条関係⑤）とされています。また、標準管理規約46条5項において、組合員が代理人により議決権を行使する場合の代理人は、

① その組合員の配偶者（婚姻の届出をしていないが事実上婚姻関係と同様の事情にある者を含む。）又は一親等の親族

② その組合員の住戸に同居する親族

③ 他の組合員

が定められています。

なお、組合員について、成年後見人や財産管理人等が選任されることがあります。この点、標準管理規約コメントにおいて、「成年後見人、財産管理人等の組合員の法定代理人については、法律上本人に代わって行為を行うことが予定されている者であり、当然に議決権の代理行使をする者の範囲に含まれる」とされています（標準管理規約コメント46条関係⑤）。

管理組合としては、組合員が代理人により議決権を行使する場合の代理人について、マンションの実情に合わせて、管理規約に定めることも可能です。

## 問113 議長による委任状行使の方法

**キーワード** 【委任状】【議長一任】

**Q** 当マンションの総会では毎年、かなり多くの議決権が議長一任の委任状として行使されており、議長による委任状の使い方次第で議案の成否が決まる傾向にあります。議長は理事長が務めるのが通例です。

今期の総会では、理事会から共用部分の修繕工事の実施について議案を提出しました。すると、審議の中で突然、理事長が「私は工事の実施について賛成できないので、議長一任の委任状は反対票として行使したいと思います」と発言しました。実は、理事長は前々から、今

の時点で急いで工事を行う必要はないと主張していたのです。他の理事は、今後数年で建築資材の高騰が予想されることなどを理由に賛成したため、理事長だけが反対という形で理事会決議が成立していました。

このような場合、議長を務めている理事長が委任状を反対票として行使することは認められるのでしょうか。

 　原則として認められません。理事長が理事会から上程した議案について、議長一任の委任状を反対票として行使することは、特段の事情がない限り役員としての誠実義務に違反すると考えられます。

### 解説

議長一任の委任状は、その名のとおり議長に議決権の行使方法を一切委ねるという趣旨と考えられますから、賛成・反対いずれの方法で行使したとしても、委任者である個々の組合員との関係では問題がないものと考えられます。[（注103）]

もっとも、標準管理規約37条1項は、「役員は、法令、規約及び使用細則その他細則……並びに総会及び理事会の決議に従い、組合員のため、誠実にその職務を遂行するものとする。」としています。したがって、理事長を含む役員は原則として理事会決議に従わなければなりません。理事長が議長一任の委任状を反対票として行使することは、原則として役員としての誠実義務に反すると考えるべきでしょう。

ただし、役員の誠実義務は無批判に理事会決議を遵守することを求めるものではありません。本問のような考え方の相違ではなく、例えば理事会決議によって上程された議案が明白に法令違反となるような問題がある場合には、委任状を賛成票として行使することが、逆に誠実義務違反となる可能性もあります。

もっとも、理事会決議への遵守義務を前提としてもなお、議案に反対す

（注103）これに対し「理事長一任」として委任状が提出されている場合には、理事長が議案に反対することが委任の範囲を超える可能性があります。理事長は総会に先立ち自ら総会招集を行っているわけですから、組合員としては理事長が議案に反対することは想定していないのが通常です。総会当日に決定される議長への委任とは性質を異にすると考えるべきでしょう。

ることが許容されるのはごく限られた場合と考えるべきです。その線引き
の判断は容易ではありません。そこで、議長を務めている理事長としては、
議案の成立に反対で、委任状を賛成票として行使すべきでないと考える場
合には、代わりの議長を募り、自らは採決が終わるまで議長を辞任すべき
でしょう。

## ▶ 書面決議

### 問114　書面又は電磁的方法による決議

🔑 キーワード　【書面による決議】【電磁的方法による決議】【強行法規】
【区分所有法 45 条】

**Q** 当管理組合においては、管理組合総会の出席者数が年々減少
しています。会場の設営も煩雑ですし、感染症対策も鑑み、で
きるならば「書面決議」などの総会を開催しないで済む方法を活用し
たいと考えています。
　管理会社からは「書面決議は全員の承諾又は合意が必要なので難し
い」と言われましたが、管理規約を変更すれば、逐一承諾を取らなく
ても書面決議のみで総会を開催しないようにしたり、全員承諾の要件
を緩和したりできるのでしょうか。

**A** 区分所有法 45 条に定められた書面決議の要件は緩和すること
ができません。したがって、具体的な各議案に対して、区分所有
者全員の個別の承諾又は合意が必要です。

### 解説

　区分所有法に定められた「書面決議」には、区分所有法 45 条 1 項に定
める「書面又は電磁的方法による決議」（以下「1 項書面決議」といいます。）
と、同条 2 項に定める「区分所有者全員の書面又は電磁的方法による合
意」（以下「2 項書面決議」といいます。）の二つの方法があります。
　1 項書面決議は、ある議案に関して書面又は電磁的方法（以下「書面等」
といいます。）による方法で決議することに関する区分所有者全員の承諾を
得るものです。つまり、書面決議の方法によることについて全員の承諾が
あればよく、議案の成否については別途、当該議案の通常の決議要件を満

たすか否かで決定されます。

　２項書面決議は、書面等によってある議案に関する区分所有者全員の合意を得るものです。つまり、２項書面決議は、議案の成否そのものについて決定するものです。すなわち、議案の成立のためには、その議案に関して区分所有者全員が書面等によって賛成する必要があります。

　区分所有法45条は強行法規であるため、区分所有法45条に定められた要件を管理規約によって緩和することはできません。

　したがって、あらかじめ包括的に承諾又は合意を取っておくことはできず、具体的な議案に関して個別に区分所有者全員の承諾又は合意を取る必要があります。

　なお、「全員」との要件に関して、一つの専有部分の区分所有者が複数いる場合は共有者のうちの議決権行使者一人の承諾があれば問題ありません（区分所有法40条）。

## 問115　書面決議がある場合の定期総会の省略の可否

**キーワード**　【書面による決議】【定期総会】【強行法規】
【区分所有法34条】【区分所有法43条】

**Q**　当管理組合では、区分所有者のほとんどが高齢者です。どの議案も全員の承諾を取って書面決議で問題なく行えています。

　感染症の心配もありますので、今年は定期総会の開催を見送ろうと考えています。

　書面決議や報告を行えば、定期総会を省略して開催しなくても問題ありませんか。

**A**　書面決議を行っている場合であっても、総会は毎年１回一定の時期に開催する必要があります。

　ただし、災害等のやむを得ない場合においては、必ずしも管理規約に定められた時期までに総会を招集する必要はなく、総会を開催することができない状況が解消された後、遅滞なく招集すれば足りると考えられています。

**解説**

区分所有法34条２項では管理者は「少なくとも毎年１回」総会を開催

しなければならないとされています。また、区分所有法43条では、管理者は「毎年1回一定の時期に」「事務に関する報告を」しなければならないとされています。

　区分所有法45条に定める書面決議は、あくまでも各議案についての決議と同一の効力を有するだけです。書面決議があっても、総会を開催し又は報告を行ったことにはなりません。

　したがって、書面によって決議がなされている場合であっても、毎年1回は総会を開催しなければなりません。

　一方で、総会の開催時期に関して、区分所有法は、必ずしも前年の総会開催時から1年以内に必ず総会の招集をし総会において事務報告をすることを求めているわけではないと考えられています（注104）。そのため、災害や感染症の拡大などのやむを得ない事情がある場合には、その状況が解消された後、遅滞なく招集すれば足りると考えられています（標準管理規約コメント42条3項関係）。

　なお、区分所有法上、会場に出席する人数は総会の開催要件ではありませんので、議長のみしか会場に出席しないという事態もあり得ます。この場合には、議事録の署名人が足りない可能性がありますが、やむを得ない場合として管理規約違反には当たらないと考えられています。

## ▶ 動議の問題

### 問116　総会における質問への対処

**キーワード**　【総会における質問】

**Q**　総会開催の1週間前に、総会議案に反対の区分所有者Aから多量の質問が出されました。これら全てに回答する必要がありますか。

　また、区分所有者Aから、総会において、その他多量の質問がなされる可能性があります。その質問についてどのように対処すべきですか。

---

（注104）国土交通省「マンションの管理組合等における集会の開催について」
　　https://www.moj.go.jp/MINJI/minji07_00024.html

総会の議題の判断に必要がない質問については、回答する必要はありません。他方、他の区分所有者からの質問や発言の機会を奪わないために、一定の時間に制限することは可能と解されます。ただし、回答することにより誰かのプライバシーや名誉を不当に侵害することとなるような、回答を拒否すべき質問もあります。

　　総会において多量の質問がなされた場合においても、回答する必要がある質問か、回答を拒否すべき質問か、一定の時間を超えない範囲で回答できる質問かを検討する必要があります。その上で、総会の議題に関し、客観的にみて、決議をするため合理的に判断するに必要な説明と審議がなされていると判断されれば、区分所有者の質問の全てに回答する必要はありません。

**解説**

　区分所有者が議案について質問する権利と機会は、多数決をもっても奪うことはできないと考えられています。

　しかし、総会には時間的な制限があり、決議に際し、事実に基づき合理的な判断をするために必要な説明と審議がなされていればよいと考えられています。

　そのため、同一人物から多量の質問がなされた場合には、そもそも議案に関係のない質問はもちろん、関係があっても議案を判断するにおいて必要がない質問については、回答する必要がありません。

　また、会議には時間の制約があります。特定の区分所有者から多量の質問を受け付け、回答に長い時間をかけることは、他の区分所有者の質問や発言の機会を奪うことになります。よって、一定の時間が超えないように制限することができると解されています。

　ただし、客観的に判断して、合理的な判断をするに足る十分な審議がなされていなければ、手続の違法を理由に、決議内容が無効となる可能性があります。

　そのため、議長は、客観的に、合理的な判断をするに足る十分な説明と審議がなされているかを確認した上で、質問を打ち切るなどの制限を行う必要があります。質問の打切りは、議長の判断によって行うことができますが、後に問題が生じないようにするためにも、議場に諮るべきでしょう。

第6編　総会に関する問題

**問117　監事が監査報告書を承認しない場合の対応**

🔑キーワード　【監査報告書】【署名押印】【標準管理規約59条】

**Q**　当マンションの管理規約には、標準管理規約59条と同様の定めがあり、収支決算案については監事の監査を経て、総会に上程することになっています。この度、監事に収支決算を監査してもらったところ、承認されず、監査報告書に署名押印をもらえませんでした。どのように対応すればよいでしょう。

**A**　監査報告書に監事の承認、署名押印がなくても、収支決算案の上程は可能です。

**解説**

標準管理規約59条は、「理事長は、毎会計年度の収支決算案を監事の会計監査を経て、通常総会に報告し、その承認を得なければならない。」としていますが、監事の承認までを要求してはいません。よって、本問の場合も、収支決算案を上程可能です。

なお、監査報告書に署名押印がない理由について、例えば不承認であれば、その理由とともに不承認である旨周知するなど、区分所有者が適切な判断をできるように工夫すべきです。

 **問118　修正動議を無視した決議の効力**

🔑キーワード　【動議】【総会決議の無効】

**Q**　管理組合総会において、次期役員を決定する決議に先立ち、区分所有者Aが動議を提出しました。動議の内容は、役員候補者のうち区分所有者Bが素行不良であるとして、区分所有者Cと差し替えるよう求めるものでした。AはBと折り合いが悪いことで有名でしたので、議長が「そんな嫌がらせのようなことはやめてください」と言って原案どおりの選任決議に移ったのですが、問題はあったでしょうか。

適法な動議であれば審議は行わなければいけません。審議の結果、可決するか否決するかの決定は総会決議による判断に委ねられますが、総会での判断の機会すら与えず修正動議を無視して行った決議について、無効と判断した裁判例があります。

**解説**

　東京地判平成29年1月27日ウエストロー・ジャパン登載（事件番号：平27（ワ）2113号）では、適法な動議を審議しなかったことを根拠として、決議無効の判決が出されています。この裁判例のポイントは、動議を否決したことではなく、その有効性を認めずに動議を無視して原案を決議した点が問題視されているということです。

　本裁判例は、動議の理由とされた輪番制ルールへの違反については否定的な評価を下していますが、それでもなお、適法な動議については審議することが大前提であるとの判断を下しています。つまり、動議の内容が正しいか正しくないかを問わず、議題の範囲内で提出された動議自体を無視することは許されないとの判断がなされたものといえます。地方裁判所レベルの裁判例ではありますが、動議を提出する権利は組合運営に参加する権利と密接に関連していること[注105]に鑑みれば、妥当な判断ではないかと考えます。

　議長としては、議題の範囲内で動議が出された場合には審議が必要ということになります。特に、動議の内容が原案を修正するもの、つまり修正動議である場合には、審議の順序について総会に諮ることが適切です。原案を先議することになった場合には、原案が可決されれば修正動議は当然に否決されるという点まで総会の決議を取得しておくことが無難でしょう。

　なお、限界事例ではありますが、私見では総会決議までを取得していなくとも、議長の議事整理権の一環として、（修正動議自体は有効と認めた上で）原案を先に審議すると宣言して同様の対応を行うことも許容され得ると考

---

（注105）区分所有法上、組合員に動議（議案の提出）を認める明文の根拠はありません。しかし、会社法上の解釈では、株主総会において株主が議案の提案を行う権利は会議体の一般原則として認められるものであり、会社法304条の株主提案権は、これを明文化したにすぎないと解されています（江頭憲治郎『株式会社法 第8版』（有斐閣、2021）344頁）。したがって、管理組合総会においても、会議体の一般原則を根拠として、議案の提出権が認められるべきであると考えます。

えます。

　本問のケースでは、決議の瑕疵を治癒するため、選任決議が無効であったとの前提で前期理事会が改めて総会を招集し、修正動議を審議するという対応も十分に考えられるでしょう。

## ▶ 決議要件の問題

 問119　大規模修繕工事は普通決議で足りるか

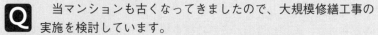

**キーワード**　【大規模修繕】【普通決議】【特別決議】【区分所有法 17 条】
【標準管理規約 47 条】

**Q**　　当マンションも古くなってきましたので、大規模修繕工事の実施を検討しています。

　大規模修繕工事を行う際には、普通決議と特別決議のいずれで決議する必要がありますか。

**A**　　「その形状又は効用の著しい変更を伴わない」修繕であれば、規約に別段の定めがあるなどの例外的な場合を除いて、普通決議で足ります。

**解説**

　区分所有法 17 条 1 項は、軽微な変更を除く一般的な共用部分の変更には特別決議を要すると定めています。

　平成 14 年法律第 140 号による改正（平成 15 年 6 月 1 日施行）前は、区分所有法 17 条 1 項は「共用部分の変更（改良を目的とし、かつ、著しく多額の費用を要しないものを除く。）」と規定され、多額の費用を要する工事については一律に「変更」に当たるとされていました。したがって、大規模修繕工事は一般的に多額の費用を要するものですので、特別決議が必要だったのです。

　しかし、これが大規模修繕工事実施の妨げにもなっていたことから、平成 14 年法律第 140 号による改正で、区分所有法 17 条 1 項は「共用部分の変更（その形状又は効用の著しい変更を伴わないものを除く。）」と改められ、費用が高額であることの一事をもって「変更」に当たるとは考えられなくなりました。

　したがって、同改正以降は、大規模修繕工事においても工事の具体的な

内容に関して、「その形状又は効用の著しい変更を伴わない」か否かによって採るべき決議が異なることになります。

「その形状又は効用の著しい変更を伴わない」か否かの判定は、標準管理規約コメント47条関係⑥を参考にしてください。

なお、管理規約において決議要件を厳格化する定めを置くことも可能ですし、区分所有者の定数要件（頭数要件）は過半数にまで緩和することも可能ですから、各管理組合の実態に合わせて決議要件を調整してください。

---

## 問120　大規模修繕工事に特別決議を要する規約がある場合は常に特別決議が必要か

🔑キーワード　【大規模修繕】【普通決議】【特別決議】【区分所有法17条】【旧標準管理規約45条】

**Q**　これまで、当マンションの大規模修繕工事は、特別決議で行ってきました。しかし、最近は外部所有者も多くてなかなか特別決議を可決させるのが難しくなってきました。

聞いた話によると、2003年6月1日以降、大規模修繕工事は普通決議で実施できるようになったとのことです。

当マンションの管理規約は、古い標準管理規約（「中高層共同住宅標準管理規約」）の規定がそのまま使われています。そのため、「共用部分等の変更（改良を目的とし、かつ、著しく多額の費用を要しないものを除く。）」については、「特別決議」を要する旨の規定が残されたままで、変更がなされていません。

特別決議がネックになり大規模修繕が実施できない状態が続いているのですが、やはり、特別決議が必要だとする管理規約がある場合には、普通決議では大規模修繕は実施できないのでしょうか。

---

　旧管理規約の記載が残存していても、例外的に現行法に従って管理規約の内容を解釈し、大規模修繕工事を普通決議で実施することができる場合もあると考えられます。

---

**解説**

問119において、区分所有法17条1項の改正経緯について述べたとおり、多額の費用を要する工事を一律に変更と考える改正前の規定によって、

建物の訂正な管理に必要不可欠の大規模修繕工事の実施が妨げられてきた経緯があったことから、これを円滑に実施させるために、平成14年法律第140号による改正で、費用要件が削除されました。

旧標準管理規約（平成9年度版）45条3項2号においても、「共用部分等の変更（改良を目的とし、かつ、著しく多額の費用を要しないものを除く。）」については、特別決議を要すると規定されていたところ、上記区分所有法の改正を受け、旧標準管理規約（平成16年度版）47条3項2号においては「共用部分等の変更（その形状又は効用の著しい変更を伴わないものを除く。）」と改められました。

しかし、多くの管理組合においては、平成16年改正前の標準管理規約型の条項が残されたままとなっています。

この点に関して、現行法上の軽微変更に関する区分所有法18条1項の決議要件をより厳格化することは可能ですから（区分所有法18条2項）、管理規約上に費用要件を基準にして特別決議を要する旨の規定がある場合には、原則として、管理規約の変更がなされるまでは古い管理規約（旧標準管理規約（平成9年度版）45条3項2号）の内容がなお有効に存続すると考えられます。

とはいえ、管理規約の変更には特別決議を要しますから、大規模修繕工事の実施に関して特別決議がネックになっている管理組合においては管理規約の変更もまた同様に実現が困難であると考えられます。また、古い管理規約（旧標準管理規約（平成9年度版）45条3項2号）型の条項は、平成14年法律第140号による改正前の旧区分所有法17条1項を前提にした規定であるといえるでしょう。

そのため、平成14年法律第140号による区分所有法の改正後に、新たに決議要件を定めた等の特殊な事情がなければ、残存したままの古い管理規約（旧標準管理規約（平成9年度版）45条3項2号）の条項は、平成14年法律第140号による改正後の区分所有法17条1項に従って読み替えるのが合理的と考えらえます。

したがって、旧標準管理規約の記載が残存していても、例外的に現行法に従って管理規約の内容を解釈し、大規模修繕工事を普通決議で実施することができる場合もあると考えられます。

とはいえ、旧標準管理規約の条項を残置したまま読替えを行うのは好ましいものではありませんので、可能であれば規約の変更を行うことが望ましいでしょう。

## ▶ 総会決議の有効性の問題

### 問121　総会決議が無効となる場合

🔑キーワード　【総会決議】【総会決議の無効】【内容の瑕疵】【手続上の瑕疵】

**Q** 総会決議はどのような場合に無効になりますか。

**A** 　総会決議の内容が法律や管理規約に反するといった決議内容の瑕疵が認められる場合、決議は無効となります。

　また、一部の区分所有者に対する総会招集通知漏れなど、手続上の瑕疵が認められる場合には、瑕疵の程度が軽微でない限り、決議が無効となります。

**[解説]**

　会社法は、株主総会決議の効力について取消しと無効を区別し、取消事由に該当する違反については、それが生じた場合であっても、取消判決が確定しない限りは総会決議を有効と扱っています（会社法830条、831条）。しかし、区分所有法や標準管理規約には取消しに関する定めがありませんから、決議に瑕疵がある場合、原則としてその決議は無効となります。

　ただし、手続上の瑕疵に関しては、いかなる場合にも決議を無効とすると法的安定性を害することから、軽微な瑕疵にとどまる場合には、決議は無効となりません。

### 問122　手続上の瑕疵の例

🔑キーワード　【総会決議】【総会決議の無効】【手続上の瑕疵】

**Q** 　総会決議における手続上の瑕疵には、どのようなものがありますか。

第**6**編　総会に関する問題

招集通知との関係で典型的な例は、区分所有者の一部に対する招集通知漏れ、通知期間の不足、議案の要領の通知漏れなどです。

**解説**

　区分所有法及び標準管理規約においては、区分所有者（組合員）の全員が総会に参加できる機会を確保するよう、所定の時期（区分所有法35条1項では会日の1週間前、標準管理規約43条1項では2週間前）までに、あらかじめ届出のあった宛先まで招集通知を発送することを求めています（区分所有法35条1項、3項、標準管理規約43条1項、2項）。したがって、区分所有者のうち一部でも招集通知の発送漏れがあった場合や(注106)、所定の通知期間を遵守しなかった場合(注107)には、総会決議に手続上の瑕疵が認められます。

　また、区分所有法35条5項、標準管理規約43条4項から6項に列挙されている一定の重要事項（代表例は規約変更、共用部分の非軽微変更、建替えなど）に関しては、議題のみならず、議案の要領の通知も義務付けられています（問109参照）。したがって、これを怠った場合にも手続上の瑕疵となります(注108)。

 **問123　軽微な瑕疵**

🔑**キーワード**　　【総会決議】【総会決議の無効】【手続上の瑕疵】
【外部区分所有者】

**Q**　　マンション外に居住している、いわゆる外部区分所有者に対して、マンション外の住所が送達先として届け出られていたにもかかわらず、誤ってマンションの住戸に招集通知を届けてしまいました。その外部区分所有者は総会に出席することができなかったようです。

　ただ、総会当日に審議された議案はいずれも圧倒的多数で可決され、当該外部区分所有者が反対として議決権を行使したとしても、結論が

---

（注106）　東京地判昭和63年11月28日判タ702号255頁、東京地判平成19年2月1日判タ1257号321頁。

（注107）　東京地判平成26年2月13日ウエストロー・ジャパン登載（事件番号：平25（ワ）721号）。

（注108）　東京高判平成7年12月18日判タ929号199頁。

変わることはなかったと思います。このような場合でも総会決議は無効となってしまうのでしょうか。

 　　手続上の瑕疵は軽微であるとして、決議無効までは認められない可能性が高いです。

**解説**

　組合員から送付先の届出があった場合、招集通知はその宛先に向けて発する必要があります（区分所有法35条3項、標準管理規約43条2項）。したがって、届出と異なる宛先に招集通知を発送した場合には、手続上の瑕疵があったものといわざるを得ません。

　もっとも、裁判例は手続上の瑕疵が認められる場合でも、その瑕疵が軽微なものに留まる場合には決議が無効になると判断せず、その効果を認めています。このような考え方について、区分所有法上に明文の規定があるわけではありませんが、決議の結果に影響しない些細な瑕疵で決議が無効となっては、組合運営の安定性が害されることに加え、結論が同じ手続を再び繰り返すことになり不経済であることが理由として考えられます。（注109）

　手続上の瑕疵が軽微なものであるか否かについては個々の事案に応じて判断されますが、裁判例は①手続違反の事実自体が重大であるか否か、②手続上の瑕疵により総会決議の結果に影響が及んだか、といった観点から判断を行っています。例えば、議案の要領の通知がなかった場合には、①の観点から決議結果への影響を検討することなく無効と判断した裁判例があります。（注110）これに対し、組合員の一部への招集通知が漏れたといった場合には、裁判所はそれのみで①を満たすとは考えていないようであり、②を重点的に検討する傾向にあります。（注111）

---

（注109）東京地判令和2年9月10日LLI/DB判例秘書登載（事件番号：令元（ワ）30823号）は、「管理組合の総会決議について、区分所有法は無効事由を定めていないから、決議に瑕疵があれば原則として無効となると解すべきである。もっとも、決議が無効となれば、管理組合内部のみならず、第三者に対する関係においても影響を及ぼすことに鑑み、決議の瑕疵が重大でなく、かつ、その瑕疵があったことが決議の結果に影響を及ぼさないことが明らかである場合には、当該瑕疵による決議は無効を主張できないと解すべきである。」と端的に判示しています。
（注110）東京地判昭和62年4月10日判タ661号180頁。
（注111）東京地判昭和63年11月28日判タ702号255頁。

　本問のケースでは、出席組合員の圧倒的多数が議案に賛成していることから、当該外部区分所有者に対して有効に送達がなされていたとしても決議の結果に影響があったとは考え難く、手続上の瑕疵は軽微と判断されるでしょう。もっとも、これは総会決議が無効とならないという意味にすぎず、手続を誤ったこと自体の責任は別途問われる可能性がありますので、「軽微な瑕疵であれば無視して問題はない」という理解をしないよう注意が必要です。

## ▶ 総会議事録の問題

 ### 問124　総会議事録の記載内容

**キーワード**　【総会議事録】

**Q**　1　先月の通常総会議事録を作成し配布したところ、ある区分所有者から、「自身の発言が漏れているので、それを漏らさず記載しなければならない」と言われました。総会議事録には、一言一句漏らさずに記載しなければならないのでしょうか。
2　ある区分所有者から、「先月の総会において、意見を異にする区分所有者らが二つのグループに分かれて、激しく議論を交わしたが、そのような意見対立に至った原因となる事実関係を記載してほしい」と強く要望されました。このような内容を記載することに問題はありませんか。

 **A**　1　議事録は、議事の経過の要領及びその結果を記載・記録すれば足り、一言一句漏らさず記載しなければならないわけではありません。他方、区分所有者の発言が議事に影響を与える重要な発言であった場合には記載・記録する必要があります。
2　総会議事録の作成目的からして、上記のような内容を記載することは望ましくないと考えます。

**解説**

　総会議事録には、「議事の経過の要領及びその結果を記載し、又は記録しなければならない。」とされています（区分所有法42条2項、標準管理規約49条2項）。

　「議事の経過」とは、議題、議案、討議の内容及び表決方法等を指します。「その結果」とは、表決を行った結果、すなわち可決されたか否決されたかの結果」を指します。「議事の経過」は要領で足りるとされているので、一言一句漏らさず記載する必要はありません。ただし、「議事の経過」に影響を与える重要な発言である場合には記載・記録する必要があります。

　また、総会内容は、区分所有者及びその特定承継人を拘束するものであり（区分所有法46条1項）、その作成、保管、及び閲覧は適切になされなければなりません。議事録に虚偽の記載・記録をしたときは、過料に処せられることが規定されています（区分所有法71条3号）。

　以上からすると、総会議事録には「議事の経過の要領及びその結果」が、誤解なく明記されることが必要です。

　総会議事の内容ではない、「意見対立に至った原因となる事実関係」は、総会議事の内容であると誤解される可能性があるため、記載すべきではないと考えます。

第**6**編　総会に関する問題

・第 **7** 編・

# 理事会に関する問題

## ▶ 総論

### 問125　理事会

**キーワード**　【理事会】【区分所有法49条】【区分所有法50条】

**Q**　管理組合における「理事会」とは何ですか。

**A**　複数の理事によって構成される管理組合の業務執行機関の呼称です。

**解説**

　区分所有法上、「理事会」は必須の設置機関とは定められていません。

　管理組合法人においては、理事、監事は必須の機関です（区分所有法49条1項、50条1項）。また、複数の理事がいる場合、規約に別段の定めがないときには理事の過半数で管理組合法人の事務を決定するとされていることから、通常は「理事会」という会議体の設置を想定していると考えられます（区分所有法49条2項）。

　法人ではない管理組合（権能なき社団の管理組合等）においては、そもそも理事等の設置は義務ではありません。しかし、多くの管理組合においては、理事等や理事会の構成について管理規約で定める方法によって、理事会が設置されています。

## 問126　管理者（理事長）と監事の設置は義務か

🔑 キーワード　【管理者】【理事長】【監事】

**Q**　1　管理者は、管理組合において必ず設置しなければならない機関でしょうか。
2　監事は、管理組合において必ず設置しなければならない機関でしょうか。

**A**　1　管理者は、区分所有法上、設置は義務付けられておらず、任意の機関です。
2　監事は、管理組合法人では設置が必須であり、法人でない管理組合では設置は任意です。

### 解説

#### 1　管理者

区分所有法3条では、「区分所有者は、全員で、建物並びにその敷地及び附属施設の管理を行うための団体を構成し、この法律の定めるところにより、集会を開き、規約を定め、及び管理者を置くことができる。」とされ、同法25条1項では、「区分所有者は、規約に別段の定めがない限り集会の決議によって、管理者を選任し、又は解任することができる。」とされています。すなわち、区分所有法は、管理者を置くことを義務付けておらず、設置は任意です。

#### 2　監事

監事は、管理組合法人では、設置が必須であるとされています（区分所有法50条）。法人でない管理組合においては、監事の設置は義務付けられていないものの、円滑な運営のために、管理規約で監事を設置することを定めることが望ましいとされています。

第**7**編　理事会に関する問題

## 問127　理事会方式と管理者方式

**キーワード**　【理事会】【理事会方式】【管理者方式】

**Q** 区分所有法は、権利能力なき社団である管理組合について、どのような管理方式を採用していますか。

**A** 区分所有法は、管理の方式の一つとして、「管理者管理方式」を想定していますが、日本においては、一般に「理事会方式」が多く採用されています。なお、最近、「管理者管理方式」を採用するマンションが増えています。

### 解説

#### 1　管理者管理方式

「管理者管理方法」は、総会において、共用部分、建物の敷地及び共用部分以外の附属施設などの管理を行う者を選任し、その者に一定の行為権限を付与し、管理を行わせる方式です。区分所有法は、管理者管理方式を管理の方式の一つとして想定しています。

区分所有法は、法人化していない区分所有法3条の団体について、「理事会方式」による管理を規定していません。

#### 2　理事会方式

「理事会方式」は、管理組合の総会で、数名の理事や監事が選任され、これら役員が理事会を構成し、また、理事の互選で理事長を決定し、理事長や理事に、建物等の管理を行わせる方式です。

標準管理規約は、「理事会方式」による管理を想定して規定されています。

# 問128　理事会の一般的な構成

**キーワード**　【理事会】【標準管理規約35条1項】【標準管理規約40条1項】

理事会は、一般的にどのようなメンバーで構成されますか。

　理事会は、理事長1名、副理事長1名程度、会計担当理事1名程度、理事数名で構成されるのが一般的です。運営の便宜から、理事の員数は、おおむね3名から最大20名程度とすべきです。

　理事会の構成は管理組合において自由にアレンジすることができます。標準管理規約においても、管理組合の組織規模に応じて、理事会役員の人数や組成は変動することが想定されています。

**解説**

　標準管理規約においては、理事会の一般的な構成が規定されています（標準管理規約35条1項）。

　理事長とは、管理組合を代表する理事のことをいいます（標準管理規約38条）。管理組合法人においては、理事長（管理組合法人を代表する理事）の選任方法が、法律上規定されています（区分所有法49条5項）。

　副理事長とは、一般的に、理事長を補佐し、理事長が欠けたときなどに理事長の職務を行う理事のことをいいます（標準管理規約39条）。

　会計担当理事は、管理費等の収納、保管、運用、支出等の会計業務を行う理事のことをいいます（標準管理規約40条3項）。小規模な管理組合においては、設置されないことも多いですが、中規模から大規模な管理組合においては設置をした方が会計業務が円滑に進むでしょう。

　理事会は、法令上設置が義務付けられている機関ではありませんので、その組成は管理組合の実態の応じて自由にアレンジすることができます（標準管理規約コメント35条関係）。

第**7**編　理事会に関する問題

## 問129　監事の理事会に関する役割

♀キーワード　【監事】【標準管理規約35条1項】【標準管理規約41条4項】

**Q** 監事は、理事会の構成員ですか。
監事は、理事会に関してどのような役割を果たしますか。

 **A** 監事は、理事会の構成員ではなく、理事会とは別個の機関です。
監事は、理事会・理事の業務執行状況を監査する立場ですので、基本的には理事会に出席し、必要に応じて意見を述べる立場にあります。

**解説**

理事会の構成員は、あくまでも「理事」です。理事と監事をまとめて「役員」と呼称することが多いため混同しやすいのですが、監事は理事会の構成員ではありません。

監事の職務は、管理組合の業務の執行及び財産の状況を監査し、その結果を総会に報告すること等です（区分所有法50条3項各号、標準管理規約41条1項）。

この職務を果たすために、監事は理事会に出席して、理事会の行動を監査します（標準管理規約41条4項）。

## ▶ 理事会の運営

 ## 問130　理事会への代理人の出席の可否

♀キーワード　【理事会】【標準管理規約53条】【区分所有法49条の3】
【代理人】【理事】【役員のなり手不足】

**Q** 当マンションの管理規約では、理事会役員の資格要件が「組合員」と定められています。

役員については、輪番制で回しているのですが、組合運営に積極的でない役員も多く、何とかお願いして日程を調整しなければ、「理事の半数以上」の出席という開催要件を満たすことが難しい状況です。

管理規約に定めれば理事会への代理出席も認められるらしいと聞き

ましたので、当理事会も代理出席を認める方針で運営しようと考えています。

　そこで質問です。

① そもそも理事会への代理出席は認められますか。

② 管理規約に規定がなくても代理出席は認められますか。

③ 誰でも代理人になれますか。

④ 例えば、以下のような人物は代理人として認められますか。

　(a) 配偶者又は一親等の親族

　(b) 外部専門家

　(c) 議長

　(d) 当マンションに居住している賃借人

---

① 理事会への代理出席は認められる場合があります。ただし、無制限に認められるわけではありません。

② 管理規約に定めがない場合には、代理出席を認めるべきではありません。

③ 誰でも代理人になれるわけではありません。当該マンションの実態、当該理事の資質、役員の資格要件等を踏まえ、理事の職務を代理するにふさわしい資質・能力を有する者に限って認めるべきです。

④ 裁判例、本問マンションの役員の資格要件等を踏まえると、下記のように考えられます。

　(a) 配偶者又は一親等の親族は、認められます。

　(b) 外部専門家は、認められません。

　(c) 議長は、認められません。

　(d) 本問マンションに居住している賃借人は、認められない可能性が高いでしょう。

第7編 理事会に関する問題

---

**解説**

　まず、理事会への代理出席が認められるか否かについて、最高裁判例は、[注112]管理組合法人の理事の代理出席に関して、①理事に事故がある場合に限定し、②理事の配偶者又は一親等の親族に限って、③当該理事の選任に基づ

---

(注112) 最判平成2年11月26日民集44巻8号1137頁。

いて、理事会へ代理出席を認める管理規約の定めは、平成20年の改正前民法55条（区分所有法49条3項とほぼ同旨）の定めに違反するものではないと判示しています。

これを受けて、標準管理規約コメント53条関係③では、「『理事に事故があり、理事会に出席できない場合は、その配偶者又は一親等の親族（理事が、組合員である法人の職務命令により理事となった者である場合は、法人が推挙する者）に限り、代理出席を認める』旨を定める規約の規定は有効であると解されるが、あくまで、やむを得ない場合の代理出席を認めるものであることに留意が必要である。」としています。

したがって、理事会への代理出席は認められるものの、無制限に認められるわけではありません。

次に、管理規約の規定がないと代理出席を認めることができないかについては、代理出席を認める管理規約がない場合には常に代理出席が認められないとまで判断した裁判例は見当たりません。しかし、標準管理規約コメント53条関係②では「理事の代理出席（議決権の代理行使を含む。以下同じ。）を、規約において認める旨の明文の規定がない場合に認めることは適当でない。」とされており、基本的には管理規約の規定がない場合には、代理出席を認めることについては消極的に考えるべきでしょう。

さらに、代理人の範囲について、さらに標準管理規約コメント53条関係③では「この場合においても、あらかじめ、総会において、それぞれの理事ごとに、理事の職務を代理するにふさわしい資質・能力を有するか否かを審議の上、その職務を代理する者を定めておくことが望ましい。」とされ、「なお、外部専門家など当人の個人的資質や能力等に着目して選任されている理事については、代理出席を認めることは適当でない。」とされています。

したがって、代理人を認める管理規約を定める場合には、代理人の資格要件を合理的な範囲に限定しなければなりません。

なお、議長が代理人になることの可否については、管理規約に代理出席を認める旨の規定がない管理組合において理事から理事長への委任が行われた事案で、当該理事会決議が無効とされた裁判例があります。[注113]

また、本問マンションに居住している賃借人については、問136で述べたのと同様の弊害が生じるおそれがあります。また、本問マンションでは

---

(注113) 福岡地判平成20年8月29日判例集未登載。

理事の資格要件は組合員に限られていることからも、代理人はこれと同等の資質を有するものである必要があると考えられます。よって、認められない可能性が高いでしょう。

 ## 問131　理事会の傍聴

🔑 キーワード　【理事会】【傍聴】

**Q**　現在、理事会では管理費等の長期滞納者への対処が主要なテーマとなっているところ、区分所有者Aが理事会での議論の内容を知りたいようで、傍聴を希望しています。理事会としては滞納者のプライバシーにも関わる内容があるため、傍聴は遠慮していただきたいのですが、区分所有者Aは「区分所有者として理事会の審議内容を知る権利がある」との一点張りで引き下がる様子がありません。理事会として区分所有者Aの傍聴を認める必要があるのでしょうか。なお、当マンションでは標準管理規約と同様の管理規約を採用しています。

　標準管理規約には第三者による理事会の傍聴を認める規定は置かれておらず、原則は非公開と考えるべきです。傍聴については議長である理事長の裁量によって判断できますから、区分所有者Aに傍聴を許可しなくても問題はありません。

**解説**

　本問の区分所有者Aの主張を法的に引き直すと、区分所有者には理事会での審議内容にアクセスする権利があるため、傍聴を拒否する裁量は認められないという趣旨と考えられます。

　しかし、理事会は区分所有法上で設置が義務付けられている機関ではなく、管理規約に基づき設置される任意の機関です。理事会を設置しないことすら許容されている以上、その運営方法は広く管理規約に委ねられているものと考えるべきです。管理規約や細則において、傍聴の基準が明示されているようであればそれに従う必要がありますが、特段の規定がないようであれば、傍聴の許否を含む運営方法の決定は、議長の裁量に委ねられていると解釈すべきでしょう。

　また、理事会の審議においては組合員等のプライバシーに関わる事項や、

**第7編**
問題　理事会に関する

業者選定の審議（工事の入札条件の設定等）など、役員以外の第三者に開示することが望ましくない事項も多々含まれます。その時々の審議内容に応じて傍聴の許否を判断する必要がある以上は、議長の裁量は広範に認められると考えられます。

　もちろん、組合運営の透明性という観点からすれば傍聴を認めることは好ましいですが、傍聴の権利が法律上認められているものとまではいえない以上、原則は非公開という整理になります。区分所有者が理事会の審議内容を知りたいと希望する場合には、理事会議事録の閲覧や総会での質問を通じて希望を実現するべきです。

## ▶ WEB 理事会

 **問132　WEB 理事会**

 キーワード　【IT】【WEB】【理事会】【WEB 理事会】【WEB 会議システム】

**Q** WEB 理事会とは何ですか。

 **A** WEB 会議システム等を使用して行われる理事会を指します。

**解説**

　WEB 理事会は新型コロナウイルス感染症の感染拡大を背景に需要が急増し、令和3年6月の改正で、標準管理規約及び標準管理規約コメントに「WEB 会議システム等を用いて開催する理事会」に関する記載が追加されました（標準管理規約53条1項、同コメント53条関係⑤など）。外部居住の区分所有者が中心である大都市圏の投資用マンションやリゾートマンションにおいては、従前から理事会開催のハードルの高さが問題になっていたところであり、今後も利用拡大が期待されています。

## 問133　WEB 理事会のための規約の変更

🔑 キーワード　【IT】【WEB】【理事会】【WEB 理事会】【管理規約の変更】

 当マンションの管理規約には、WEB 理事会についての記載が一切ありません。WEB 理事会を開くためには、管理規約の変更が必要でしょうか。

A　WEB 理事会の開催に当たり、管理規約の変更は不要です。

### 解説

　国土交通省ホームページに掲載されている「『マンション標準管理規約』の改正について（概要）(注114)」においては、令和 3 年 6 月の標準管理規約改正の趣旨について、「IT を活用した総会・理事会については、それを可能とすることを明確化する観点から標準管理規約の改正を行っているものであるため、この改正に伴って各管理組合の管理規約を変更しなくとも、IT を活用した総会・理事会の開催は可能です。」との説明がされています。これは、標準管理規約 2 条 11 号が定義するような「電気通信回線を介して、即時性及び双方向性を備えた映像及び音声の通信を行うことができる会議システム等」が使用される前提であれば、対面で理事会を開催する場合と WEB 理事会とで異なる評価をする必要はないという趣旨と考えられます。したがって、WEB 理事会を開催するに当たって管理規約の変更は必須ではありません(注115)。

　なお、WEB 総会の開催のために管理規約を変更する必要があるかという点については、問 106 を参照してください。

（注114）https://www.mlit.go.jp/common/001410147.pdf
（注115）なお、規約の変更自体は不要であるものの、解釈の安定性を保つという観点からは、標準管理規約に合わせた変更を行うことが望ましいでしょう。

## 問134　WEB 理事会の注意点

**キーワード**　【IT】【WEB】【理事会】【WEB 理事会】【傍聴】
　　　　　　　【理事の議決権行使】

**Q**　WEB 理事会を開く上で注意点があれば教えてください。

**A**　WEB 理事会への参加が難しい理事についての出席環境の確保、第三者が無許可で傍聴することの抑止、議決権行使の方法の明示などが考えられます。

### 解説

### 1　出席環境の確保

　WEB 理事会への参加に当たっては PC 等の機器が必要であることに加え、一定の IT 知識が必要となります。WEB 理事会への出席環境が確保できない理事がいる場合には、理事長が当該理事とともに集会室等から WEB 理事会に接続するなどの対応を行うべきでしょう。

　また、標準管理規約コメント 53 条関係⑤では「理事会に出席できない理事に対しては、理事会の議事についての質問機会の確保、書面等による意見の提出や議決権行使を認めるなどの配慮をする必要がある。」とされています。これは、理事が欠席する場合全般の対応方針を示したコメントですが、感染症の流行や災害の発生など、少人数であっても集まることが危惧され、やむを得ず一部の理事の WEB 理事会への参加環境が確保できないような場合にも、事前又は事後に意見を表明し、議決権を行使する機会を与える必要があります。

### 2　第三者の傍聴抑止

　理事会は組合員のプライバシーに関する事項や、業者選定等の利害に関する事項についての審議を行うことも多く、役員以外の第三者の傍聴を認める場合には理事長ないし理事会の判断を仰ぐ必要があります。しかし、WEB 理事会においては各接続場所について周囲の状況が分かりづらく、第三者が理事会を無許可で傍聴している可能性を排除できません。そこで、接続場所の届出をあらかじめ義務付けておくことや、理事会の冒頭で第三者の傍聴は認めないことを改めて警告することなどにより、傍聴を抑止す

る措置を取っておくことが重要になります。

### 3　議決権行使の方法の明示

　標準管理規約コメント53条関係⑤には「WEB会議システム等を用いて開催する理事会を開催する場合は、当該理事会における議決権行使の方法等を、規約や……細則において定めることも考えられ」るとの記載があります。WEB会議システムではチャット欄や挙手ボタンなどが用意されているものもありますが、同時に口頭での意思表示も可能であることから、チャット欄や挙手ボタンを通じた意思表示と、口頭での意思表示が食い違ってしまうこともあります。したがって、特に議決権行使の段階では何を基準に各理事の意思を確認するのかを、あらかじめ決めておく必要があります。標準管理規約コメントが指摘するように、規約や細則において明示することが望ましいですが、それがかなわない場合には、最低限、WEB理事会の冒頭において議決権行使の方法を理事長から理事会に諮り、その方法に異議はないか確認を取っておくべきでしょう。

## ▶ 役員の選任、解任

### 問135　役員の任期の上限

🔑 キーワード　【役員】【役員の任期】【役員の再任】【標準管理規約36条】【区分所有法49条6項】【区分所有法50条4項】

**Q**　　当マンションの管理規約では、理事会役員の任期に関して、「役員の任期は2年とする。ただし、再任を妨げない。」との規定があります。

　この度、長年理事長を務めた人物の不正経理が発覚したことを契機として、管理規約を変更して役員の任期を見直してはどうかという意見が上がっています。

　なお、当管理組合は、法人化していません。

　① 役員の任期に上限はあるのでしょうか。

　② 役員が再任する場合、任期に上限はあるのでしょうか。

　③ 当管理組合では、どのような定めを置くべきでしょうか。

① 法令上、法人化していない管理組合の役員の任期に上限はありません。ただし、通常は、上限３年程度とするのが相当でしょう。

② 法令上、役員が再任する場合でも、任期に上限はありません。ただし、通常は、上限６年程度とするのが相当でしょう。

③「役員の任期は２年とする。ただし、連続６年までの再任を妨げない。」等とすればよいでしょう。

**解説**

### 1 法人化していない管理組合の役員の任期

法人化していない管理組合に関しては、理事会の役員の任期に関して区分所有法上の制限はありません。したがって、管理組合の実情に応じて自由に任期を設定することができます。

とはいえ、役員任期を長くしすぎると、一部の役員による独断的運営がなされるおそれや、役員の負担が重くなり役員のなり手を探すことが難しくなるなどの弊害があります。したがって、理事会の継続性と安定性を踏まえつつ、バランスのよい任期を設定することが大切です。

標準管理規約コメント36条関係①では、「役員の任期については、組合の実情に応じて１～２年で設定することとし、選任に当たっては、その就任日及び任期の期限を明確にする。」とされています。

また、参考として、管理組合法人の理事については、「理事の任期は、２年とする。ただし、規約で３年以内において別段の期間を定めたときは、その期間とする。」（区分所有法49条6項）とされています。

したがって、役員の任期は原則として１～２年、例外的にも３年程度とすることが相当と考えられているといえます。

### 2 役員の再任

役員の再任については、区分所有法上、期間・回数の上限は定められていません。

しかし、総会決議によって都度選任手続が取られていたとしても、再任が繰り返し行われることで、選任手続が形骸化してしまうおそれがあります。

そこで、役員の再任についても、ある程度の上限を定めることが検討できます。例えば、目安として、任期上限（区分所有法49条6項）の２倍となる６年程度を再任の上限の目安とすることが考えられます。

# 問136　理事会役員の資格要件（賃借人とできるか）

**♀キーワード**　【理事会】【標準管理規約 35 条】【現に居住する】【賃借人】【理事】【役員のなり手不足】

**Q**　当マンションの管理規約では、理事会役員の資格要件が「マンションに現に居住する組合員」と定められています。

　最近は外部居住の区分所有者が増えているため、事実上、一部の区分所有者だけが持ち回りで理事会役員の業務を負担しているような状況です。役員のなり手も高齢化してきましたので、このままでは理事会運営が立ち行かなくなってしまう危険性があります。

　管理規約を変更して、マンションの居住者の多くを占める「賃借人」にまで役員の資格要件を広げたいのですが、可能でしょうか。

**A**　法令上は、理事会役員の資格要件を賃借人まで広げることも可能です。ただし、実際の運用上、資格要件を賃借人にまで広げると弊害が生じることも考えられます。そこで、

- 居住要件をなくす
- 資格要件を「○○マンションに現に居住する区分所有者の○親等の親族」とする
- 専門家役員の導入を検討する
- 理事会役員への報酬金を支払う

等の別の方法によって役員のなり手不足の問題を解消できないか、慎重な検討が必要です。

**解説**

　区分所有法上、役員の資格要件について明示的な制限はありません。

　したがって、一般的な法人の場合に準じて、①自然人であること、②成年被後見人でないこと、③破産者でないことの要件を満たせば、役員になり得ると考えられます（標準管理規約コメント 35 条関係④、民法 653 条 2 号、同条 3 号）。なお、③が要件になるかについては争いがあります。[注116]

---

（注 116）稲本洋之助ほか『コンメンタールマンション区分所有法［第 3 版］』（日本評論社、2015）284 頁。

　その他の資格要件については、管理規約において定めることができます。

　標準管理規約においては、かつて「○○マンションに現に居住する」との居住要件が定められていましたが、役員のなり手の確保の困難等の事情を考慮して、平成23年7月の改正によって廃止されました。なお、その後も、標準管理規約コメント35条関係①では、「それぞれのマンションの実態に応じて……居住要件を加えることも考えられる。」とされています。

　また、区分所有者以外の外部専門家等が役員になることも肯定されています（標準管理規約コメント35条関係①）。

　したがって、各マンションの実態を踏まえて、一定程度柔軟に役員の資格要件をアレンジすることは想定されていると考えられ、場合によっては「賃借人」にまで資格要件を広げることが許容されるといえるでしょう。

　とはいえ、そもそも管理組合は、建物、敷地等の管理を行うために区分所有者全員で構成される団体（区分所有法3条）であり、また、理事会は、「管理組合の業務執行の決定だけでなく、業務執行の監視・監督機関としての機能を有する」機関（標準管理規約コメント51条関係①）です。

　賃借人は、区分所有者でもなく、管理費等の負担者でもありません。したがって、長期的な資産としてのマンション管理に関して、賃借人がマンションの管理について区分所有者と同等の利害関係を有していることは稀であり、むしろ修繕積立金の取り崩しのリスクなど、区分所有者と賃借人の間で利益相反が生じる場面もあるでしょう。

　この点を踏まえると、安易に資格要件を拡大することについては慎重になるべきです。

- 居住要件をなくす
- 資格要件を「○○マンションに現に居住する区分所有者の○親等の親族」とする
- 専門家役員の導入を検討する
- 理事会役員への報酬金を支払う

等の別の方法によって役員なり手不足の問題を解消できないか検討すべきです。

　また、これの導入にはさらに慎重な検討が必要ですが、いわゆる第三者管理方式（問199）についても参考にしてください。

# 問137　役員の解任方法

**♀キーワード**　【役員】【理事長】【解任】

**Q**　私は管理組合の理事です。理事長が、理事会で他の役員を罵倒したり、理事会承認が必要な工事を無断で発注したりするので困っています。このような理事長を辞めさせることはできないのでしょうか。

**A**　標準管理規約では、理事長の任を解いて単なる理事とするためには理事会決議、役員自体を解任するためには総会決議が必要とされています。管理規約に解任に関する規定がない場合には、選任と同じ決議を取得してください。

　標準管理規約35条2項は「理事及び監事は、総会の決議によって、組合員のうちから選任し、又は解任する。」と定め、同条3項は「理事長、副理事長及び会計担当理事は、理事会の決議によって、理事のうちから選任し、又は解任する。」と定めています。標準管理規約と同様の規定が管理規約に置かれていれば、解任のために必要となる手続は明らかです。

　もっとも、令和3年6月の改正が行われるまで、標準管理規約上に理事長の解任（理事長を単なる理事とする）方法に関する規定は置かれていませんでした。したがって、現在も多くのマンションにおいて、管理規約に理事長の解任方法に関する規定が置かれていません。このような場合には、理事長を解任することはできないのでしょうか。

　この点については、最高裁判例(注117)が存在します。管理規約に解任方法に関する規定が置かれていない場合の、理事長を解任する手続について争われた事案で、判決では「本件規約は、……理事は、組合員のうちから総会で選任し……、その互選により理事長を選任する……としている。これは、理事長を理事が就く役職の1つと位置付けた上、総会で選任された理事に対し、原則として、その互選により理事長の職に就く者を定めることを委ねるものと解される。そうすると、このような定めは、理事の互選により

（注117）最判平成29年12月18日民集71巻10号2546頁。

理事会に関する問題　第7編

選任された理事長について理事の過半数の一致により理事長の職を解き、別の理事を理事長に定めることも総会で選任された理事に委ねる趣旨と解するのが、本件規約を定めた区分所有者の合理的意思に合致する」との判断がなされました。

　管理規約上、総会で選任された理事のうちから、理事長が互選により選任されるという定めがなされているのであれば、同様の判断がなされる可能性は高いものと考えます。これに対し、総会決議で理事長の役職までが決定されるという管理規約の定めがなされているのであれば、理事長の役職決定を理事に委ねた趣旨とは解されませんから、理事長の任を解いて単なる理事とする場合にも総会決議を要することになるでしょう。

---

## 問138　無資格者の役員就任

**キーワード**　【役員】【役員選任決議】【役員資格】

 **Q**　前回の総会において管理組合の理事に選ばれたＡさんがいるのですが、総会後に管理組合の入居者届を確認したところ、区分所有者はＡさんではなく、母親のＢさんであることが分かりました。当管理組合の管理規約上、役員に就任できるのは区分所有者本人のみとされており、同居親族は役員に就任することはできません。このような場合には、どのように対応すればよいのでしょうか。

**A**　臨時総会を招集し、Ａさんに代わる理事を選任してください。Ａさん以外の役員に関しても、改めて選任決議を取得することが無難です。

---

### 解説

　原則として、決議内容に瑕疵があれば、当該決議は無効となります。無資格者が役員に就任するという決議内容には、管理規約違反の瑕疵が存在しますから、無効と考えるべきです。改めて臨時総会を招集し、Ａさんに代わる理事を選任する必要があります。

　なお、管理組合総会では一つの議案に関する選任決議において全役員が選任されるのが一般的です。このとき、Ａさんが無資格者であるという理由で選任決議がどこまでの範囲で無効となるか、考え方は２通りあります。

一つは、当然に全役員の選任が無効となるという考え方です。①原則どおり、内容に違法がある決議は無効とすべきであること、②区分所有者は個々の役員に着目して選任を行うのみならず、構成を含めて賛否を意思表示していることが論拠として考えられます。

もう一つは、役員選任決議は無資格者の選任に限って無効になる（つまり、他の役員選任は有効）という考え方です。①有資格者の役員を選任するという限度で決議内容の違法は認められないこと、②役員就任に賛成している組合員の意思は可能な限り尊重すべきであるところ、候補者のうち一人が無資格者であると発覚したからといって、他の役員も選任しないことは賛成者の合理的意思とは考えられないことなどが論拠として考えられます。

役員全員の選任が無効となると考えると、管理組合運営への影響があまりにも大きくなり、臨時総会の招集すら困難を来す可能性がありますから、私見としては後者に管理実務上の合理性があるように思われます。もっとも、原則どおり選任決議全体が無効になるという解釈も十分合理性がありますので、Ａさん以外の役員についても改めて選任決議を取り直すか、少なくとも信任決議を取るのが望ましいと考えます。<sup>(注118)</sup>

## ▶ 閲覧請求

 問139　区分所有者からの書類閲覧請求

**♀キーワード**　【閲覧請求権】【正当な理由】【区分所有法 42 条】【管理規約】

**Q**　当マンションの区分所有者Ａから理事長に対し、管理規約所定の申請書式にて、理事会の内部資料についての閲覧請求がありました。理事会の内部資料とは、管理会社が作成した理事会での議案に関する報告資料などで、当管理組合では「理事会議事次第」などと呼ばれています。

当マンションの管理規約は、標準管理規約と同じです。区分所有者Ａは、「理事会議事次第」が理事会議事録（標準管理規約 53 条 4 項）

（注 118）招集手続に瑕疵があったケースであるため事案は異なりますが、改めて信任決議が行われたことを理由として、もはや決議無効の問題を争う利益はないと判断した裁判例があります（大阪地判昭和 61 年 6 月 19 日判タ 621 号 210 頁）。

に当たるとして閲覧請求をしてきたようです。

　なお、区分所有者Ａは、従前理事会役員に落選したことをきっかけに頻繁に大量の閲覧請求を行ってきており、理事会役員の間では嫌がらせ的な請求なのではないかという意見も出ています。また、閲覧に立ち会う管理会社の管理員からは業務負担が大きいとして苦情が出ています。

　理事会としては、「理事会議事次第」を閲覧させなければならないでしょうか。

　本件申請は、そもそも対象物が閲覧請求権の対象書類に該当しません。また、頻繁であり大量の閲覧申請に関してはこれを拒絶する正当な理由が認められるといえそうです。

　したがって、理事長は、「理事会議事次第」の閲覧請求を拒絶することができるでしょう。

　ただし、申請を拒絶する際には、過剰な閲覧申請の事情を立証できる証拠があるか等の点についてはあらかじめ確認してください。

### 解説

#### 1　閲覧請求権の根拠・対象書類

　区分所有者から保管者（一般的には理事長）に対する閲覧請求権の根拠には、区分所有法、管理規約、民法などがあります。

　区分所有法においては、管理規約（区分所有法33条2項）、総会議事録（同法42条5項）、書面決議（同法45条4項）が閲覧請求権の対象書類として定められています。

　管理規約における閲覧請求権の定め方は様々です。標準管理規約では、理事会議事録（標準管理規約53条4項）、会計帳簿、什器備品台帳、組合員名簿及びその他の帳票類（標準管理規約64条1項）などが閲覧請求権の対象書類として定められています。

#### 2　本問における「理事会議事次第」は閲覧請求権の対象書類に含まれるか

　本問では、「理事会議事次第」が理事会議事録（標準管理規約53条4項）と一体又は同一のものとして、閲覧請求権の対象書類に含まれるかが問題になります。

　理事会議事録は理事長が作成する（標準管理規約49条1項）ものであるの
に対し、本問における「理事会議事次第」は管理会社が作成した資料であ
るとのことです。すなわち、理事会議事録と「理事会議事次第」とは、作
成者も異なり、「理事会議事次第」が理事会「議事録」に含まれると解釈
することは困難でしょう。[注119]

　また、管理組合運営の透明化というマンション管理適正化法上の趣旨を
踏まえても、理事会議事録において議事の経過の要領及びその結果が記載
されることから、この点について理事会議事録に十分な記載があれば、
「理事会議事次第」につき閲覧請求権を認める理由はないと検討できます。

## 3　閲覧請求の拒絶

　また、区分所有法上、「正当な理由」がある場合には閲覧請求を拒絶す
ることができるとされています（区分所有法33条2項）。

　標準管理規約には、正当な理由がある場合に閲覧を拒絶することができ
ることについては明示的な記載がありませんが、権利濫用的な請求を認め
る理由はありませんので、「正当な理由」があれば閲覧請求を拒絶できる
と考えるべきです。

　この点、「正当な理由」が認められ得る場合の具体例としては、無用の
重複請求など閲覧請求権の濫用と認められる請求である場合が挙げられて
います。[注120]

　本問では、管理員から苦情が出るほどの高頻度で閲覧請求がなされてい
ます。このことから、本問では閲覧請求を拒絶する正当な理由があると認
められる可能性があるでしょう。管理組合としては、後の紛争に備えるた
め、閲覧請求に関して日時や対応内容などの記録を付けておくとよいで
しょう。

---

（注119）　東京地判令和2年8月31日ウエストロー・ジャパン登載（事件番号：令元
　　（ワ）30189号）。

（注120）　稲本洋之助ほか『コンメンタールマンション区分所有法［第3版］』（日本
　　評論社、2015）211頁。

# ▶ 専門委員会

##  問140　専門委員会

**キーワード**　【専門委員会】

**Q** 専門委員会とは何ですか。

 　理事会における特定の課題について調査・検討することを目的に設置される諮問機関です。代表例としては、大規模修繕委員会が挙げられます。

### 解説

　理事会は管理組合の執行機関として多種多様な問題を扱います。その中には大規模修繕のような専門的・集中的な議論を要するテーマも含まれます。このようなテーマに対しては理事会の開催時間を長くしたり頻度を高くしたりして対応することも一案ではありますが、理事の負担は増加します。また、検討期間が長期に及ぶと理事の任期が終了してしまい、理事会での検討状況がリセットされてしまうというケースも起こり得ます。

　そこで標準管理規約55条1項は「理事会は、その責任と権限の範囲内において、専門委員会を設置し、特定の課題を調査又は検討させることができる。」と定め、理事会の諮問機関として専門委員会を置くことができるとしています。管理実務上の活用例としては、大規模修繕委員会を設置する場合が大多数です[注122]。その他、規約改正委員会や防災委員会などが設置される事例もあります。

　なお、理事会は、「その責任と権限の範囲内において」のみ専門委員会を設置することができるということには注意する必要があります。標準管

---

(注121) 標準管理規約55条2項は「専門委員会は、調査又は検討した結果を理事会に具申する。」としています。具申というのは意見を申し述べるという意味であり、専門委員会の意見が拘束力を持つものとは理解されていません。

(注122) 国土交通省「平成30年度マンション総合調査結果〔概要編〕」27頁によると、設置されている専門委員会の種類としては「大規模修繕や長期修繕計画に関する委員会」が85.2％で最多となっています。

理規約コメント 55 条関係①は「専門委員会の検討対象が理事会の責任と
権限を越える事項である場合や、理事会活動に認められている経費以上の
費用が専門委員会の検討に必要となる場合、運営細則の制定が必要な場合
等は、専門委員会の設置に総会の決議が必要となる。」と解説しています。

## ▶ 役員報酬

 **問141　役員報酬**

**キーワード**　【役員報酬】【使用細則】【総会】

**Q** 　役員報酬の総額について、予算承認を経て、理事会で決定し
た後、役員報酬を支給しています。この経路に問題はあります
でしょうか。

**A** 　役員報酬の決定に当たって、総会決議を経るべきとは規定され
ていませんが、後のトラブルを避けるためにも、使用細則などで
役員報酬の支出根拠、決定の方法等について規定しておくとよい
でしょう。

**解説**

　標準管理規約 37 条 2 項においては、「役員は、別に定めるところにより、
役員としての活動に応ずる必要経費の支払と報酬を受けることができる。」
と定められ、同規約 48 条 2 号では、「役員の選任及び解任並びに役員活動
費の額及び支払方法」を決定するに当たっては総会の決議を経なければな
らないと定められています。
　ここにいう「役員活動費」は、「必要経費」を指すものと考えられてお
り、「報酬」の額の決定については総会決議を経なければならないとは規
定されていません。
　他方、役員報酬の支給に当たり、支出根拠を追及されたり、返還を求め
られたりするなどのトラブルとなる例も少なくありません。
　そのため、役員報酬について、支出根拠、決定の方法などに関する定め
を、使用細則などで定めることがよいとされています。

**問142　理事役員辞退金**

🔑 **キーワード**　【役員】【役員のなり手不足】【辞退金】

**Q**　当マンションでは役員のなり手不足が深刻化し、2年任期の理事役員への就任を辞退する者には、2年分の理事役員辞退金を一括して支払ってもらうように考えています。1か月あたり2500円で、6万円の辞退金としようと思います。このような役員辞退金の定めは有効でしょうか。

　状況によって有効になり得ると考えます。ただし、役員辞退金の金額の妥当性はよく検討する必要があります。また、当該定めの設定に際して、組合員の意見をよく聞くなどして、制定までのプロセスも重視すべきでしょう。

**解説**

**1　裁判例**

参考になる裁判例として、横浜地判平成30年9月28日LLI／DB判例秘書登載（事件番号：平29（ワ）2261号）があります。

本裁判例においては、「理事の候補として選出された者は、理事会協力金12万円（月額5000円）を納めることによって、理事の就任を辞退できる」ことを定めた使用細則の規定の有効性が争われました。

本裁判例においては、最判平成22年1月26日裁判集民233号9頁の裁判例を引用し、「マンションの管理組合を運営するに当たって必要となる業務及び費用は、本来、その構成員である組合員全員が平等にこれを負担すべきものである」と判示しています。

そして、本事案のマンションが全11棟、364戸からなる大規模な団地であり、理事の職責が重いと評価した上で、組合員の高齢化に伴い理事のなり手不足が予測された上、管理業務の複雑化・高度化に対応する必要があったことも踏まえ、「理事の職務を負担しようとしない組合員に対して一定の金銭的負担を求め、組合員間の不公平を是正しようとすることには、必要性と合理性が認められるというべきである」としています。

そして、①組合員の意見聴取などの慎重な手続があり、総会において満場一致で制定することとされたこと、②理事会協力金月額5000円は、理

事に就任した者の負担内容と比較して、過大であるとはいえないこと、③
理事会協力金を支払った場合であっても、5年以内に理事に就任し、任期
満了まで務めれば全額返還されること、④理事会協力金の支払を拒んでい
るのは原告1名のみであることから、理事会協力金を定めた使用細則が公
序良俗に反し無効であるということはできないと判断するのが相当である
と判示しました。

## 2　役員辞退金の定めを制定するに当たっての検討事項

　以上から、理事役員の辞退に伴い、辞退金・協力金などを支払う旨の定
めをするには、まず、そのような定めの必要性があるか否か（理事のなり手
不足が懸念される、マンションの老朽化に応じて管理事務が複雑化・高度化するなどの
事情があるなど）を検討する必要があります。また、マンションの規模や理
事の職責に応じた負担額はいくらか、協力金を定めることについての組合
員の意見はどうか、さらには、実際の総会での反対者はどうかなどを検討
し、制定までのプロセスを重視する必要があると考えます。

## ・第 8 編・

# 管理規約の問題

▶ **総論**

###  問143　管理規約

**♀キーワード**　【管理規約】【区分所有法 30 条】【区分所有法 31 条】
【区分所有法 32 条】【区分所有法 33 条】

**Q**　管理規約とは何ですか。

---

 **A**　「建物又はその敷地若しくは附属施設の管理又は使用に関する
区分所有者相互間の事項」を定めた管理組合の内部規範のことで
す（区分所有法 30 条 1 項）。

---

**解説**

　いわゆる「管理規約」は、区分所有法上は単に「規約」と記載されてい
ます（区分所有法 30 条など）。

　管理規約に関しては、区分所有法上、規約の内容の制限等（区分所有法
30 条）、設定、変更及び廃止（同法 31 条）、公正証書による規約の設定（同法
32 条）、保管・閲覧等（同法 33 条）などが定められています。

###  問144　管理規約の作成は義務か

**♀キーワード**　【管理規約の作成義務】【区分所有法 3 条】

**Q**　管理規約は必ず作成しなければならないのですか。

管理規約の作成は法律上の義務ではありません。
　　ただし、実務上は管理規約を作成した方が円滑に区分所有建物の管理を行うことができるでしょう。

**解説**

「区分所有者は、全員で、……この法律の定めるところにより、……規約を定め」る「ことができる。」とあるとおり、区分所有法上は管理規約の作成は任意です（区分所有法3条前段）。

---

 **問145　管理規約に定めることができる内容に制限は　　　　あるか**

**♀キーワード**　【規約事項】【区分所有法30条】【区分所有者間の衡平】【強行法規】

 管理規約に定めることができる内容に制限はありますか。

---

 　　管理規約に定めることができる内容には、大まかに以下の三つの制限があります。
　　①強行法規に反しないこと、②規約事項であること、③区分所有者間の衡平を害さないことです。

**解説**

管理規約の内容は、規約自治の原則の下、比較的自由に定めることができます。

とはいえ、どのような内容でも定めることができるわけではありません。

第1に、民法、区分所有法、その他強行法規に反してはなりません。

例えば、区分所有法上、書面による議決権の行使が認められています（区分所有法39条2項）。区分所有法39条2項は強行法規ですので、管理規約によって書面による議決権行使を禁止することはできません。

第2に、「建物又はその敷地若しくは附属施設の管理又は使用に関する区分所有者相互間の事項」（区分所有法30条1項。以下「規約事項」といいます。）と無関係の事項を定めることはできません。

　例えば、特定の政党に賛助する旨の条項などは、規約事項と無関係ですので、このような条項を管理規約に定めても無効となるでしょう。

　第3に、「専有部分若しくは共用部分又は建物の敷地若しくは附属施設（建物の敷地又は附属施設に関する権利を含む。）につき、これらの形状、面積、位置関係、使用目的及び利用状況並びに区分所有者が支払つた対価その他の事情を総合的に考慮して、区分所有者間の利害の衡平」（区分所有法30条3項）が図られるように定められなければなりません。

　例えば、専有部分の床面積割合と関係なく、個人所有か法人所有かで管理費の負担額に関して不合理な格差を設けたような条項は、無効となるでしょう。<sup>(注123)</sup>

---

## 問146　必要的規約事項、任意的規約事項

 **キーワード**　【必要的規約事項】【任意的規約事項】

**Q**　必要的規約事項、任意的規約事項とは何ですか。

---

　必要的規約事項とは、規約によってのみ定めることができる事項です。

　任意的規約事項とは、規約以外の方法によっても定めることができる事項です。

---

**解説**

　区分所有法上、「規約により……することができる」、「規約に別段の定め」などと記載がある事項に関しては、管理規約（区分所有法30条1項）の方法によってしか定めることができません。これを、一般的に「必要的規約事項」と呼称します。例として、規約共用部分（区分所有法4条2項）、議決権割合（区分所有法39条）などがあります。

　一方で、区分所有法上、「規約又は集会の決議で」などと記載がある事項や、何も記載がない一般的な規約事項については、管理規約以外にも総

---

（注123）区分所有法30条3項制定前の裁判例ではありますが、参考として東京地判平成2年7月24日判時1382号83頁。

会決議の方法によっても定めることができます。これを、一般的に「任意的規約事項」と呼称します。例として、管理者がいない場合の管理規約の保管者（区分所有法33条1項）などがあります。

## 問147　原始規約

🔑キーワード　【原始規約】

**Q** 原始規約とは何ですか。

**A** 当該マンションの分譲の際に初めて制定された管理規約の一般的な呼称です。

**解説**

区分所有法上、「原始規約」という用語は用いられていません。

一般的に、当該マンションが建築され分譲される際に、区分所有者全員の書面による合意の決議（区分所有法45条2項）等の方法によって初めて作成される管理規約のことを「原始規約」と呼びます。

## 問148　管理規約の変更手続

🔑キーワード　【管理規約の変更】【区分所有法31条1項】

**Q** 管理規約の内容は、どのように変更すればよいですか。

**A** 総会の特別決議によって変更します。
さらに、変更等が「一部の区分所有者の権利に特別の影響を及ぼすべきとき」（問152）には、当該区分所有者の承諾も必要です。

**解説**

管理規約の変更等は、特別決議、つまり「区分所有者及び議決権の各4分の3以上の多数」を決議要件とする総会決議の方法で行います（区分所

第8編

管理規約の問題

有法31条1項前段)。管理規約の変更に関しては、決議要件を緩和すること
も加重することもできないと考えられています。

　さらに、変更等が「一部の区分所有者の権利に特別の影響を及ぼすべき
とき」には、少数区分所有者の保護の観点から、当該区分所有者の承諾を
要するとされています（区分所有法31条1項後段。問152）。

 **問149　使用細則**

 **キーワード**　【使用細則】【管理規約】

**Q**　細則（使用細則）とは何ですか。

 **A**　一般的に、任意的規約事項を内容とし、管理規約の委任を受け
て定められる下位規範の呼称です。

**[解説]**

　区分所有法上、「細則」や「使用細則」という用語は用いられていませ
ん。

　区分所有法の「規約」（管理規約。区分所有法30条1項）には当たらない管
理規約に付随する規範のことを指します。管理規約に当たりませんので、
用語の定義上、必要的規約事項を内容に含むことはありません。

　「細則」のほかにも、「規程」、「協定」などの名称で呼ばれることもあり
ます。また、「専用庭使用細則」、「ペット飼育細則」など、具体的な名称
を冠して定めることも多いです。

　使用細則は、管理規約に基本的事項を定めた上で、管理規約の委任を受
けて作成されることが一般的です（標準管理規約18条）。この点、標準管理
規約には、「専有部分の使用に関するものは、その基本的な事項は規約で
定めるべき事項である」との指摘があります（標準管理規約コメント18条関
係①）。

**問150　使用細則の変更手続**

 キーワード　【使用細則】【普通決議】

**Q** 使用細則の内容は、どのように変更すればよいですか。

 **A** 　任意的規約事項に関する使用細則の変更は、規約等に別段の定めがなければ総会の普通決議で行うことができます。

**解説**

　細則に定められた任意的規約事項に関しては、基本的には総会の普通決議によって制定、変更することができます。ただし、必要的規約事項について規定したものや管理規約に定めるべき基本的な事項に関しては、その規程の名称にかかわらず「規約」としての変更要件を満たさなければなりません。<sup>(注124)</sup>

 **問151　管理規約の変更等の限界**

 キーワード　【管理規約の変更】【少数組合員の保護】【規約事項】
【特別多数決議】【区分所有法 31 条 1 項】

**Q** 管理規約の設定・変更・廃止等は、特別決議があればどのような場合でも可能ですか。

 **A** 　特別決議があっても管理規約の改正が有効とならない場合があります。
　例えば、規約の内容が「規約事項」ではない場合（問 145）や、「一部の区分所有者の権利に特別の影響を及ぼす」場合（問 152）などです。

**解説**

管理規約は比較的自由にその内容を定めることができます。ただし、区

---

（注124）那覇地判平成 16 年 3 月 25 日判タ 1160 号 265 頁。

分所有法等の法令の制限の範囲内で定めることができるにすぎません。

　そのため、管理規約の設定等には、その内容や手続において、一定の制限があります。

　現行法においては、管理規約の設定・変更・廃止等は、基本的には、特別多数決議という多数決原理によって行われます（区分所有法31条1項前段）。ただし、これでは少数区分所有者の権利が不当に害される場合がありますので、規約の設定等が「一部の区分所有者の権利に特別の影響を及ぼす」場合には、当該一部の区分所有者の承諾を得なければなりません（区分所有法31条1項後段）。

 **問152　一部の区分所有者の権利に特別の影響を及ぼすべきとき**

🔑 キーワード　【特別の影響】【一部の区分所有者】【区分所有法31条1項後段】

**Q** 　管理規約の改正によって、規約の改正に反対する区分所有者に影響がある場合には、常に当該区分所有者の承諾を得なければならないのですか。

 　反対区分所有者に対して影響がある場合でも、必ずしも当該区分所有者の承諾を得る必要はありません。

　承諾を得る必要があるのは「一部の区分所有者の権利に特別の影響を及ぼすべきとき」に限られます。「一部の区分所有者の権利に特別の影響を及ぼすべきとき」かどうかは総合的に判断されますが、それほど容易に認定される要件ではありません。

**解説**

　「一部の区分所有者の権利に特別の影響を及ぼすべきとき」に該当するかどうかは、①「一部の区分所有者」に対する影響があるかどうか、②「特別の影響」とまでいえるかどうか、という側面から検討することになります。

　まず、①「一部の区分所有者」について、規約変更等の影響が区分所有者全体に一律に及ぶかどうかを検討します。例えば、複合型用途の建物において商業区画を含むマンション全体に効力のある営業制限規定が導入される場合など、形式的には一律に効力が及ぶ規約変更であるものの、実際

上は商業区画の区分所有者にのみ影響が及ぶ場合などが、「一部の区分所有者」に対する影響がある場合といえます。

次に、②「特別の影響」について、規約変更等の必要性及び合理性と一部の区分所有者が受ける不利益の程度を比較衡量し、一部の区分所有者が受忍すべき程度を超える不利益を受けると認められるかどうかを検討します。<sup>(注125)</sup>

以上のとおり、「一部の区分所有者の権利に特別の影響を及ぼすべきとき」かどうかは、様々な事情から総合的に判断されることになります。そもそも区分所有法は、原則的には多数決原理により各区分所有者が団体的な拘束に服すことを前提としていますので、それほど容易に認定される要件ではありません。

## ▶ 管理規約の効力の問題

 **問153　管理規約の効力**

**キーワード**　【管理規約】【契約】【管理組合の目的】

 管理規約は、管理組合と区分所有者との間の契約と考えてよいですか。

　標準管理規約には、管理規約の条文の位置づけとして、管理組合と区分所有者との間の権利義務関係を定めた規定であると解されている条文と、団体（管理組合）の目的・権能を定めた規定であると解されている条文があります。

第8編 管理規約の問題

**解説**

### 1　管理組合と区分所有者との間の権利義務関係を定めた規定であると解されている条文

標準管理規約でいえば、管理組合と区分所有者との間の権利義務関係を定めた規定であると解されている条文としては、管理費の額や納付時期を定めた条文（標準管理規約25条、60条）が代表的です。

（注125）最判平成10年10月30日民集52巻7号1604頁。

## 2 団体（管理組合）の目的・権能を定めた規定

　他方で、標準管理規約21条1項本文「敷地及び共用部分等の管理については、管理組合がその責任と負担においてこれを行うものとする」等の条文は、条文の効力について見解の争いはありますが、特に最近の裁判例においては、団体（管理組合）の目的・権能を定めた規定であって、区分所有者と管理組合の契約（権利義務関係を定めた規定）ではないと解されています。

　例えば、管理規約の「敷地及び共用部分等の管理については、管理組合がその責任と負担においてこれを行うものとする」との規定は、「区分所有法3条の団体（管理組合）たる第1審原告の目的・権能を定めた規定であって、第1審原告（管理組合）と本件建物の個々の区分所有者との間の権利義務関係を定めた規定ではないと認められる。」と判示した裁判例[注126]があります。

　また、多くの管理組合において、管理規約に管理組合の業務が定められています。標準管理規約32条では以下のとおり定められています。

### 標準管理規約32条

第32条　管理組合は、建物並びにその敷地及び附属施設の管理のため、次の各号に掲げる業務を行う。
　一　管理組合が管理する敷地及び共用部分等（以下本条及び第48条において「組合管理部分」という。）の保安、保全、保守、清掃、消毒及びごみ処理
　二　組合管理部分の修繕
　三　長期修繕計画の作成又は変更に関する業務及び長期修繕計画書の管理
　四　建替え等に係る合意形成に必要となる事項の調査に関する業務
　五　適正化法第103条第1項に定める、宅地建物取引業者から交付を受けた設計図書の管理
　六　修繕等の履歴情報の整理及び管理等
　七　共用部分等に係る火災保険、地震保険その他の損害保険に関する業務
　八　区分所有者が管理する専用使用部分について管理組合が行うことが適当であると認められる管理行為
　九　敷地及び共用部分等の変更及び運営
　十　修繕積立金の運用
　十一　官公署、町内会等との渉外業務

---

（注126）東京高判平成29年3月15日判タ1453号115頁。

十二　マンション及び周辺の風紀、秩序及び安全の維持、防災並びに居住
　　環境の維持及び向上に関する業務
十三　広報及び連絡業務
十四　管理組合の消滅時における残余財産の清算
十五　その他建物並びにその敷地及び附属施設の管理に関する業務

　このような管理組合の業務が定められた規定に関しても、同様に、団体（管理組合）の目的・権能を定めた規定であって、区分所有者と管理組合の権利義務関係を定めた規定ではないと解されています。

　例えば、管理組合の業務に関して、「敷地及び共用部分等の点検、定期保守、清掃等の維持管理」、「共用部分等の諸修繕」、「その他日常の維持管理に関する業務」等の管理業務を行う旨の定めについて、「区分所有法3条の団体（管理組合）として、本件マンションの建物、敷地及び附属施設を管理すること等を目的とする一審被告の権能を定めた規定であって、一審被告と本件マンションの個々の区分所有者との間の権利義務関係を定めた規定ではないと解される。」と判示した裁判例があります。<sup>(注127)</sup>

 ## 問154　占有者に対する管理規約の効力

 キーワード　【占有者】【管理規約】【違約金】【違約金条項】【制裁】

**Q**　占有者に対し、管理規約の効力は及びますか。

**A**　占有者は、建物又はその敷地若しくは附属施設の使用方法につき、区分所有者が規約に基づいて負う義務と同一の義務を負うとされており（区分所有法46条2項）、規約の効力が及びます。また、使用方法の違反に関し、違約金による制裁を定めれば、その規定の効力も及ぶとされています。

 **解説**

　ここでいう「占有者」は、区分所有者の承諾を得て専有部分を占有する

---

（注127）東京高裁令和3年9月22日ウエストロー・ジャパン登載（事件番号：令元（ネ）2495号）。

者であるとされており、不法占有者は含まれません。

## ▶ 規約事項

 ### 問155　表札の設置を義務付ける規約の有効性

キーワード　【規約事項】【区分所有法 30 条 1 項】【個人情報】
【プライバシー権】【ネームプレート】【表札】

**Q**　当マンションでは、エントランス内の集合メールボックスに各住戸のネームプレート（表札）の設置場所が設けられています。

　人的つながりの強いマンションですので、多くの住戸が掲示を行っているのですが、区分所有者の中には「プライバシー保護の観点から掲示を行いたくない」という掲示反対派もおり、ネームプレートの掲示率は 80％程度にとどまっています。

　この度、掲示推奨派から「ところどころネームプレートの抜けたところがあるのは見栄えが悪いから、『居住者のネームプレートを掲示しなければならない』という規約を新設して掲示を強制すればどうか」という意見が出ました。

　管理規約を変更すれば、ネームプレートの設置を強制できるものなのでしょうか。

**A**　一般的に、ネームプレートの設置を義務付ける条項は、無効となります。居住者にネームプレートの設置を強制することは難しいでしょう。

## 1　ネームプレートとプライバシー保護

　住所と結びついた氏名の情報は、要保護性の高いプライバシー情報といえます。したがって、当該情報について、どのような態様・範囲で開示するかは、基本的に個人の自由に委ねられるべき事由といえます。

　また、昨今は、ネームプレートから明らかとなる住所情報や居住者情報が犯罪行為に利用されるおそれがあるといった事情から、防犯の観点からもネームプレートや表札の掲示については慎重な考えを持つ住民が増えて

きました。

## 2　管理規約によって定められる事項

　管理規約によって定められる事項は、「建物又はその敷地若しくは附属施設の管理又は使用に関する区分所有者相互間の事項」です（区分所有法30条1項。以下、これに当てはまる事項を「規約事項」といいます。）。

　円滑な物件管理の観点から、居住者の氏名をネームプレートにて掲示するメリットが全くないとはいえませんが、居住者の把握は居住者名簿といったよりプライバシー権侵害の小さい方法で確認すれば足ります。そのため、基本的に個人の自由に委ねられるべき表札の掲示といった事情について規制をするのは、施設管理の観点からもかなり周辺的な事情といえます。また、ネームプレートの掲示については、プライバシー権侵害及び防犯上の不利益からして、当該不利益を乗り越えるほどの合理性や相当性は見出せません。したがって、そもそも管理規約において定めることが認められる規約事項ではないと考えられる可能性が高いでしょう。

　以上からすれば、規約を制定しても、当該規約の効力が否定される可能性が高く、表札の掲示を強制することは難しいでしょう。

## 問156　水道料立替請求権を定める規約の有効性

**♀キーワード**　【規約事項】【水道料立替請求権】【区分所有法30条1項】

**Q**　当マンションでは、竣工当初から親メーターの計量による一括検針一括徴収方式が採られています。そのため、各専有部分で利用される上下水道に関しても、管理組合が親メーターで検針された水道利用料に基づき全戸を一括して水道局に対して立替払いをし、その後管理組合から各戸の区分所有者に各戸の子メーターで検針された上下水道利用量に応じた水道料立替金を請求しています。また、水道は共用部分である給水施設を通って供給される構造になっています。

　個別検針個別徴収方式を導入してほしいという声もありますが、個別検針方式への切替えのためには工事費用として1戸あたり約10万円の支出を要するとのことです。年金暮らしの高齢者の多い当マンションではなかなか一時金の支出が難しく、契約の切替えについては既に総会において否決されています。

　管理規約には、水道利用料立替払金を当該水道を使用した専有部分の区分所有者、占有者及びそれぞれの承継人に対して請求できる旨の

第8編　管理規約の問題

定めがあります。

　この度、ある専有部分において、水道利用料立替金の滞納が発生しました。当該専有部分は賃貸に出されており、区分所有者は外部オーナーです。賃借人は家賃すら滞納している状況だったようで、夜逃げしてしまい所在が分かりません。当該滞納区分所有者は「水道利用料は専有部分の使用に伴うものだから、管理規約の規約事項に含まれないはずだ。私が水道を使ったわけではないのだから、支払わない」と言っています。

　管理組合は、区分所有者に対して水道利用料立替金を請求できないのでしょうか。

　本問の事情を前提にすると、区分所有者に対して水道利用料立替金が請求できる可能性が高いでしょう。

　ただし、専有部分における公共料金等の請求権については、規約事項に当たるか否かの判断に争いがありますので、個別具体的な結論であることには注意が必要です。

**解説**

　管理規約に定めることができる事項については、一定の制限があります（問145）。

　本問のケースでは、専有部分において利用される水道利用料について定める条項が、「規約事項」すなわち「建物又はその敷地若しくは附属施設の管理又は使用に関する区分所有者相互間の事項」（区分所有法30条1項）に当たるかが問題になります。特に、本問のように実際に水道利用料を負担したのは賃借人であり、区分所有者が直接の使用者ではない場合には、この問題は顕著です。

　結論として、裁判例においては一般的に「専有部分である各戸の水道料金は、専ら専有部分において消費した水道の料金であり、共用部分の管理とは直接関係がなく、区分所有者全体に影響を及ぼすものともいえないのが通常であるから、特段の事情のない限り、上記の管理又は使用に関する区分所有者相互間の事項には該当せず、上記水道料金について、各区分所有者が支払うべき額や支払方法、特定承継人に対する支払義務の承継を区分所有者を構成員とする管理組合の規約をもって定めることはできず、そのようなことを定めた規約は、規約としての効力を有しないものと解すべ

き」と考えられています。<sup>(注128)</sup>

　ただし、本問においては、設備上共用部分から給水されている上、管理組合と水道局との契約により水道供給がなされており、さらには個別検針個別徴収方式の導入は総会により否決されていることが認められます。これらの事情は上記特段の事情に該当するというべきであり、本問においては水道料立替金請求権を定める管理規約は有効であると考えられます。<sup>(注129)</sup>

## ▶ 規約原本の問題

###  問157　標準管理規約における規約原本

🔑 キーワード　【規約原本】【原始規約】【標準管理規約72条】

**Q**　区分所有者から「管理規約72条2項に基づき規約原本を閲覧させてほしい」という申請がありました。

　当マンションでは、管理規約が何度か変更されています。管理組合側で保管してある最新の管理規約を見せればよいのでしょうか。それとも、保管してある管理規約のうち一番古いものを見せればよいのでしょうか。

　そもそも「規約原本」とは何ですか。

**A**　「規約原本」とは、標準管理規約においては、マンション分譲当初に作成・配布された原始規約（問147）の原本となる書類であって、区分所有者全員が署名した書面のことをいいます。

　したがって、今回の申請に対しては、当該書面を閲覧させる必要があります。

**解説**

　「規約原本」という用語は、区分所有法においては記載されておらず、

（注128）名古屋高判平成25年2月22日判時2188号62頁。
（注129）「上記特段の事情とは、個別検針個別徴収方式への変更が法令や水道局の規定上できないことに限られるものではない」として、水道利用料立替金についての管理規約の定めを有効としたものとして静岡地判令和4年9月8日ウエストロー・ジャパン登載（事件番号：令3（レ）72号・令3（レ）109号）。

第**8**編
管理規約の問題

標準管理規約において記載されている用語です。

　したがって、「規約原本」という用語は、一般的に標準管理規約 72 条において定義される意味合いで用いられています。

　標準管理規約 72 条 1 項では、「この規約を証するため、区分所有者全員が署名した規約を 1 通作成し、これを規約原本とする。」と定められています。また、同条 3 項では、「規約が規約原本の内容から総会決議により変更されているときは……」と定められています。

　つまり、「規約原本」は、「区分所有者全員が署名した規約」であって、変更が加えられる前の原始的な内容の規約であると定義されています。すなわち、規約原本とは、一般的に、マンション分譲当初に作成・配布された原始規約の原本となる書類であって、区分所有者全員が署名した書面のことをいうと考えられます。

　なお、標準管理規約コメント 72 条関係①においては、「区分所有者全員が署名した規約がない場合には、分譲時の規約案及び分譲時の区分所有者全員の規約案に対する同意を証する書面又は初めて規約を設定した際の総会の議事録が、規約原本の機能を果たすこととなる。」とあります。実務上も、規約原本の冊子そのものに区分所有者が連名で署名していることは稀であり、「分譲時の規約案及び分譲時の区分所有者全員の規約案に対する同意を証する書面」が併せて編綴されたものを、規約原本とするのが一般的です。

## ▶ 規約の保管の問題

###  問158　規約原本を紛失してしまった場合の対応

**♀キーワード**　【規約原本】【原始規約】【標準管理規約 72 条】
【マンション管理適正評価制度】

**Q**　当マンションでは、マンション管理適正評価制度に取り組もうと考えており、保管している資料等の見直しを行っています。
管理規約においては、標準管理規約 72 条と同様の定めがありますが、規約原本が保管されていないことが分かりました。一応「規約原本の写し」らしい書面はあるのですが、区分所有者全員の署名が添付されていません。管理会社変更の際に、何らかの理由で規約原本が紛失してしまったのではないかと思いますが、もはや追及は難しそうで

す。

　私は、分譲当初から当マンションに住んでおり、分譲時に規約案に対する同意を証する書面を提出したことを覚えています。また、入居時に配布された「規約原本の写し」の冊子も保管しており、当該冊子は管理組合で保管している写しと同内容で、「分譲当初の日付」と「制定」の文字が入っています。分譲当初からの隣人数名に声をかけたところ、私と同文の冊子を持っている者がおり、その者たちも同意書を提出した記憶があるとのことでした。

　以上の経緯から、規約原本が作られたことは確かだと思うのですが、規約原本の紛失に対してはどう対処すればよいのでしょうか。

　　下記の手順によって、新規に「規約原本として取り扱う冊子」を作成すればよいでしょう。

　① 総会の特別多数決議により、「規約原本の写し」の内容が規約原本（原始規約）の内容と相違ないことを確認してください。

　② 新たに当該決議の対象となった規約原本の写しと同内容の冊子を作成し、同冊子に、「規約原本である」旨の記載をした上、議長及び総会に出席した区分所有者2名が署名してください。

**解説**

　標準管理規約における規約原本の定義については、問157で述べたとおりです。

　規約原本が存在しない場合とは、大きく分けて、(a)かつては規約原本は存在していたが事後的に規約原本の冊子を紛失してしまった場合、(b)そもそも規約原本が作成されていないため存在していない場合の二つが考えられます。

　本問の場合は、分譲当初からの区分所有者の保管する複数の「規約原本の写し」の内容や記憶状況からして、(a)の場合であるといえそうです。

　この場合には、単に規約原本という物理的存在が紛失したのみであり、そもそも規約原本が作成されておらず有効な規約の存否から問題になり得る(b)の場合とは異なり、単純な「規約原本の冊子」という書類保管上の問題と考えられます。そこで、この場合は、規約原本の謄本の冊子を作成して当該謄本の冊子を便宜上規約原本の冊子と同等のものとして取り扱う方法を検討できます。

第**8**編　管理規約の問題

　したがって、①総会の特別多数決議により、「規約原本の写し」の内容が規約原本（原始規約）の内容と相違ないことを確認した上で、②新たに当該決議の対象となった規約原本の写しと同内容の冊子を作成し、同冊子に、「規約原本である」旨の記載をした上、議長及び総会に出席した区分所有者2名が署名することで、当該書面を新たに規約原本として取り扱う方法を採るとよいでしょう。なお、標準管理規約72条1項の定めと異なる例外的取扱いであることから、普通決議では足りず特別多数決議が必要です。

> ## ▶ 規約の変更の問題

 ### 問159　規約変更の際に、変更後の管理規約の冊子の配布は必要か

**🔑キーワード**　【管理規約の変更】【現に有効な規約】【標準管理規約72条】

**Q**　当マンションでは、度々、管理規約が変更されています。
　一部の区分所有者から「現行の管理規約の内容が分からない。管理規約の変更があったなら、新しい管理規約の内容を冊子にして配布してほしい」との要望がありました。
　確かに、現行の管理規約の内容が分かりにくいという言い分も理解できますが、変更の都度冊子を配布していたら、かなりの印刷代や手間がかかります。
　管理組合としては、変更の都度、冊子を配布する義務があるのでしょうか。義務がないとしたら、どのように対処すべきでしょうか。

**A**　一般的に、管理規約の変更に伴い冊子を配布する義務はありません。
　軽微な変更については、管理規約変更決議に関する議事録や変更を周知する書面の配布を行えば十分です。
　軽微な変更が蓄積した場合又は大きな変更があった場合等には、冊子化を行い配布することも検討できるでしょう。

**解説**

標準管理規約において規約変更があった場合の書面の管理については、

標準管理規約 72 条 3 項において、「規約が規約原本の内容から総会決議により変更されているときは、理事長は、1 通の書面に、現に有効な規約の内容と、その内容が規約原本及び規約変更を決議した総会の議事録の内容と相違ないことを記載し、署名した上で、この書面を保管する。」と定められており、当該規約及び書面は「現に有効な規約」と呼ばれます。そして、当該書面は、管理組合において 1 通保管されていれば足ります。したがって、管理規約の変更に伴って、区分所有者に対し、変更後の管理規約の内容を冊子にして配布する義務はありません。

　軽微な変更の都度、冊子を配布するのは現実的ではありませんので、規約の変更に関する議事録の写しを配布したり、お知らせの書面を配布したりして、既に交付済みの管理規約冊子と併せて保管するように促せば十分でしょう。

　他方で、管理規約の変更が積み重なると、どうしても「現に有効な規約」の内容の周知が不十分となることがあります。この場合は、例えば、数年に一度冊子を作成して配布する方法や、軽微な変更が蓄積したとき又は大きな変更があったときに冊子を作成して配布する方法等によって、「現に有効な規約」の周知を図ることができます。

## ▶ 別表の問題

###  問160　別表を根拠として定められた管理費等の変更

🔑 キーワード　【別表】【総会決議】【管理規約の変更】【管理費等】

**Q** 　当マンションの管理規約では、管理費等の金額の変更については普通決議で可能なのですが、管理規約を変更するには特別決議が必要とされています。次回総会で管理費等の増額議案を上程することになったのですが、管理規約では「管理費等の額については、別表に定めるものとする」と規定されており、管理規約別表として管理費等の一覧表が掲載されています。この場合、管理費等の変更には普通決議と特別決議のどちらが必要でしょうか。

A　当該マンションの管理規約では、管理費等の金額は別表を根拠として定められていると解釈されるため、特別決議が必要です。

**解説**

　管理費等の金額の変更は「共用部分の管理に関する事項」に該当するため、特別決議事項として定められていない限り普通決議により変更することができます（区分所有法 18 条）。しかし、管理規約に管理費等の具体的金額に関する別表が置かれている場合には、普通決議で金額を変更できるとは直ちに断定できません。管理規約の別表は、特段の事情がない限り、規約本文と一体のものと考えられ、その内容を変更するには特別決議が必要であるためです（標準管理規約 54 条 1 項 2 号）。

　本問のようなケースにおいて決議要件を検討するに当たっては、管理費等の金額の根拠が総会決議にあるのか、管理規約別表にあるのかを検討する必要があります。本問のように管理費等の具体的な金額を別表に委ねる表現が行われている場合には、金額は規約別表を根拠として決定されていると考えざるを得ず、特別決議によって別表の変更を行わない限り金額変更は認められないでしょう[注130]。

　これに対し、標準管理規約のように「管理費等の額については、各区分所有者の共用部分の共有持分に応じて算出する」（標準管理規約 25 条 2 項）とされている管理規約や、「管理費等……の額並びに賦課徴収方法」は総会決議で定めるとされている（標準管理規約 48 条 6 号）ような管理規約では、普通決議によって金額変更が可能と考えられます[注131][注132]。

---

（注130）東京地判平成 22 年 8 月 27 日ウエストロー・ジャパン登載（事件番号：平 22（ワ）1159 号）は、本問の事例と同様の規定が置かれていたケースにおいて「本件マンションにおける修繕積立金の金額は、本件規約において定められたものであって、その金額の改定は、本件規約の変更に当たるものといわざるを得ない。」と判示しています。

（注131）東京地判令和 2 年 12 月 16 日ウエストロー・ジャパン登載（事件番号：平 29（ワ）42265 号・平 30（ワ）28874 号）は、管理規約等の別表が置かれていたケースにおいて、規約の具体的な解釈を行った上で普通決議での金額の変更を認めています。

（注132）別表は管理費等金額の参考として掲載されていると捉えることになります。ただし、この場合でも、別表の記載を変更するためには特別決議を要すると考えられます。

　実務上、管理規約に各部屋の管理費等の一覧表を掲載しているケースは多々見受けられます。管理規約に具体的な管理費等の金額が記載されていない場合、具体的金額を探すためには過去の総会議事録をたどる必要が出てしまい煩雑です。したがって、管理費等の変更を普通決議で行いたいものの、一覧表は管理規約に掲載したいという要請はあり得るところです。

　このような場合には、管理規約の別表という扱いではなく、あくまでも参考のための表であると明示して、管理費等の一覧表を掲載するのが望ましいでしょう。また、標準管理規約 58 条 3 項 1 号に相当する条項にただし書きを加えるなどして、管理費等の変更があった場合には特別決議を得ることなく表を改定することができるという旨も、管理規約上に明示しておくべきです。

## ▶ 特別の影響

### 問161　ペット禁止規定の新設にはペット飼育者の承諾が必要か

**🔑キーワード**　【規約事項】【管理規約の変更】【ペット】【特別の影響】【一部の区分所有者】【区分所有法 31 条 1 項後段】

**Q**　当マンションの管理規約には、現状、ペットの飼育を禁止する規定がありません。

　ですが、当マンションは、狭小なワンルームタイプのマンションであり、竣工当初から共用部分には犬猫の飼育を禁止する旨のポスターが掲示されていましたので、基本的には犬猫の飼育は禁止されているとの認識を持っている組合員が多いと思われます。

　しかし、最近、ペットの鳴き声や走り回る音に関連する騒音の相談が多数寄せられており、狭いエレベーター内において大型犬と同乗して噛みつかれそうになったなどのトラブルも発生しています。

　そのため、管理規約を変更して、中型・大型のペットの飼育を禁止する規定を新設したいと思うのですが、可能でしょうか。また、何か気を付けるべきことはありますか。

第**8**編
管理規約の問題

本件事情を前提にすると、中型・大型のペット禁止規定を新設することはできると考えます。

　ただし、既にペットを飼育している（あるいはペット飼育可として賃貸している）区分所有者との関係で、ペット禁止規定の新設が「一部の区分所有者の権利に特別の影響を及ぼすべきとき」（問152）に該当する可能性もあります。その場合は、届出を前提にして、現時点で飼育している一代限りの飼育を許容する経過措置をとり、影響を緩和するとよいでしょう。

**解説**

　ペット禁止規定を新設することは、「専有部分内でペットを飼育する」という専有部分の使用方法の制限に当たります。

　管理規約の変更等を行う際に、「一部の区分所有者の権利に特別の影響を及ぼすべきとき」には、当該一部の区分所有者の承諾を得なければなりません（区分所有法31条1項後段。問152）。

　「一部の区分所有者」の要件に関して、ペット禁止規定は区分所有者全体に効力が及ぶものの、実態的には現にペットを飼育している者に対する影響は量的にも質的にもかなりの違いがあります。したがって、「一部の区分所有者」に対する影響と考えられるでしょう。

　「特別の影響」の要件に関して、まず、本問のマンションでは実際にペット飼育が原因で弊害が生じており、これを解決する限度で必要となる中型・大型のペットの飼育禁止のための規約制定には必要性と合理性があります。また、本問のマンションは狭小なワンルームタイプのマンションであり、その物件の性質上、中型・大型のペット飼育が想定されにくいことが考えられます。また、竣工当初から共用部分には犬猫の飼育を禁止するポスターが掲示されていたとのことですので、区分所有者としても専有部分の使用に関してそれほど大きな権利制約を受けるわけではないでしょう。[注133]

　とはいえ、現在飼育しているペットがいる住戸においては、当該ペットを手放さなければならないとなると、その影響は相当程度重大なものになる可能性があります。したがって、規約の有効性を担保するために、現時

---

（注133）参考として、東京高判平成6年8月4日判時1509号71頁。

点で飼育している一代限りではペット飼育を認める方が安心でしょう。

　なお、一代限りのペット飼育を認める際には、まず、ペットの写真、年齢などを届出させて飼育を許容する当該ペットを特定します。また、ペットの飼育態様が共同利益背反行為とならないように、飼育方法（エレベーター内では飼い主が抱えること、ベランダに放たないこと、夜間はケージ内に入れることなど）についても一定の制限を設定するとよいでしょう。

## ▶ 管理規約に罰金（違約金）を定めること

### 問162　管理規約に罰金（違約金）を定めることはできるか

**キーワード**　【管理規約】【罰則】【違約金】【違約金条項】【制裁】

**Q** 管理規約で、駐車場の指定された区画外に駐車した場合の罰金を設けたいと考えています。管理規約に罰金の規定を設けることはできますか。

　管理規約に罰金（違約金）規定を設けることはできるとされています。ただし、違約金内容の妥当性は考慮する必要がありますし、違約金の請求方法を定める必要もあると考えます。また、違約金の額については、社会的に相当な範囲とする必要があります。

**解説**

**1　どのような場合に違約金を課すことができるか**

　管理規約や使用細則の遵守効果を高めるために、管理規約に違約金規定を設けることはできると解されています。

　ただし、どのような場合に違約金を課すことができるのかについて検討し、また、違約金を請求する方法等について定める必要があります。

**2　違約金の額**

　違約金の額については、管理組合に自治が認められ、管理規約の違反等によって生ずる損害に限られないと考えます。他方、後日金額の多寡について、特に問題となり得ます。そのため、違約金規定の実効性、また、違反行為の態様や程度を考慮して、社会的に相当な範囲で定める必要があります。違約金額について、当然、社会的に相当な範囲を超えた場合には、

第8編　管理規約の問題

民法 90 条などの規定により無効となると解されます。

この点、リゾートマンションの駐車場の使用細則において、車検切れの自動車を駐車場に放置し、催告後に撤去しなかった場合に、違約金として 1 日 5000 円の違約金を支払う旨の規定の効力が争われた裁判例[注134]が参考になります。

本裁判例においては、違約金の制定について「本件管理規約及び本件使用細則違反状態の是正及び抑止等の趣旨から行われるものであるから、違約金の金額については、同趣旨実現の観点から実効性があり、かつ、被告に過度の負担を強いないという意味で相当性のある金額が定められるべきであ」ることが示されました（下線は筆者加筆）。

その上で、「その金額の当否の判断においては、区分所有者による自治が尊重されるべきである」ことを示し、「区分所有者による自治の尊重という観点を踏まえても、日額 5000 円（月額約 15 万円）という違約金額は高額に過ぎ、相当性を欠く」と判示し、日額 2500 円を超える部分は、民法 90 条に反して無効であると判断するのが相当としました。

なお、本裁判例においては、「自動車が占有している本件駐車場部分の本来の使用料や本件自動車が放置されていることによって生ずる実際の損害額は、あくまでも前記（筆者注：金額の当否）の判断の際に考慮すべき一事情にとどまる」としました。

## ▶ 容認事項の問題

### 問163　容認事項に記載の、近隣住民との合意の変更

🔑 キーワード　【容認事項】【近隣住民との合意】

**Q**　当マンションの管理規約の容認事項に、近隣の住民との合意について承認する旨の定めがあります。この度、当マンションにおいて、当該合意の内容について変更することを考えております。容認事項に定められた内容を変更できますか。

---

（注134）東京地判平成 30 年 3 月 13 日判夕 1467 号 225 頁。

容認事項に定められた内容も、総会の特別決議を経て変更することができると解されます。ただし、容認事項に定められた内容を変更したとしても近隣との合意までをも変更することはできません。そのため、近隣住民と合意の変更について話し合う必要があります。

**解説**

容認事項に定められた内容も、規約の変更手続により変更できると解されます。

しかしながら、容認事項記載の近隣住民との合意については、内部的なルールとして容認事項を変更しても、当事者間の合意を変更できるものではありません。近隣住民との間で、当該合意を変更するように、話し合う必要があります。

なお、容認事項に、例えば、旧地権者であり、かつ、現在区分所有者となっている者に、特別に、専用使用権を与えることを承認する旨が定められていることがあります。

このような場合において、専用使用権を廃止するなど規約を変更して、当該区分所有者の権利に特別の影響を及ぼす場合には、区分所有法31条1項後段に従って、当該区分所有者の承諾が必要なことはいうまでもありません。

第8編　管理規約の問題

· 第 **9** 編 ·

# 管理会社の問題

## ▶ 管理委託契約の問題

### 問164　管理委託契約の締結

**♀ キーワード**　【管理委託契約】【管理者】【誠実義務】

**Q**　私は管理会社の社員です。理事長以外の理事の方々やその他の区分所有者の方々とは良好な関係なのですが、理事長が個人的に当社のことを良く思っていないようで、管理委託契約の締結や契約書への署名押印を拒否しています。総会では当社との管理委託契約の継続について決議されています。この場合、理事長からの管理委託契約締結の意思表示がなくとも管理委託契約は締結されていると考えてよいでしょうか。

**A**　総会決議は、あくまで管理組合内部の意思決定手続にすぎません。管理組合と管理会社が管理委託契約を締結するには、別途、理事長からの管理委託契約締結の意思表示が必要となります。

#### 1　管理委託契約締結について

　管理委託契約も契約の一種である以上、申込みの意思表示に対して、承諾の意思表示がなされた段階で、初めて契約が成立します（民法522条1項）。

　この点、総会決議は管理組合内部の意思決定手続にすぎませんので、それをもって管理会社に対する管理委託契約締結の意思表示があったとまではいえません。

　管理組合から管理会社への契約締結の意思表示は、区分所有者の代理人

たる管理者（理事長）が行うことになります（区分所有法 26 条 2 項）。

　本問では、総会決議はあったものの管理者（理事長）から管理会社に対する契約締結の意思表示がなされていないようですので、まだ管理委託契約が締結されたとまではいえません。

　なお、契約締結は必ずしも書面でなされる必要はありません（民法 522条 2 項、標準管理委託契約書コメント 28　後文関係⑤）。したがって、管理者（理事長）から管理会社に対して、口頭でも契約締結の意思表示がなされれば、契約は成立したといえます。

　ただし、契約書こそが契約締結の最も直接的な証拠となることから、できる限り管理委託契約書に管理者（理事長）の署名押印を求めるべきでしょう。

## 2　管理委託契約締結を拒む理事長への対応

　管理者（理事長）は、集会の決議を実行する義務を負います（区分所有法 26 条 1 項）。そして、理由なく集会の決議を実行しなかった場合には、役員の誠実義務違反に当たる可能性があります（標準管理規約 37 条 1 項）。

　したがって、管理会社としては理事長に上記を説明の上、管理委託契約締結の意思表示をするよう説得すべきです。

　それでも、理事長が態度を変えない場合には、副理事長やその他の理事と速やかに協議すべきでしょう。副理事長やその他の理事は、理事長を説得して集会決議を実行しなければ、理事ら自身の誠実義務違反（標準管理規約 37 条 1 項）となる可能性がありますので、場合によっては理事長交代等を検討してくれるかもしれません。

## 問165　管理組合や理事会の運営主体

**キーワード**　【管理組合】【理事会】【管理委託契約】

**Q**　私は管理会社の社員です。これまで管理組合と当社は円満な関係を続けていたのですが、今期の理事会は当社のことを良く思っていないようで、今期限りで管理委託契約を終了したい旨の申出がありました。それ自体は仕方がないことなのですが、契約終了に当たって、「管理会社は、積極的に管理組合に有益な情報を提供しなかったので義務違反であり、管理委託費を返金すべきである」との要求を受けました。これに対して、当社に何か具体的な義務違反等が

あったのか確認したのですが、「具体的な義務違反等があったわけではないが、管理組合をより良くするための積極的な施策を提案しなかったこと自体が義務違反だ」と言われてしまいました。当社は管理委託費を返金する必要があるのでしょうか。

 管理組合をより良くするための施策を考える主体は管理組合であって、管理会社ではありません。管理会社に何らの債務不履行もない以上、管理委託費を返金する必要はありません。

**解説**

一部の区分所有者の中には、区分所有関係や管理組合の仕組みを理解しておらず、自分たちはサービスを受ける側であり、管理組合や理事会の運営主体は管理会社であると誤解している人がいます。

しかし、管理組合や理事会の運営主体はあくまで管理組合（区分所有者全員）です。このことは、標準管理委託契約書コメント40 別表第1・2関係①にも「理事会支援業務は、理事会の円滑な運営を支援するものであるが、理事会の運営主体があくまで管理組合であることに留意する。」と記載されています。

すなわち、管理組合をより良くするための施策を考える主体は管理組合であって、管理会社ではありません。そして、本問では、管理会社に具体的な義務違反等があったわけではないようです。

したがって、本問の管理会社には、何らの債務不履行もない以上、管理委託費を返金する必要はありません。

## 問166　管理会社の管理対象部分

**キーワード**　【管理対象部分】【擁壁】【ブロック塀】【老朽化】
【管理委託契約】【標準管理委託契約書】

**Q**　私は管理会社の法務部です。管理会社が行う管理対象部分の範囲はどのように考えればよいでしょうか。近年、老朽化マンションの増加に伴い、擁壁やブロック塀が崩壊する事故も発生しているため、弊社が責任を負う範囲を明確にしたいと考えております。

管理会社が行う管理対象部分の範囲は、標準管理委託契約書２条（本マンションの表示及び管理対象部分）に定めがあります。ただし、老朽化マンションの増加に伴い事故が多発しているため、管理委託契約締結前に、できる限り管理対象部分を明確にしておくことが望ましいでしょう。

### 解説

### 1　管理対象部分

　管理会社が行う管理対象部分の範囲は、標準管理委託契約書２条（本マンションの表示及び管理対象部分）に定めがあります。具体的には、以下のとおりです。

**標準管理委託契約書２条（本マンションの表示及び管理対象部分）五**

> 五　管理対象部分
> 　イ　敷地
> 　ロ　専有部分に属さない建物の部分（規約共用部分を除く。）
> 　　　エントランスホール、廊下、階段、エレベーターホール、共用トイレ、屋上、屋根、塔屋、ポンプ室、自家用電気室、機械室、受水槽室、高置水槽室、パイプスペース、内外壁、床、天井、柱、バルコニー、風除室
> 　ハ　専有部分に属さない建物の附属物
> 　　　エレベーター設備、電気設備、給水設備、排水設備、テレビ共同受信設備、消防・防災設備、避雷設備、各種の配線・配管、オートロック設備、宅配ボックス
> 　ニ　規約共用部分
> 　　　管理事務室、管理用倉庫、清掃員控室、集会室、トランクルーム、倉庫
> 　ホ　附属施設
> 　　　塀、フェンス、駐車場、通路、自転車置場、ゴミ集積所、排水溝、排水口、外灯設備、植栽、掲示板、専用庭、プレイロット

　ただし、個々のマンションによって設備や状況は異なるため、適宜追加・修正・削除すべきです。

### 2　管理対象部分を明確化することの必要性

　近年、老朽化マンションの増加に伴い、擁壁やブロック塀が崩壊する事故も発生しています。そのような事故が発生した場合、管理会社が同事故の原因箇所について管理対象部分として責任を負うか否か、外観目視点検

第9編
管理会社の問題

の方法は適切であったか否か、などが問題になることがあります。

　管理対象部分が不明確なまま、事故が起こって初めて管理対象部分につき問題とすることは、管理会社としては当然避けるべきですし、管理組合としても望ましいことではありません。なぜならば、管理組合としても、管理会社が責任を負わないことが事前に分かっていたらならば、多少費用が掛かっても管理組合自身でより積極的に管理を行っていた可能性があるからです。

　そこで、管理会社にとっても、管理組合にとっても、管理委託契約締結前に、できる限り管理対象部分やその管理方法を明確化することが望ましいといえます。

　この点、2023 年の標準管理委託契約書の改訂において、標準管理委託契約書コメント 2　第 2 条関係①に、「管理規約において管理組合が管理すべきことが明確になっていない部分が存在する場合は、管理業者は管理組合と協議して、契約の締結までに、管理組合が管理すべき部分の範囲及び管理業者の管理対象部分の範囲を定める必要がある。」との記載が追加されました。

　また、標準管理委託契約書コメント 3　第 3 条関係①に、「また、第 2 条で定める管理対象部分の部位に応じて、本条の管理事務の内容及び実施方法を変更する必要がある場合には、別表においてその相違が明らかになっていることが望ましい。」との記載が追加されました。

　さらに、標準管理委託契約書コメント 43　別表第 4 関係⑪として、「本契約書第 2 条に定める管理対象である敷地内に擁壁等の附属施設があり、その附属施設の外観目視点検を本契約内容に含める場合には、外観目視点検の方法を記載すること。」との記載が追加されました。

　したがって、管理委託契約締結前に、できる限り管理対象部分を明確化するとともに、外観目視点検の方法まで具体化することが望ましいといえるでしょう。

**問167　管理委託契約の契約期間**

🔑キーワード　【管理委託契約】【マンション管理適正化法】
【標準管理委託契約書】

　私は管理会社の社員です。管理委託契約の契約期間について、単年契約ではなく、２年間や３年間の複数年契約にすることは可能でしょうか。

Ａ　管理委託契約の契約期間について、マンション管理適正化法その他法律において何ら制限はされていません。管理組合と管理会社が合意すれば複数年契約にすることも可能です。

**解説**

　管理委託契約の契約期間は、１年ごとの単年契約とされていることが一般的です。しかしながら、管理委託契約の契約期間について、マンション管理適正化法その他の法律において、何ら制限はされていません。

　したがって、管理組合と管理会社が合意すれば２年間や３年間の複数年契約にすることも可能です。

　なお、標準管理委託契約書コメントにも以下のとおり記載されており、契約年数については特段制限がありません。

標準管理委託契約書コメント 21　第 22 条関係

> 契約の有効期間は、管理組合の会計期間、総会開催時期、重要事項説明時期等を勘案して設定することが必要である。

 **問168　管理会社の働き方改革**

🔑キーワード　【管理委託契約】【理事会支援業務】【総会支援業務】
【管理員】【清掃員】【標準管理委託契約書】

　私は管理会社の総務部です。日本全体で働き方改革が進められている中、管理会社においては全く働き方改革が進んでいません。フロントマンは夜間休日の理事会に出席していますし、夜間休

日に電話、メール対応することもあります。管理員、清掃員は休暇がなかなか取れない状況です。このような状況のため、離職率も高く、慢性的な人手不足の状態にあります。何とかして働き方改革を進めたいのですが、どうすればよいでしょうか。

 2023年の標準管理委託契約書の改訂において、理事会支援業務、総会支援業務、管理員業務、清掃員業務に関して、「働き方改革」を進めるための整理がなされました。各管理会社においては、標準管理委託契約書を参考にして、管理組合と協議の上、「働き方改革」を進めることが望まれます。

**解説**

## 1 理事会支援業務、総会支援業務

管理会社のいわゆる「フロントマン」（管理会社が管理受託している各管理組合の担当者）は、夜間休日の理事会・総会に出席することも多い上、夜間休日に電話、メール対応することも多く、まだまだ「働き方改革」が進んでいないのが現状です。

このような状況を改善するため、2023年の標準管理委託契約書の改訂において、理事会支援業務、総会支援業務に関して、以下のとおり、1回当たりの出席時間の目安や、緊急外の休日・深夜対応に係る事前協議に関する定めが追加されました。各管理会社においては、標準管理委託契約書を参考にして、管理組合と協議の上、フロントマンの「働き方改革」を進めることが望まれます。

標準管理委託契約書　別表第1　2(1)②理事会の開催、運営支援

> なお、上記の場合において、甲が乙の協力を必要とするときは、甲及び乙は、その協力する会議の開催頻度（上限回数○回／年）、出席する概ねの時間（1回当たり○時間を目安）等の協力方法について協議するものとする。

標準管理委託契約書別表第1　2(2)総会支援業務

> なお、上記の場合において、甲が乙の協力を必要とするときは、甲及び乙は、その協力する会議の開催頻度（上限回数○回／年、臨時総会への出席）、

出席する概ねの時間（1回当たり○時間を目安）等の協力方法について協議するものとする。

**標準管理委託契約書コメント 40　別表第 1　2 関係③④**

③　必要に応じて理事会及び総会に管理業者の使用人等を出席させる場合には、あらかじめ出席時間の目安や頻度、理事会及び総会が長時間又は深夜に及ぶ場合の対応等を決めておくことが望ましい。

④　管理業者は、業務時間外や休日に管理組合が管理業者の使用人等に連絡した場合、翌営業日又は休日明けの対応となる可能性があることを事前に伝えておくことが望ましい。

## 2　管理員業務、清掃員業務

　管理員、清掃員の休暇、勤務時間外の対応については、管理会社と管理組合との間で締結される管理委託契約の内容によって定まりますが、これまでは曖昧な契約内容になっていることが多々ありました。そのため、現場の管理員、清掃員からは、「なかなか休暇も取れず、勤務時間外の対応もなし崩し的にせざるを得ない」との声が多く聞かれました。

　このような状況を改善するため、2023 年の標準管理委託契約書の改訂において、管理員業務、清掃員業務に関して、以下のとおり、休日や勤務時間外の対応が整理されました。各管理会社においては、標準管理委託契約書を参考にして、管理組合と協議の上、管理員、清掃員の「働き方改革」を進めることが望まれます。

**標準管理委託契約書別表第 2　管理員業務　1(3)休日**

　休日は、次の各号に掲げるとおりとする。
一　日曜日、祝日及び国が定める休日
二　夏期休暇○日、年末年始休暇（○月○日〜○月○日）、その他休暇○日（健康診断、研修等で勤務できない場合を含む）。この場合、乙はあらかじめ甲にその旨を届け出るものとする。
三　忌引、病気、災害、事故等でやむを得ず勤務できない場合の休暇。この場合の対応について、乙はあらかじめ甲と協議するものとする。

**標準管理委託契約書コメント 41　別表第 2 関係③〜⑤**

③　管理業者は、管理員の夏期休暇、年末年始休暇の対象日、その他休暇の日数等（健康診断や研修等で勤務できない日を含む。）について事前に書

面で提示し、また、それらの休暇の際の対応（精算や他勤務日での時間調整等）を、あらかじめ具体的に明示することが望ましい。

④ 管理業者は、管理員が忌引、病気、災害、事故等でやむを得ず勤務できない場合の対応（精算や他勤務日での時間調整等）を管理組合との協議により、あらかじめ規定しておくことが望ましい。

⑤ 管理員に勤務時間外の対応が想定される場合、あらかじめ管理組合との協議を行い、必要に応じて、本契約に条件等を明記することが望ましい。

### 標準管理委託契約書コメント42　別表第3関係⑤

⑤ 管理業者は、清掃業務を行う者が夏期休暇、年末年始休暇、その他の休暇等（健康診断や研修等で勤務できない日を含む。）を取得する場合の対応及び忌引、病気、災害、事故等でやむを得ず勤務できない場合の対応を管理組合との協議により、あらかじめ規定しておくことが望ましい。

　清掃員が管理業者の使用人等である場合は、別表第2に定める管理員の対応に準じることが望ましい。

## ▶ カスタマーハラスメントの問題

### 問169　マンション管理業界のカスタマーハラスメント対策

**🔑キーワード**　【カスハラ】【安全配慮義務違反】【標準管理委託契約書】

**Q** 　私は管理会社の法務部です。近年、マンション管理業界ではカスハラが問題となっています。一方で、正当なクレームもあるため、顧客の要求がカスハラに当たるのか否か、判断に迷うことがあります。カスハラに当たるか否かはどのように判断すればよいのでしょうか。また、管理会社としてカスハラに何らかの対応をする必要があるのでしょうか。

**A** 　カスハラに当たるか否かは、要求「内容」の妥当性と要求「手段・態様」の妥当性を総合的に勘案して、社会通念上相当か否かで判断します。

　マンション管理業界のカスハラはとりわけ深刻な問題になっていたため、2023年の標準管理委託契約書の改訂において、カス

ハラ対策に関する条項等が大幅に追加されました。管理会社としては、自社の従業員がカスハラを受けていることを認識しながら漫然と放置した場合には、安全配慮義務違反（労働契約法5条）となる可能性がありますので、企業として毅然と対応することが望まれます。

## 解説

### 1　マンション管理業界のカスハラの特徴

　マンション管理業界のカスハラ問題は他の業界に比べても極めて深刻です。その理由は多岐にわたりますが、マンション管理業界のクレーム対応を最も難しくしている理由は、当事者が多数存在することです。通常の取引においては、契約当事者は1対1であり、クレームを主張する相手も、その契約の相手方のみです。ところが、マンション管理会社には契約の相手方である管理組合としてではなく、多数の区分所有者がクレームを主張してくるという特徴があります。

　当然のことですが、一般的な契約において、契約の相手方以外の者からの管理事務に関する指示は聞く必要がありません。このことを明確化するため、2023年の標準管理委託契約書の改訂において、管理事務の指示に関して、以下の条項が追加されました。

**標準管理委託契約書第8条（管理事務の指示）**

> 第8条　本契約に基づく甲の乙に対する管理事務に関する指示については、法令の定めに基づく場合を除き、甲の管理者等又は甲の指定する甲の役員が乙の使用人その他の従業者（以下「使用人等」という。）のうち乙が指定した者に対して行うものとする。

**標準管理委託契約書コメント8　第8条関係**

> ①　本条は、カスタマーハラスメントを未然に防止する観点から、管理組合が管理業者に対して管理事務に関する指示を行う場合には、管理組合が指定した者以外から行わないことを定めたものであるが、組合員等が管理業者の使用人その他の従業者（以下「使用人等」という。）に対して行う情報の伝達、相談や要望（管理業者がカスタマーセンター等を設置している場合に行うものを含む。）を妨げるものではない。また、「法令の定め」とは、建物の区分所有等に関する法律（昭和37年法律第69号。以下「区分所有法」という。）第34条第3項に規定する集会の招集請求などが想定さ

れる。なお「管理者等」とは、適正化法第2条第4号に定める管理者等を
いう。(以下同じ。)
② 管理組合又は管理業者は、本条に基づき指定する者について、あらかじ
め相手方に書面で通知することが望ましい。

## 2　カスタマーハラスメントの判断基準

　管理会社は区分所有者から日常的に様々なクレームを受けます。正当な
クレームについては真摯に対応すべき一方で、カスハラがなされた場合に
は、毅然と対応すべきです。

　そこで、正当なクレームとカスハラの区別が重要になります。

　結論からいうと、カスハラに当たるか否かは、要求「内容」の妥当性と
要求「手段・態様」の妥当性を総合的に勘案して、社会通念上相当か否か
で判断します。

　正当クレームと不当クレーム（カスハラ）の判断基準を整理すると以下
のとおりです。

① 正当クレームか不当クレーム（カスハラ）かは、要求「内容」の不当性
　と要求「手段・態様」の不当性を総合的に判断する。
② 要求「内容」の不当性が高ければ高いほど、要求「手段・態様」の不当
　性が低くても不当クレーム（カスハラ）に当たりやすい。なお、要求「内
　容」が著しく不当である場合には、要求「手段・態様」が正当であっても
　不当クレーム（カスハラ）に当たる。
③ 要求「手段・態様」の不当性が高ければ高いほど、要求「内容」の不当
　性が低くても不当クレーム（カスハラ）に当たりやすい。なお、要求「手
　段・態様」が著しく不当である場合には、要求「内容」が正当であっても
　不当クレーム（カスハラ）に当たる。

【図表6　正当クレームと不当クレーム（カスハラ）の判断基準】

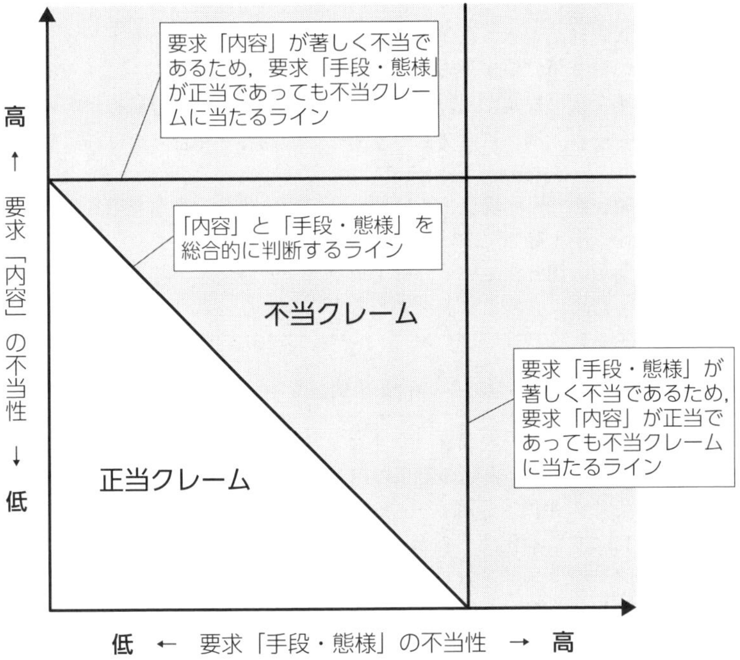

（出所）拙著『カスハラ対策実務マニュアル』（日本加除出版、2022）16 頁

## 3　標準管理委託契約書の改訂

　2023 年の標準管理委託契約書の改訂において、管理会社のカスハラ対策を促進するために、以下のとおり、「有害行為の中止要求」に関する条項及びコメントが大幅に改正されましたので、参考にしてください。

**標準管理委託契約書第 12 条（有害行為の中止要求）**

> 第 12 条　乙は、管理事務を行うため必要なときは、甲の組合員及びその所有する専有部分の占有者（以下「組合員等」という。）に対し、甲に代わって、次の各号に掲げる行為の中止を求めることができる。
> 一　法令、管理規約、使用細則又は総会決議等に違反する行為
> 二　建物の保存に有害な行為
> 三　所轄官庁の指示事項等に違反する行為又は所轄官庁の改善命令を受けるとみられる違法若しくは著しく不当な行為
> 四　管理事務の適正な遂行に著しく有害な行為（カスタマーハラスメントに該当する行為を含む）

　　五　組合員の共同の利益に反する行為

　　六　前各号に掲げるもののほか、共同生活秩序を乱す行為

２　前項の規定に基づき、乙が組合員等に行為の中止を求めた場合は、速やかに、その旨を甲に報告することとする。

３　乙は、第１項の規定に基づき中止を求めても、なお組合員等がその行為を中止しないときは、書面をもって甲にその内容を報告しなければならない。

４　前項の報告を行った場合、乙はさらなる中止要求の責務を免れるものとし、その後の中止等の要求は甲が行うものとする。

５　甲は、前項の場合において、第１項第４号に該当する行為については、その是正のために必要な措置を講じるよう努めなければならない。

## 標準管理委託契約書コメント12　第12条関係

① 　いわゆるカスタマーハラスメントは、「顧客等からのクレーム・言動のうち、当該クレーム・言動の要求の内容の妥当性に照らして、当該要求を実現するための手段・態様が社会通念上不相当なものであって、当該手段・態様により、労働者の就業環境が害されるもの」と定義されており（「カスタマーハラスメント対策企業マニュアル」（厚生労働省））、これは第１項第４号の「管理事務の適正な遂行に著しく有害な行為」に該当し、組合員等が、管理業者の使用人等に対し、本契約に定めのない行為や法令、管理規約、使用細則又は総会決議等（以下「法令等」という。）に違反する行為を強要すること、侮辱や人格を否定する発言をすること、文書の掲示や投函、インターネットへの投稿等による誹謗中傷を行うこと、執拗なつきまといや長時間の拘束を行うこと、執拗な架電、文書等による連絡を行うこと、緊急でないにもかかわらず休日や深夜に呼び出しを行うことなどが含まれる。なお、管理組合の役員も管理組合の組合員であるため、当然に本条の「組合員等」に含まれることに留意すること。また、カスタマーハラスメントが発生した場合又は疑われる場合には、「カスタマーハラスメント対策企業マニュアル」を参考とし、企業として毅然と対応すること。

② 　管理業者は、報告の対象となる行為や頻度等について、あらかじめ管理組合と協議しておくことが望ましい。

③ 　第５項は、カスタマーハラスメントが組合員等と管理業者の使用人等との間のみで起こり、その是正が必ずしも共同の利益とみなされない場合があることから、管理組合に是正に向けた特段の配慮を求めるために定めたものである。

**4　管理会社としてカスハラ対策に取り組む必要性**

マンション業界は他の業界と比べても、カスハラ問題が特に深刻であり、管理会社としてはこれを放置すべきではありません。管理会社としては、自社の従業員がカスハラを受けていることを認識しながら漫然と放置した場合には、安全配慮義務違反（労働契約法5条）となる可能性があります。

仮に安全配慮義務違反までいかなくとも、カスハラを放置すると人手不足問題にもつながりますので、自社のカスハラ対策マニュアルを策定するなど、管理会社としては積極的にカスハラ対策を推し進めることが望まれ（注135）ます。

## 問170　区分所有者から管理員に対するカスタマーハラスメントへの対応

**キーワード**　【管理員】【カスハラ】【管理委託契約】【安全配慮義務違反】【標準管理委託契約書】

**Q**　私は管理会社の社員です。植栽管理の方法について異常なこだわりがある区分所有者が、管理員に対して、植栽管理の方法を抜本的に変えるよう毎日のように要求してきます。理事の1名に相談したところ、理事会としてはこれまでの植栽管理の方法で何ら問題はないと考えているようです。その後も、執拗かつ威圧的な要求を受けた管理員が「精神的にまいっています。このままの状態が続くようであれば辞職したい」と申し出てきました。どのように対応すればよいでしょうか。

**A**　理事会に報告し、当該区分所有者からの指示に従う必要がない旨の理事会決議と議事録への記載を取り付けるとともに、理事会から当該区分所有者に対し、注意をしてもらいましょう。

**解説**

**1　管理事務の指示について**

管理委託契約は、管理会社と管理組合との間で締結されるものです。したがって、管理委託契約に基づく管理事務について何らかの要望や指示が

---

（注135）拙著『カスハラ対策実務マニュアル』（日本加除出版、2022）参照。

ある場合には、原則として、管理組合の代表者（理事長や理事会で指定された理事）から管理会社に対して行うべきです。

　これに対して、各区分所有者それぞれが管理会社に管理事務の指示をすると、管理会社としてはどの意見に従えばよいか分からなくなってしまいます。

　そこで、ある区分所有者から個別に管理事務の指示があった場合、管理会社としては理事会に報告し、当該区分所有者からの指示に従うべきか否か、管理組合の意向を確認すべきでしょう。

　なお、上記のことは、これまでも当然のことでしたが、このことを明確化するため、2023年の標準管理委託契約書の改訂において、管理事務の指示に関して、以下の条項が追加されました。

**標準管理委託契約書第8条（管理事務の指示）**

> 第8条　本契約に基づく甲の乙に対する管理事務に関する指示については、法令の定めに基づく場合を除き、甲の管理者等又は甲の指定する甲の役員が乙の使用人その他の従業者（以下「使用人等」という。）のうち乙が指定した者に対して行うものとする。

**標準管理委託契約書コメント8　第8条関係**

> ①　本条は、カスタマーハラスメントを未然に防止する観点から、管理組合が管理業者に対して管理事務に関する指示を行う場合には、管理組合が指定した者以外から行わないことを定めたものであるが、組合員等が管理業者の使用人その他の従業者（以下「使用人等」という。）に対して行う情報の伝達、相談や要望（管理業者がカスタマーセンター等を設置している場合に行うものを含む。）を妨げるものではない。また、「法令の定め」とは、建物の区分所有等に関する法律（昭和37年法律第69号。以下「区分所有法」という。）第34条第3項に規定する集会の招集請求などが想定される。なお「管理者等」とは、適正化法第2条第4号に定める管理者等をいう。（以下同じ。）
> ②　管理組合又は管理業者は、本条に基づき指定する者について、あらかじめ相手方に書面で通知することが望ましい。

## 2　問題のある区分所有者への対応

　本問の理事会としてはこれまでの植栽管理の方法で何ら問題がないと考えているようですので、管理会社としては、当該区分所有者の要求に従う必要はありません。

　ただし、その後、理事会メンバーが変わったときに問題になることがあります（当該区分所有者が役員に立候補し、自分の要求に対応しなかったことを事後的に蒸し返すことがあります）。したがって、後々問題とならないように、当該区分所有者からの指示に従う必要がない旨の理事会決議と議事録への記載を取り付けるべきでしょう。

　また、管理会社から当該区分所有者に対して執拗かつ威圧的な要求をやめるよう注意してもやまない場合には、理事会から当該区分所有者に対して注意してもらいましょう（標準管理委託契約書12条5項）。

　なお、管理会社としては、自社の従業員がカスハラを受けていることを認識しながら漫然と放置した場合には安全配慮義務違反（労働契約法5条）となる可能性があります。とりわけ管理会社の管理員は、毎日のように区分所有者や居住者と直接接触するため、カスハラを受けやすい立場にあります。したがって、管理会社としては、管理員のカスハラ対策に積極的に取り組む必要があります。

## ▶ 督促業務の問題

###  問171　管理会社の管理費等滞納者に対する督促業務

🔑キーワード　【管理費等滞納】【督促業務】【弁護士法違反】
　　　　　　　【標準管理委託契約書】

**Q**　私は管理会社の法務部です。管理費等滞納者に対する督促業務について悩んでいます。管理組合からは、滞納状況を解消するためにでき得る限りの手段を尽くすよう要求されています。例えば、滞納者が支払うまで繰り返し何度も督促することや、分割払いの合意書を取り付けることまで要求する管理組合もあります。
　一方で、社内では「あまりやりすぎると弁護士法違反になるのではないか」という声もあがっています。管理会社として行うべき督促業務、行ってはならない督促業務について教えてください。

　管理会社は、あくまで督促業務（滞納者に対する連絡業務）を受託しているにすぎず、回収する責任を負っているわけではありません。滞納者が明確な拒絶状態やそれと同視できる状態にある

にもかかわらず督促を継続する行為は、弁護士法72条違反に当たるおそれがあります。また、分割払いの合意書を作成する行為は、弁護士法72条違反に当たります。

........................................................................

**解説**

## 1 管理会社としてやるべき督促業務

　管理会社がやるべき督促業務については、管理会社と管理組合との契約内容によって決まります。この点、標準管理委託契約書には、以下のとおり記載されています。

**標準管理委託契約書11条（管理費等滞納者に対する督促）**

> 第11条　乙は、第3条第1号の事務管理業務のうち、出納業務を行う場合において、甲の組合員に対し別表第1　1⑵②による管理費、修繕積立金、使用料その他の金銭（以下「管理費等」という。）の督促を行っても、なお当該組合員が支払わないときは、その責めを免れるものとし、その後の収納の請求は甲が行うものとする。
> 2　前項の場合において、甲が乙の協力を必要とするときは、甲及び乙は、その協力方法について協議するものとする。

**標準管理委託契約書　別表第1　1⑵②管理費等滞納者に対する督促**

> 一　毎月、甲の組合員の管理費等の滞納状況を、甲に報告する。
> 二　甲の組合員が管理費等を滞納したときは、最初の支払期限から起算して〇月の間、電話若しくは自宅訪問又は督促状の方法により、その支払の督促を行う。
> 三　二の方法により督促しても甲の組合員がなお滞納管理費等を支払わないときは、乙はその業務を終了する。

**標準管理委託契約書コメント34　別表第1　1⑵関係⑧**

> ⑧　管理費等の滞納者に対する督促については、管理業者は組合員異動届等により、管理組合から提供を受けた情報の範囲内で督促するものとする。なお、督促の方法（電話若しくは自宅訪問又は督促状）については、滞納者の居住地、督促に係る費用等を踏まえ、合理的な方法で行うものとし、その結果については滞納状況とあわせて書面で報告するものとする。……

　ここで、重要なことは管理会社としては、あくまで督促業務（滞納者に対する連絡業務）を受託しているにすぎず、回収する責任を負っているわけ

ではないということです。この点、標準管理委託契約書コメント11　第11条関係①にも以下のとおり記載されています。

**標準管理委託契約書コメント11　第11条関係**

> ①　弁護士法第72条の規定を踏まえ、債権回収はあくまで管理組合が行うものであることに留意し、第2項の管理業者の管理費等滞納者に対する督促に関する協力について、事前に協議が調っている場合は、協力内容（管理組合の名義による配達証明付内容証明郵便による督促等）、費用の負担等に関し、具体的に規定するものとする。

## 2　管理会社がやってはならない督促業務

弁護士法72条は、以下のとおり、弁護士以外の法律事務の取扱い等を禁止しています。

**弁護士法72条**

> 第72条　弁護士又は弁護士法人でない者は、報酬を得る目的で訴訟事件、非訟事件及び審査請求、再調査の請求、再審査請求等行政庁に対する不服申立事件その他一般の法律事件に関して鑑定、代理、仲裁若しくは和解その他の法律事務を取り扱い、又はこれらの周旋をすることを業とすることができない。ただし、この法律又は他の法律に別段の定めがある場合は、この限りでない。

そこで、管理会社による督促業務が弁護士法72条違反に当たらないかがよく問題となります。

この点、管理費等の引き落とし口座にお金を入れ忘れていた区分所有者などに対し、管理費の滞納がある旨を連絡（督促）する場合には、単なる「連絡業務」といえ、「法律事件に関する法律事務」とはいえないので、弁護士法72条違反には当たりません。

一方、滞納者が明確な拒絶状態やそれと同視できる状態にあるにもかかわらず、督促を継続する場合には、もはや「連絡業務」を超え「回収業務」というべきものであり、「法律事件に関する法律事務」に該当し、弁護士法72条違反に当たるおそれがあります。

このことは従前から各方面から指摘されていましたが、2023年のマンション標準管理委託契約書の改訂において、標準管理委託契約書コメントで以下のとおり明記されました。

### マンション標準管理委託契約書コメント 11　第 11 条関係②

> ②　滞納者が支払わない旨を明らかにしている状態又は複数回の督促に対して滞納者が明確な返答をしない状態にもかかわらず、管理業者が督促業務を継続するなど法的紛争となるおそれがある場合には、弁護士法第 72 条の規定に抵触する可能性があることに十分留意すること。

### マンション標準管理委託契約書コメント 34　別表第 1　1(2)関係⑧

> ⑧　……ただし、あらかじめ定めた期間（別表第 1　1(2)②二に定める「〇月」）内であっても、滞納者が支払わない旨を明らかにしている状態又は複数回の督促に対して滞納者が明確な返答をしない状態にもかかわらず、管理業者が督促業務を継続するなど法的紛争となるおそれがある場合には、弁護士法第 72 条の規定に抵触する可能性があることに十分留意すること。

　また、督促業務を超えて分割払いの合意書の作成まで行っている管理会社も散見されますが、明らかに弁護士法 72 条違反に当たります。さらに、分割払いの合意書を作成する際には、遅延損害金まで請求するかなどを十分に検討する必要があります。そうしたことも検討せずに作成すると、管理組合から後に民事責任を追及されるおそれもあります。

　したがって、管理会社が管理組合から、分割払いの合意書などの法律書面作成を要求された場合には、明確に拒絶すべきです。

## ▶ 管理終了の問題

### 問172　管理委託契約の途中解約

**キーワード**　【管理組合】【理事会】【管理委託契約】【途中解約】

**Q**　私は管理会社の社員です。役員や区分所有者からの要求などが多く、採算が合わない管理組合があるため、当社判断で管理委託契約を終了させることにしました。具体的には、標準管理委託契約書 21 条と同様の「少なくとも 3 月前に書面で解約の申入れを行うことにより、本契約を終了させることができる」旨の条項に基づき、契約終了の通知を管理組合に送りました。ところが、管理組合側からは、「債務不履行がないにもかかわらず、管理会社側から管理委託契約を途中解約することは許されない。契約を途中解約する具体的な理

由を示せ」と言われてしまいました。**管理組合側に債務不履行事由が
なければ、管理会社側から管理委託契約を途中解約することはできな
いのでしょうか。また、途中解約する際には、何らかの具体的な理由
を示す必要があるのでしょうか。**

　　　　管理組合側に債務不履行事由がなくとも、管理会社側から管理
委託契約を途中解約することが可能です。また、途中解約する際
に必ずしも具体的な理由を示す必要はありません。

### 解説

　管理委託契約は、民法656条の準委任契約の性格を有すると解されてい
るところ（標準管理委託契約書コメント5　第5条関係）、委任契約（準委任契約）
は、各当事者がいつでもその解除をすることができます（民法651条1項）。
ただし、相手方に不利な時期に委任を解除したときは、原則として、その
損害を賠償しなければならないとされています（民法651条2項1号）。

　標準管理委託契約書21条には、上記の民法651条の規定を踏まえ、「少
なくとも3月前に書面で解約の申入れを行うことにより、本契約を終了さ
せることができる。」旨の任意解除条項が置かれています。

　したがって、管理会社は、同条項に基づき任意解除権を行使することが
可能です。そして、標準管理委託契約書21条に基づく解除は債務不履行
解除ではないため、管理組合側の債務不履行事由は必要ありませんし、途
中解約する際に必ずしも具体的な理由を示す必要もありません。

　なお、標準管理委託契約書コメント20　第21条関係には、「解約の申
入れの時期については、契約終了に伴う管理事務の引継ぎ等を合理的に行
うのに通常必要な期間を考慮して設定している。」と記載されています。
そのため、3か月前予告の上、適切に引継ぎを行い契約を終了する場合に
は、原則として損害賠償責任も負わないと解されます。

第**9**編

管理会社の問題

## ▶ マンション管理適正化法の問題

###  問173 「同一の条件」での更新

**キーワード** 【管理委託契約】【マンション管理適正化法】【国土交通省】【同一の条件】

**Q** 私は管理会社の社員です。従前の管理委託契約と「同一の条件」で契約更新しようとするときは、重要事項説明会が不要になると聞きました。「同一の条件」か否かはどのように判断すればよいのでしょうか。

**A** 一言一句同じである必要はなく、「管理組合に不利益をもたらさない変更」であれば、「同一の条件」と解することができます。

**解説**

### 1 「同一の条件」について

マンション管理適正化法72条2項によって、従前の管理委託契約と「同一の条件」で契約更新するときは、重要事項を記載した書面の交付で足り、重要事項説明会の開催が不要となります。

なお、業務停止期間中は、既存の管理委託契約を「同一の条件」で更新することはできますが、それ以外の更新はできません（詳細は問177を参照）。

そこで、「同一の条件」か否かについて、どのように判断すべきか問題となります。

この点、一言一句同じである必要はなく、「管理組合に不利益をもたらさない変更」であれば、「同一の条件」と解することができます。このことは、国土交通省から出されている通達に記載されています。

まず、平成13年7月31日国総動第51号国土交通省総合政策局不動産業課長通達「マンションの管理の適正化の推進に関する法律の施行について」には、以下のとおり記載されています。

平成13年7月31日国総動第51号第二3(1)ハ

> ハ）法第72条第2項に規定する「同一の条件」とは、マンションの管理業者の商号又は名称、登録年月日及び登録番号の変更等管理組合に不利益を

> もたらさない契約内容の変更を含むものであること。

　さらに、平成14年2月28日国総動第309号国土交通省総合政策局不動産業課長通達「マンションの管理の適正化の推進に関する法律第72条に規定する重要事項の説明等について」には、以下のとおり記載されています。

**平成14年2月28日国総動第309号第一5**

> 　法第72条第2項に規定する「同一の条件」には、施行通達第二3(1)ハの「マンション管理業者の商号又は名称、登録年月日及び登録番号」の変更に加え、以下に関しての契約内容の軽微な変更も含むものであること。
> (1)　従前の管理受託契約と管理事務の内容及び実施方法（法第76条の規定により管理する財産の管理の方法を含む。以下同じ。）を同一とし、管理事務に要する費用の額を減額しようとする場合
> (2)　従前の管理受託契約に比して管理事務の内容及び実施方法の範囲を拡大し、管理事務に要する費用の額を同一とし又は減額しようとする場合
> (3)　従前の管理受託契約に比して管理事務に要する費用の支払いの時期を後に変更（前払いを当月払い若しくは後払い、又は当月払いを後払い）しようとする場合
> (4)　従前の管理受託契約に比して更新後の契約期間を短縮しようとする場合
> (5)　管理事務の対象となるマンションの所在地の名称が変更される場合

## 2　「管理組合に不利益をもたらさない変更」か否か

　上記のとおり、「同一の条件」か否かについては、「管理組合に不利益をもたらさない変更」か否かで判断することになります。

　この点、一般社団法人マンション管理業協会が発行している「マンション管理の適正化の推進に関する法律実務Q&A（マンション管理業登録・業務関連）」(2014) の56頁以下では、「管理組合に不利益をもたらさない変更」について、より詳細な具体例を用いて説明しており、参考になります。

## 問174　重要事項説明書と契約成立時書面への押印

**キーワード**　【管理委託契約】【マンション管理適正化法】【国土交通省】【押印】

**Q**　私は管理会社の社員です。重要事項説明書と契約成立時書面について、管理業務主任者の押印が不要になったと聞きましたが、本当でしょうか。また、その場合、原本とコピーはどのように区別すればよいのでしょうか。

**A**　マンション管理適正化法改正によって、令和3年9月1日以後は、管理業務主任者の「押印」が不要となり、原本とコピーの区別もなくなりました。

**解説**

マンション管理適正化法72条の重要事項説明書及び同法73条の契約成立時書面については、従前、いずれも管理業務主任者による記名押印が必要とされていました。

しかし、令和3年5月19日法律第37号によるマンション管理適正化法の改正で、令和3年9月1日以後は管理業務主任者の「押印」が不要となりました。

さらに、押印がなくなったため、原本とコピーの区別がなくなりました（令和3年9月1日付国不参第57号参照）。

なお、一般的には、マンション管理適正化法73条の契約成立時書面として管理委託契約書の写しが使用されていることが多くあります。しかし、必ずしも管理委託契約書の写しを添付する方法をとらずに、同条に掲げる事項を記載した書面を改めて作成する方法をとることも可能です。

## 問175　管理会社に対する監督処分

**キーワード**　【監督処分】【指示】【業務停止】【登録取消】
【マンション管理適正化法】【国土交通省】

**Q**　私は管理会社の社員です。担当している管理組合の理事長が法令等に違反する要求をしてきたため断ったところ、「管理会

社が理事長の言うことを聞かないのは問題だ。国交省に報告して処分させるからな」と言われてしまいました。国土交通省からの処分は、どのような場合に受けるのでしょうか。また、処分内容としてはどのようなものがあるのでしょうか。

　　国土交通省の監督処分が出される要件については、マンション管理適正化法で規定されており、要件に当てはまらなければ処分が出されることはありません。なお、処分内容としては、大きく、①指示処分、②業務停止処分、③登録取消処分の三つがあります。

### 解説

#### 1　「国交省に報告する」旨の脅しへの対応

　管理組合や区分所有者からのカスハラとして、「国交省に報告するからな」と脅して、管理会社に不当な要求を行うことがあります。

　しかし、国土交通省の監督処分が出される要件については、マンション管理適正化法で規定されており、要件に当てはまらなければ処分が出されることはありません。

　むしろ、そのような脅しに屈して法令等に違反する要求に従ってしまうことの方が問題です。マンション管理適正化法を正しく理解し、クレーマーの不当な要求に対しては毅然と対応すべきです。

#### 2　監督処分の内容と要件

　監督処分については、マンション管理適正化法に定めがあります。処分内容としては、大きく、①指示処分（マンション管理適正化法81条）、②業務停止処分（同法82条）、③登録取消処分（同法83条）の三つがあります。

　具体的な処分の要件は、以下のとおりです。

#### ⑴　指示処分（マンション管理適正化法81条）

　国土交通大臣は、マンション管理業者が次のいずれかに該当するとき、又はマンション管理適正化法の規定に違反したときは、当該マンション管理業者に対し、必要な指示をすることができます。

① 業務に関し、管理組合又はマンションの区分所有者等に損害を与えたとき、又は損害を与えるおそれが大であるとき。

② 業務に関し、その公正を害する行為をしたとき、又はその公正を害

第9編
管理会社の問題

するおそれが大であるとき。

③　業務に関し他の法令に違反し、マンション管理業者として不適当であると認められるとき。

④　管理業務主任者が指示及び業務の禁止（マンション管理適正化法64条）又は登録の取消し（同法65条1項）の規定による処分を受けた場合において、マンション管理業者の責めに帰すべき理由があるとき。

**(2)　業務停止処分（マンション管理適正化法82条）**

　国土交通大臣は、マンション管理業者が次のいずれかに該当するときは、当該マンション管理業者に対し、1年以内の期間を定めて、その業務の全部又は一部の停止を命ずることができます。

①　マンション管理適正化法81条3号又は4号に該当するとき。

②　登録事項の変更の届出（マンション管理適正化法48条1項）、名義貸しの禁止（同法54条）、専任の管理業務主任者を設置すべき事務所の届出（同法56条3項）、標識の掲示（同法71条）、重要事項の説明等（同法72条1項から3項まで若しくは5項）、契約の成立時の書面の交付（同法73条）、再委託の制限（同法74条）、帳簿の作成等（同法75条）、財産の分別管理（同法76条）、管理事務の報告（同法77条1項若しくは2項）、書類の閲覧（同法79条）、秘密保持義務（同法80条）、従業者の証明書の携帯等（同法88条1項）のいずれかの規定に違反したとき。

③　指示処分（マンション管理適正化法81条の指示）に従わないとき。

④　この法律の規定に基づく国土交通大臣の処分に違反したとき。

⑤　マンション管理業に関し、不正又は著しく不当な行為をしたとき。

⑥　営業に関し成年者と同一の行為能力を有しない未成年者である場合において、その法定代理人（法定代理人が法人である場合においては、その役員を含む。）が業務の停止をしようとするとき以前2年以内にマンション管理業に関し不正又は著しく不当な行為をしたとき。

⑦　法人である場合において、役員のうちに業務の停止をしようとするとき以前2年以内にマンション管理業に関し不正又は著しく不当な行為をした者があるに至ったとき。

**(3)　登録取消処分（マンション管理適正化法83条）**

　国土交通大臣は、マンション管理業者が次の各号のいずれかに該当するときは、その登録を取り消さなければならないとされています。

① 登録の拒否要件（マンション管理適正化法 47 条 1 号、3 号又は 5 号から 11 号まで）のいずれかに該当するに至ったとき。

② 偽りその他不正の手段により登録を受けたとき。

③ 業務停止（マンション管理適正化法 82 条各号のいずれか）に該当し情状が特に重いとき、又は同条の規定による業務の停止の命令に違反したとき。

## 問176　監督処分の基準と予測可能性

**キーワード**　【監督処分】【マンション管理適正化法】【国土交通省】

**Q**　私は管理会社の法務部です。当社管理物件でマンション管理適正化法違反の事案が判明し、国土交通省への報告を検討しています。ただ、マンション管理適正化法を見ても、どのような処分を受けるのか、また業務停止となった場合の日数などが予測できずに困っています。何か処分の基準のようなものはあるのでしょうか。

　国土交通省から「マンション管理業者の違反行為に対する監督処分の基準」が示されています。ただし、あくまで目安にすぎず、個々の事案によって判断が分かれます。その他に、行政法の一般原則を理解することや過去の処分事例を分析することも、処分の予測に役立つでしょう。

### 解説

#### 1　国土交通省の基準

マンション管理業者が違反行為を行った場合の監督処分の内容と要件は、マンション管理適正化法 81 条から 83 条に記載されています。ただし、それらの条項だけでは不明瞭な点があるため、国土交通省は「マンション管理業者の違反行為に対する監督処分の基準」を公表しています。

同基準においては、「違反行為の概要」とそれに対応する「監督処分内容」（業務停止の場合は業務停止の日数）が表でまとめられており、参考になります。

ただし、同基準はあくまで目安にすぎず、個々の事案によって判断が分かれることに留意しましょう。

## 2　行政法の一般原則

　管理業者に対する監督処分も「行政処分」の一種ですので、行政法の一般原則を理解することは有益です。その中でも、「比例原則」と「平等原則」は特に重要です。

　まず、「比例原則」とは、達成されるべき目的と、そのためにとられる手段としての権利・利益の制約との間に、均衡を要求する原則のことです。極端な例ですが、ある管理会社の管理員1名が管理組合のティッシュペーパーを一度だけ窃取したとします。この場合、形式的には、マンション管理適正化法81条1号の「業務に関し、管理組合又はマンションの区分所有者等に損害を与えたとき」に該当し、指示処分の要件にあてはまります。しかし、管理員の1名が一度だけティッシュペーパーを窃取したことを理由に、管理会社全体に指示処分を下すことは妥当でしょうか。このような場面では、指示処分を出すことによって達成されるべき目的と、手段としての権利・利益との制約との間に均衡がとれていないのではないでしょうか。このように、目的と手段の妥当性を検討する際に「比例原則」を用います。

　また、「平等原則」とは、憲法14条に根拠を有するもので、行政が国民を合理的な理由なく差別することを禁止する原則のことです。例えば、管理会社Aが重要事項説明義務違反で指示処分になったにもかかわらず、管理会社Bが全く同種の事例の重要事項説明義務違反で業務停止処分30日になるのは、平等原則に反します。このような場面の妥当性を検討する際に「平等原則」を用います。

## 3　過去の処分事例

　前述の「比例原則」や「平等原則」の観点からも、過去の処分事例を分析することは重要です。同じようなケースでは同じような処分になることが予測されますし、国土交通省がどのようなケースで重い処分を下しているかもある程度理解することができます。処分事例については、監督処分日から5年以内のものは国土交通省のネガティブ情報等検索サイト[注136]に掲載されています。また、より詳細な事案分析をするには、業界新聞なども参考になるでしょう。

　私見ですが、過去の処分事例などを分析する限り、うっかりミスなどにはそれほど重い処分は下されず、横領事案や繰り返しなされている違反行為に関しては重い処分が下される傾向にあります。マンション管理業界の

---

（注136）https://www.mlit.go.jp/nega-inf/cgi-bin/search.cgi?jigyoubunya=mansyon

適正化のためには妥当な方向性といえるでしょう。

## 問177　業務停止期間中の業務

🔑キーワード　【監督処分】【業務停止】【マンション管理適正化法】
【国土交通省】

Ｑ　私は管理会社の法務部です。当社従業員の横領事案が発覚し、
業務停止処分が下されることは避けられない状況です。業務停
止期間中は、現在契約中の管理委託契約を解約しなければならないの
でしょうか。業務停止期間中の業務について、できることとできない
ことを教えてください。

　業務停止期間中であっても、原則として、既存の管理委託契約
を解約する必要はなく、管理事務は通常どおり行うことができま
す。

### 解説

### 1　業務停止期間中に禁止される行為と許容される行為

　業務停止処分を受けた管理業者が、業務期間中に禁止される行為と許容
される行為については、国土交通省「マンション管理業者の違反行為に対
する監督処分の基準」中「Ⅰ．通則」の「４．業務停止期間中において禁
止される行為及び許容される行為」に記載されています。

　端的にいうと、「業務停止の開始日前に締結された管理委託契約に基づ
く管理事務を執行する行為」はできますが、それ以外の行為（新規契約や営
業行為など）は禁止されています。

　「禁止される行為」と「許容される行為」の具体例として、それぞれ以
下のとおり、記載されています。

### ①　禁止される行為

イ　広告（広告媒体の種類にかかわらず、新たな管理受託契約の申込を誘引するこ
　とを目的として、当該マンション管理業者が提供しようとする役務の内容等を表
　示しているものに限る。）

ロ　新たな管理受託契約の締結（②イの規定による更新を除く。以下同じ。）
　を目的として、マンションの分譲業者及び販売業者に対して、分譲後

の管理受託契約を約する行為

ハ　新たな管理受託契約の締結を目的とする業務（照会の方法にかかわら
　　ず、照会に対する対応及び来客対応、マンションの区分所有者等又はマンション
　　の購入者（購入予定者を含む。以下同じ。）に対して、分譲後の管理受託契約を約
　　する行為を含む。）及び法第72条第1項の規定による重要事項説明等

ニ　新たな管理受託契約の締結

ホ　管理受託契約の更新（②イに該当するものを除く。）

② **許容される行為**

イ　業務停止の開始日前に締結された管理受託契約の同一の条件による
　　更新

ロ　業務停止の開始日前に締結された管理受託契約に基づく管理事務
　　（イの規定により同一の条件で更新された管理受託契約に基づくものを含む。）

ハ　業務停止の開始日前に締結された停止条件付き契約（一の管理組合の
　　構成員全員（マンションの区分所有者等又はマンションの購入者）に対して、分
　　譲後の管理受託契約を約するものに限る。）が業務停止期間中に効力発生し
　　た場合における、当該管理受託契約に基づく管理事務

## 2　注意すべき点

　既存の管理委託契約を「同一の条件」で更新することはできますが、そ
れ以外の更新はできません。「同一の条件」か否かの判断については、問
173を参照してください。

　また、原則として既存の管理委託契約を解約する必要はなく、管理事務
は通常どおり行うことができることは前述のとおりですが、これには例外
があります。

　すなわち、国土交通省は、「業務停止処分を受けたマンション管理業者
が、業務停止の開始日前に締結された管理受託契約に基づく管理事務につ
いて、これを不適正に執行するおそれが大である場合には」既存の管理委
託契約の管理事務を禁止することができます（国土交通省「マンション管理業
者の違反行為に対する監督処分の基準」Ⅰ4(3)）。

# 問178　マンション管理適正化法違反に関する国土交通省への報告

🔑キーワード　【監督処分】【マンション管理適正化法】【国土交通省】

**Q**　私は管理会社の法務部です。当社内でマンション管理適正化法違反の事案が発生し、国土交通省に報告すれば監督処分は避けられない状況です。しかし、監督処分がなされれば、官報や国土交通省のホームページに掲載されてしまうと聞きました。実際に、監督処分がなされると公表されてしまうのでしょうか。

　また、国土交通省に報告しないで済むならばしたくないと考えています。報告を適切にしなかった場合には何かペナルティはあるのでしょうか。

**A**　監督処分がなされれば、官報や国土交通省のホームページで公表されます。

　しかし、そのようなリスクがあるとしても、マンション管理適正化法違反の事案が発生したならば、適切に国土交通省に報告すべきであり、隠蔽すると余計に重い処分が下る可能性があります。処分をできる限り軽くするためにも報告を行い、正当な方法で弁明すべきです。

**解説**

### 1　監督処分の公表について

　マンション管理適正化法84条において、国土交通大臣は、業務停止処分又は登録取消処分をしたときは、その旨を公告することが定められています。

　そして、マンション管理適正化法施行規則91条において、この公告は「官報」でなされる旨定められています。

　したがって、「業務停止処分」又は「登録取消処分」がなされた場合は、官報で公告されることになります。一方で、「指示処分」については、官報で公告されることはありません。

　ただし、国土交通省「マンション管理業者の違反行為に対する監督処分の基準」中「Ⅰ．通則」の「5．監督処分の内容の公表」には、指示処分、業務停止処分、登録取消処分のいずれをしたときであっても、ホームペー

第9編 管理会社の問題

ジに掲載し公表する旨記載されています。

　よって、監督処分がなされれば、いずれにせよ、官報や国土交通省の
ホームページで公表されることになります。

## 2　国土交通省への報告について

　監督処分が公表されることのリスクを恐れて、国土交通省に報告しない
又は虚偽の説明をしようと考える管理会社も中にはあるかもしれません。

　しかし、隠ぺいすると余計に重い処分がなされる可能性があり、逆に誠
実に対応すれば処分が軽減される可能性があります。

　このことは、国土交通省「マンション管理業者の違反行為に対する監督
処分の基準」中「Ⅱ．各種違反行為に対する監督処分」の「1．マンショ
ンの管理の適正化の推進に関する法律の規定に違反する行為に対する監督
処分」に記載があります。

　これによれば、「故意により、虚偽の書面の記載又は説明をした場合」
には処分が重くなる可能性があります。一方で「当該マンション管理業者
の対応が誠実であると認められる場合」かつ一定の要件を満たす場合には、
処分が軽くなる可能性があります。

　したがって、マンション管理適正化法違反の事案が発生したならば、適
切に国土交通省に報告すべきです。

## 3　適切な弁明の方法

　適切に国土交通省に報告するといっても、何もせずに受動的に処分を受
け入れろというわけではありません。処分をできる限り軽くしたいならば、
正当な方法で弁明すべきです。

　まず、マンション管理適正化法違反がないと主張するならば、事実を隠
蔽するのではなく、マンション管理適正化法の解釈として適切に弁明すべ
きです。そもそもマンション管理適正化法にはそれほど明確に定まってい
ない条項もあり、解釈による部分が大きいです。その解釈の余地を埋める
ために、施行令、施行規則、関連文書が出されていますが、法律の中では
比較的歴史が浅く、まだまだ解釈の余地は大きく残っている法律といえま
す。

　したがって、まずはマンション管理適正化法、施行令、施行規則、関連
文書を理解し、マンション管理適正化法違反の有無を検討すべきです。

　さらに、マンション管理適正化法違反があったとしても、それに対応す
る処分の内容に関しては、国土交通省「マンション管理業者の違反行為に
対する監督処分の基準」、行政法の一般原則（比例原則や平等原則）、過去の

処分事例などを分析して、検討する余地があります（詳細は問176を参照してください。）。

　以上のとおり、監督処分をできる限り軽くするためには、隠蔽するのではなく、適切に報告し、法律などを調査検討し、正当な方法で弁明すべきです。

·第**10**編·

# 最近の問題

---

## ▶ 個人情報保護関係

 **問179 「個人情報」とは何か**

🔑キーワード 【個人情報】【個人情報保護法２条１項】【個人識別符号】

 個人情報保護法上の「個人情報」とは何ですか。

---

 　　個人情報とは、生存している特定の個人を識別することができる情報及び個人識別符号（指紋、DNA 情報、旅券番号、マイナンバーなど）のことをいいます。

　　単体で特定個人を識別できる情報のほか、「他の情報と容易に照合することができ、それにより特定の個人を識別することができる」情報を含みます。

　　情報の表現方法（文字、音声、映像等）や媒体（書面、データ等）を問いません。

　　電話番号やメールアドレスなども、それによって生存している特定個人を識別できる場合には、個人情報に含まれます。

---

**解説**

　「個人情報」とは、以下の(1)、(2)をともに満たす情報をいいます（個人情報保護法２条１項）。

　(1) 生存する個人に関する情報であること

　(2) ① 当該情報に含まれる氏名、生年月日その他の記述等により特定の個人を識別することができるもの（他の情報と容易に照合することができ、それにより特定の個人を識別することができることとなるものを含む。）

又は

② 個人識別符号が含まれるもの

 **問180　管理組合は個人情報保護法の規制を受けるか**

🔍キーワード　【個人情報取扱事業者】【個人情報保護法16条2項】

**Q** 　当マンションは、10戸しか専有部分がありません。このような小規模な管理組合であっても、個人情報保護法を守る必要がありますか。

　組合名簿等の個人情報データベース等を取り扱う場合には、管理組合は個人情報保護法に定められた個人情報の取扱いルールを遵守する必要があります。

　建物の大小、取り扱う個人情報の多寡、法人化しているか否かを問いません。

**解説**

　個人情報保護法によって個人情報の管理に関する規制が適用されるのは、「個人情報取扱事業者」です。

　「個人情報取扱事業者」とは、「個人情報データベース等を事業の用に供している者」のことをいいます（個人情報保護法16条2項）。ただし、国の機関、地方公共団体、独立行政法人、地方独立行政法人等は除かれます。

　かつては個人情報の保有件数が5000件以上という限定がありましたが、平成29年5月30日施行の個人情報保護法改正（平成27年法律第65号）により保有件数の要件が撤廃され、小規模な組合においても「個人情報取扱事業者」に該当し得ることとなりました。

第**10**編

最近の問題

**問181　個人情報データベース等**

🔑 **キーワード**　【個人情報データベース等】【個人情報保護法 16 条 1 項】
【事業】

**Q**　管理組合も「個人情報データベース等を事業の用に供している」場合には、個人情報の規制が適用されるということが分かりました。ところで、「個人情報データベース等を事業の用に供している」とはどういう場合をいうのですか。

**A**　個人情報を検索しやすいように体系的に構成したものを管理組合の業務に用いている場合が該当します。例として、部屋番号と居住者の氏名等を表計算ソフトなどでリスト化している場合や、名簿を五十音順にインデックスを付けてファイリングしている場合は、これに当たります。

　したがって、おおよそほとんどの管理組合が、「個人情報データベース等を事業の用に供している」と考えられます。

**解説**

　「個人情報データベース等」とは、「個人情報を含む情報の集合物」であって、「特定の個人情報を電子計算機を用いて検索することができるように体系的に構成したもの」(個人情報保護法 16 条 1 項) や、「個人情報を一定の規則に従って整理することにより特定の個人情報を容易に検索することができるように体系的に構成したものであって、目次、索引その他検索を容易にするためのものを有するもの」(個人情報保護法 16 条 1 項、個人情報保護政令 4 条 2 項) のことをいいます。

　「事業」とは、「一定の目的をもって反復継続して遂行される同種の行為であって、かつ社会通念上事業と認められるものをいい、営利・非営利の別は問わない」とされています。(注137)

　通常、管理組合においては総会招集等の便宜のために体系的に構成された組合員名簿などが作成されていますので、ほとんどの管理組合が、「個人情報データベース等を事業の用に供している」といえ、「個人情報取扱事業者」に当たります。

(注137)「個人情報の保護に関する法律についてのガイドライン（通則編）」23 頁。

## 問182　個人情報保護法に基づく管理組合の義務・規制

**キーワード**　【同意】【利用目的】【第三者提供の制限】
【個人情報保護法 18 条】【個人情報保護法 27 条】

**Q**　管理組合に対して個人情報の規制が適用される場合、どのようなことに気を付けないといけないのですか。

---

**A**　個人情報の取得の際には利用目的を通知、公表、明示等をし、基本的に利用目的の範囲内でのみ利用する必要があります。利用目的を超えて利用する場合や第三者に提供する場合には、別途本人から同意を取る必要があります。

　そのほかにも、データの管理を適切に行ったり、万が一漏洩等があったりした場合には報告する義務などもあります。

---

### 解説

　個人情報保護法上は、個人情報取扱事業者に対して様々な義務が課されています（個人情報保護法 16 条以下など）。

　この中でも特に問題になりやすいのは、個人情報を取得した利用目的を超えて情報を利用してしまう場合や、同意を得ないで第三者に対して提供してしまう場合です。

　例えば、区分所有者個人間のトラブルに際して、一方の区分所有者から管理組合に対して「相手方の連絡先を教えてほしい」といった要求がなされることがあります。区分所有者といえども、個人的請求に関して行動している場面ですから、当該区分所有者は管理組合にとって「第三者」に当たります。この場合には、管理組合が取得している当該連絡先の利用目的を確認の上、当該第三者提供が利用目的に明示されているかをまずは確認する必要があります。利用目的に含まれていない場合には、本人の同意がなければ開示はできません。

第10編　最近の問題

**問183　第三者提供の制限**

🔑キーワード　【第三者提供の制限】【個人情報保護法 27 条】

**Q**　「第三者提供の制限」とは何ですか。

**A**　個人情報取扱事業者は、原則として、あらかじめ本人の同意を得ずに、保有する個人データを第三者に対して提供してはならないというルールのことです。

　ただし、個人情報取扱事業者が他者に対して情報提供をする場合が全て第三者提供に当たるわけではありません。

**解説**

　個人情報保護法 27 条から 31 条には、個人情報の第三者への提供に関して記載があります。個人情報保護法 27 条 1 項本文では、個人情報の第三者への提供に関して、原則として本人の同意を要するとした上で、同項各号に同意を不要とする例外的な場合を定めています。

　なお、社内においてある従業員から他の従業員に対して情報を提供する場合（同一事業者内で他部門へ個人データを提供する場合）や、法令によって第三者提供に該当しないとされている場合（個人情報保護法 27 条 5 項各号）はそもそも第三者提供に当たりません。

 **問184　管理会社への情報提供は個人情報保護法に反しないか**

🔑キーワード　【第三者提供の制限】【第三者提供に該当しない場合】
【管理会社】【個人情報保護法 27 条】

**Q**　管理組合から管理会社への個人情報の提供は、「第三者提供の制限」に違反しないのですか。

**A**　管理事務委託契約に基づいてその委託事務の範囲内において提供される場合には、違反しません。

**解説**

　個人情報保護法上、「個人情報事業者が利用目的の達成に必要な範囲内において個人データの取扱いの全部又は一部を委託することに伴って当該個人データが提供される場合」であれば、受託者との関係で委託先は「第三者」に該当しません（個人情報保護法27条5項1号）。

 ## 問185　同意は常に明示的に取得する必要があるか

🔑キーワード　【同意】【個人情報保護法 18 条 1 項】

**Q**　個人情報保護法において必要とされる「同意」は、常に書面などで明示的に取得しておかなければなりませんか。

---

**A**　個別の事案によっては、黙示的な同意が認められる場合があります。
　ただし、同意の取得が争いになり得ることが予想されますので、可能な限り明示的に同意を取得しておく方が望ましいでしょう。

---

**解説**

　個人情報保護法上、同意の取得方法については明示されていません。また、「同意は、本人による承諾の意思表示をいいますので、『明示の同意』以外に『黙示の同意』が認められるか否かについては、個別の事案ごとに、具体的に判断することとなります。」（「『個人情報の保護に関する法律についてのガイドライン』に関する Q&A」A1-61）とされていますので、必ずしも常に明示の同意が要求されるわけではありません。

　ただし、同意の取得に当たっては、事業の性質及び個人情報の取扱状況に応じ、本人が同意に係る判断を行うために必要と考えられる合理的かつ適切な方法によらなければならないと考えられています。そのため、基本的には、書面やこれに準ずる電磁的なやり取りなど、客観的な資料が残る方法によって取得する方が安全です。

## 問186　管理会社から管理組合に対して居住者リストを提供することはできるか

🔑キーワード　【第三者提供】【個人情報保護法27条】【管理委託契約】
【管理会社】【管理組合】【居住者リスト】

**Q**　私はある管理組合から管理事務の委託を受けた管理会社の従業員です。当社は、管理組合から居住者名簿の作成業務を委託されました。委託業務の履行として、居住者から氏名、連絡先、居住資格等の情報に関してアンケートを配布・回収し、アンケートの提出を受けられなかった居住者には個別に問い合わせてリストを作成しました。そして、このリストを管理組合に対して提供しました。

その後、管理組合がこれを利用して組合の事務に関してある居住者に対して連絡をしたところ、当該居住者から「自分は管理会社に対しては連絡先を教えたが、管理組合に対して共有されるなんて聞いていない！　同意のない第三者提供だ！　個人情報保護法違反で管理組合と管理会社を訴える！」という主張がなされました。

アンケート用紙には「収集した情報については管理組合と管理会社において当マンションの管理の目的に利用させていただきます。アンケートの提出をもってこれに同意したものとさせていただきます。」と書いてあったのですが、その居住者は最後までアンケートを出してくれませんでした。そのため、やむを得ず、担当者から「従前管理組合から配布したアンケートのご提出がないので連絡しました」と説明の上お電話をして聞き取りを行ったという経緯です。

今回の当社から管理組合に対する当該居住者に関する部分のリストの提供は、個人情報保護法に違反するのでしょうか。

**A**　管理組合から受託した居住者リスト作成業務の履行の成果物である居住者リストを提供することは、そもそも第三者提供には当たらないと考えられます。

本問では、当該居住者からの情報の取得は管理組合からの委託業務の履行として行われており、情報取得の際の電話口でもその旨伝達していたということです。したがって、第三者提供に当たらず、管理組合に対する居住者リストの交付に関して本人からの同意は不要であると主張していくことになります。

**解説**

　個人情報取扱事業者は、原則として、あらかじめ本人の同意を得ずに、保有する個人データを第三者に対して提供してはなりません（個人情報保護法27条）。本問では、管理会社から管理組合に対する個人情報の提供が第三者提供に当たるかがまず問題になります。

　この点に関しては、「委託内容に組合員名簿の作成・保管等が含まれている場合に管理会社から管理組合に名簿を提供することも第三者提供にはなりません。」とされています（「『個人情報の保護に関する法律についてのガイドライン』に関するQ&A」A7-58）。

　本問では、居住者リストの作成は委託業務の履行として行われていますので、そもそもリストの提供は第三者提供に当たらないと考えられます。

　なお、情報取得の経緯がアンケート用紙による方法ではなく、電話による個別聴取によってなされてしまった事情については、情報取得の目的や経緯が本人に正確に伝わっていたかという点に関して問題になり得ます。本問では、聴取段階においてアンケート調査の補完目的であることを伝えていたとのことであり、基本的には管理会社は管理組合の事務受託者として活動する立場にあることは状況的に明白ですので、総合的に検討すれば情報取得の目的や経緯について本人は十分知ることができる状況であったといえます。

　とはいえ、区分所有者との間でのトラブルを予防するためにも、管理会社としては、架電履歴や要旨の記録を残すなどの措置を講ずるとなおよいでしょう。

## 問187　管理組合から警察に対する情報提供における留意点

🔑 **キーワード**　【第三者提供】【個人情報保護法27条】【捜査関係事項照会】【管理組合】【組合員名簿】

**Q**　管理組合に警察から「捜査関係事項照会書」という書面が届きました。とある事件の被疑者がマンションの一室に出入りしているため、組合員名簿の全体を提供してほしいという内容です。理事会としては捜査に協力したいと考えているのですが、警察に居住者の情報を渡すと個人情報保護法違反になってしまうのでしょうか。

捜査関係事項照会に応じて居住者の情報を渡すこと自体は個人情報保護法違反となりませんが、必要最小限の範囲にとどめる必要があります。居住者名簿の全体を提供することは望ましくありません。

**解説**

　マンション管理組合の組合員名簿は個人情報保護法16条1項にいう「個人情報データベース等」と考えられますから、原則として、記載された氏名等の個人データを本人の同意なく第三者に提供することは禁止されています（個人情報保護法27条1項柱書）。

　ただし例外として、個人情報保護法27条1項各号のいずれかに該当する場合には、本人の同意がなくとも個人データを第三者提供することが認められます。警察による捜査関係事項照会は、刑事訴訟法197条2項が「捜査については、公務所又は公私の団体に照会して必要な事項の報告を求めることができる。」と規定することを根拠に行われるものであり、「法令に基づく場合」（個人情報保護法27条1項1号）に該当すると考えられます。

　もっとも、法令の根拠があるからといって、求められた情報を何でも共有してよいというわけではありません。今回のケースでは、警察はとある一室に出入りする居住者の情報だけを得れば足りるはずです。そうであるにもかかわらず、他の居住者の情報を含む名簿全体の共有を求めるというのは、刑事訴訟法197条2項にいう「必要な事項」の範囲を超えるものであり、「法令に基づく場合」に該当しないのではないかと考えられます。管理組合としては、捜査関係事項照会書に記載された照会事項を検討し、場合によっては必要最低限の情報を抜粋するなどした上で共有を行う必要があるでしょう。

## ▶ 二つの老い

### 問188　二つの老い

🔑キーワード　【二つの老い】【老朽化】【高齢化】

**Q** 　最近よく「二つの老い」という言葉を聞くのですが、具体的にはどういうことでしょうか。

---

**A** 　二つの老いとは、「建物の老朽化」と「住民の高齢化」のことを指します。現在進行形で社会問題になっていますが、今後ますます深刻化することは統計上明らかです。

---

**解説**

### 1　「建物の老朽化」について

　二つの老いとは、近時社会問題になっている「建物の老朽化」と「住民の高齢化」のことです。まず「建物の老朽化」がどの程度深刻化しているかを統計データで確認します。

　マンションは1956年から分譲が開始されました。1990年代、2000年代に「新規供給戸数」のピークを迎え、その後現在にかけて、新規供給数はピーク時より落ち着いています（【図表7】参照）。一方で、「分譲マンションのストック戸数」は、1956年のマンション分譲開始以後、右肩上がりで増え続け、2022年末時点のマンションストック戸数は約694.3万戸に達しています（【図表7】参照）。

　なぜ、「新規供給戸数」は減少しているのに、「分譲マンションのストック戸数」は増え続けているのでしょうか。それは、分譲マンションにおいては、建替えや解体、敷地売却などが難しく、「消滅戸数」が「新規供給戸数」よりも少ないからです。つまり、我が国においては、1956年のマンション分譲開始以後、常に「新規供給戸数＞消滅戸数」であり続けているため、年々「ストック戸数」が増加し続けているのです。

　その結果、築40年以上のマンションストック戸数は、2012年から2022年までの10年で約29.3万戸から約125.7万戸にまで増加しています（【図表8】参照）。さらに、2032年末には約2.1倍の260.8万戸、2042年末には約3.5倍の445.0万戸にまで急増する見込みです（【図表8】参照）。

## 【図表7 分譲マンションストック数の推移】

○ 現在のマンションストック総数は約694.3万戸（2022年末時点）。
○ これに令和2年国勢調査による1世帯当たり平均人員2.2人をかけると、約1,500万人となり、国民の1割超が居住している推計となる。

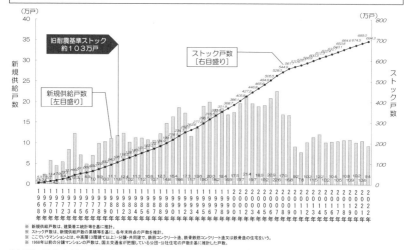

※ 新規供給戸数は、建築着工統計等を基に推計。
※ ストック戸数は、新規供給戸数の累積等を基に、各年末時点の戸数を推計。
※ ここでいうマンションとは、中高層（3階建て以上）・分譲・共同建で、鉄筋コンクリート造、鉄骨鉄筋コンクリート造又は鉄骨造の住宅をいう。
※ 1968年以前の分譲マンションの戸数は、国土交通省が把握している公団・公社住宅の戸数を基に推計した戸数。

（出所）国土交通省「分譲マンションストック数の推移（2022年末現在／2023年8月10日更新）」（https://www.mlit.go.jp/jutakukentiku/house/content/001625310.pdf）

## 【図表8 築40年以上のマンションストック数の推移】

○ 2022年末で、築40年以上のマンションは約125.7万戸存在する。
○ 今後、10年後には約2.1倍、20年後には約3.5倍に増加する見込み。

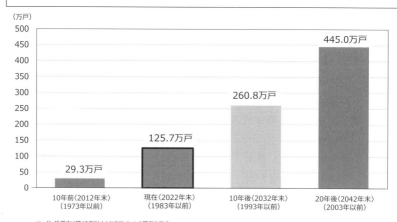

※ （ ）括弧内は築40年以上となるマンションの築年を示す。
※ 建築着工統計を基に推計した分譲マンションストック戸数及び国土交通省が把握している除却戸数を基に推計。

（出所）国土交通省「築40年以上の分譲マンション数の推移（2022年末現在／2023年8月10日更新）」（https://www.mlit.go.jp/jutakukentiku/house/content/001623967.pdf）

## 2　「住民の高齢化」について

　次に、もう一つの老いである「住民の高齢化」がどの程度深刻化しているかを統計データで確認します。

　周知のとおり、我が国では高齢化が進んでおり、2023年時点において、全人口に占める65歳以上の高齢者人口の割合は、29.1％に達しています（【図表9】参照）。そして、今後も高齢化は進み、2045年時点において、全人口に占める65歳以上の高齢者人口の割合は、36.3％にまで達すると予想されています（【図表9】参照）。

　このように、我が国全体の高齢化が進行していることから「住民の高齢化」が深刻化していることは明らかです。ことマンションに限っては、もう一つ興味深い統計データがあります。【図表10】の区分所有者の永住意識に関するものです。これを見ると、昭和55（1980）年度においては、区分所有者の57.0％が「いずれは住み替えるつもりである」と答えている反面、「永住するつもりである」と答えた割合は21.7％のみでした。つまり、この頃の区分所有者の意識としては、マンションを「一時的な住まい」と考えていたことがわかります。

　一方で、平成30（2018）年度においては、62.8％の区分所有者が「永住するつもりである」と答えていて、「いずれは住み替えるつもりである」

**【図表9　高齢者人口及び割合の推移】**

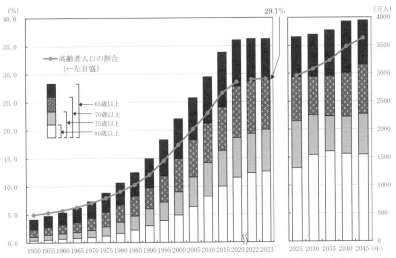

（出所）　総務省統計局「統計トピックス No.138　統計からみた我が国の高齢者―「敬老の日」にちなんで―」4頁

と答えた割合は17.1％のみです。つまり、現在においては、区分所有者の大半がマンションを「終の棲家」と考えるようになっていることがわかります。

　日本全体の高齢化が進み、マンションを「終の棲家」と考える人が増えた結果、とりわけ、老朽化マンションにおいて、区分所有者の高齢化が進んでいます。【図表11】を見ると、完成年次が昭和54年以前のマンションにおいて、世帯主が70歳以上の住戸の割合が47.2％になっており、まさに「二つの老い」が現実化していることがわかります。

【図表10　区分所有者の永住意識】

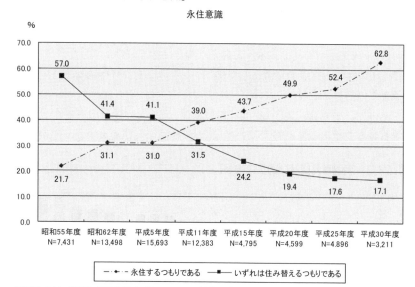

（出所）国土交通省「平成30年度マンション総合調査結果からみたマンション居住と管理の現状（令和4年4月28日更新）」5頁

## 【図表 11　世帯主の年齢】

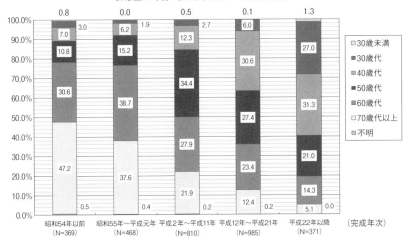

世帯主の年齢（完成年次別・平成30年度）

（出所）国土交通省「平成 30 年度マンション総合調査結果からみたマンション居住と管理の現
状」1 頁

# 今後の区分所有法の改正見込み

. . . . . . . . . . . . . . . . . . . . . . . . . . . . . . . . . . . . . . . . . . . . . . . . . . . . . .

　今後ますます深刻化する「二つの老い」に対処するため、区分所有法の改正が進められています。法務省の法制審議会区分所有法制部会は、区分所有法の改正に関する要綱案を令和 6 (2024) 年 1 月 16 日に取りまとめました。令和 6 (2024) 年中に通常国会に法案提出される予定となっています。

　本書執筆時点では要綱案しか公表されていませんので、要綱案を基にその概要を紹介します。

　要綱案は、(1)「区分所有建物の管理の円滑化」、(2)「区分所有建物の再生の円滑化」、(3)「団地の管理・再生の円滑化」、(4)「被災区分所有建物の再生の円滑化」の四つの柱で構成されています。

　このうち日常的なマンション管理に関する改正は、上記(1)「区分所有建物の管理の円滑化」です。本書の内容も日常的なマンション管理に関する問題を中心に扱っていますので、ここでは上記(1)「区分所有建物の管理の円滑化」の概要を紹介します。

　上記(1)「区分所有建物の管理の円滑化」を図る方策としては、主に以下の内容が検討されています。

① 　集会の決議の円滑化
- 所在等不明区分所有者を集会の決議の母数から除外する仕組み
- 出席者の多数決による決議を可能とする仕組み
- 専有部分の共有者による議決権行使者の指定

② 　区分所有建物の管理に特化した財産管理制度
- 所有者不明専有部分管理制度
- 管理不全専有部分管理制度
- 管理不全共用部分管理制度

③ 　共用部分の変更決議及び復旧決議の多数決要件の緩和
- 共用部分の変更決議
- 復旧決議

④ 　管理に関する区分所有者の義務（区分所有者の責務）

⑤ 　専有部分の保存・管理の円滑化
- 他の区分所有者の専有部分の保存請求
- 専有部分の使用等を伴う共用部分の管理（配管の全面更新等）
- 管理組合法人による区分所有権等の取得

・区分所有者が国外にいる場合における国内管理人の仕組み

⑥　共用部分等に係る請求権の行使の円滑化

⑦　管理に関する事務の合理化（規約の閲覧方法のデジタル化）

⑧　区分所有建物が全部滅失した場合における敷地等の管理の円滑化

　上記を見てもわかるとおり、今回の法改正は、これまでの原理原則が根本的に変わるものではなく、あくまで限定的なものにすぎません。したがって、本書の内容も法改正によってほとんど影響を受けないものと予想されます。

　上記のうち、総会決議の要件などに関する改正は本書にも多少影響がある部分ですが、総会決議の要件そのほかの法改正がなされても、本書で取り上げている問題自体がなくなることはありませんし、本書の内容が陳腐化することもありません。

　むしろ法改正直後はマンション管理の現場が混乱することが予想され、その際に本書を活用していただくことが非常に有益だと考えております。なぜならば、法改正直後に問題が生じた際の対応としては、以下の二つのプロセスが必要となるからです。

①　区分所有法改正前はどのように扱っていたのかを確認すること（本書の内容確認）

②　区分所有法改正によって従前の扱いに変更が生じるのか否かを確認すること（区分所有法の改正内容確認）

　したがって、区分所有法改正直後の現場対応のためにも、是非、本書を有効に活用していただきたいと考えています。

第10編　最近の問題

# ▶ 高齢化対策

 **問189　バリアフリー化**

**キーワード**　【高齢化】【共用部分の管理】【共用部分の変更】

**Q** 1　当マンションでは、居住者の高齢化が進行しております。今後の高齢化対策として、マンション内をバリアフリー化することを計画しています。また、階段室を変更してエレベーターを設置することも計画しています。それぞれどのように手続を進めていけばよいですか。

2　車椅子を使用しなければならなくなった居住者から、専有部分のリフォームを行いたいとの希望がありました。どのような手続を行えばよいですか。

**A** 1　バリアフリー化工事は、共用部分の変更に当たると解されますので、「その形状又は効用の著しい変更を伴うもの」であれば特別決議、そうでなければ普通決議による承認決議を経る必要があります。エレベーター設置は、共用部分の変更の中でも、「その形状又は効用の著しい変更を伴うもの」に当たると解されますので、特別決議が必要です。

2　管理規約に、標準管理規約17条と同様の規定がある場合には、当該居住者による申請と、理事会による承認が必要となります。当該承認を得れば、専有部分のリフォーム等に伴い共用部分に当たる場所の変更工事（その形状又は効用の著しい変更を伴うものを除く）まで行えます。ただし、共用部分にあたる場所の変更工事（その形状又は効用の著しい変更を伴うもの）を行う場合には、特別決議を経る必要があります。

**解説**

## 1　バリアフリー化等における共有部分の変更

　マンション内をバリアフリー化することや、階段室を変更してエレベーターを設置することは、共用部分の変更に当たります。

　共用部分の変更のうち、「その形状又は効用の著しい変更を伴うもの」については、区分所有法17条1項が適用され、特別決議が必要となりま

す。共用部分の変更のうち、「その形状又は効用の著しい変更を伴わない
もの」については区分所有法 18 条 1 項が適用され、普通決議で決するこ
とになります。

　そのため、バリアフリー化に当たって、共用部分変更の工事が、「その
形状又は効用の著しい変更を伴うもの」か否かについて判断し、総会決議
の種類を決する必要があります。

　この点、著しい変更であるか否かの判断基準として、立法担当者は、
「変更を加える箇所および範囲、変更の態様および程度等を勘案して判断
される」としています。<sup>(注138)</sup>

　標準管理規約コメント 47 条関係⑥に示されている、「バリアフリー化の
工事に関し、建物の基本的構造部分を取り壊す等の加工を伴わずに階段に
スロープを併設し、手すりを追加する工事は普通決議により、階段室部分
を改造したり、建物の外壁に新たに外付けしたりして、エレベーターを新
たに設置する工事は特別多数決議により実施可能と考えられる。」との考
え方も、一つの基準とされています。

## 2　専有部分のリフォーム等に伴う共用部分の変更

　標準管理規約 17 条は、「区分所有者は、その専有部分について、修繕、
模様替え又は建物に定着する物件の取付け若しくは取替え（以下「修繕等」
という。）であって共用部分又は他の専有部分に影響を与えるおそれのある
ものを行おうとするときは、あらかじめ、理事長……にその旨を申請し、
書面による承認を受けなければならない。」と規定しています。

　「共用部分又は他の専有部分に影響を与えるおそれのあるもの」の例と
して、標準管理規約コメント 17 条関係②において、「床のフローリング、
ユニットバスの設置、主要構造部に直接取り付けるエアコンの設置、配管
（配線）の枝管（枝線）の取付け・取替え、間取りの変更等」が挙げられて
います。

　なお、承認があった場合、「区分所有者は、承認の範囲内において、専
有部分の修繕等に係る共用部分の工事を行うことができる。」（標準管理規約
17 条 4 項）とされています。よって、区分所有者は、承認の範囲内におい
て、専有部分のリフォームに必要な共用部分の工事を行うことができるこ
ととなります。これは、区分所有法 18 条 2 項の「規約」の定めに当たる

---

（注138）吉田徹ほか『建物の区分所有等に関する法律の一部改正法の概要（上）』
　　　　（金融財務事情研究会、2003）70 頁。

とされています（標準管理規約コメント17条関係④）。

　よって、共用部分の変更のうち、その形状又は効用の著しい変更を伴わないものは、理事会承認を得れば、行うことができます。

　なお、専有部分のリフォームに関し、共用部分のうち、その形状又は効用の著しい変更を伴うものについては、総会の特別決議が必要となります。

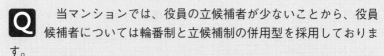

## 問190　輪番制において高齢者等を候補者から外すことはできるか

🔑キーワード　【理事会】【輪番制】【高齢化】

> **Q** 　当マンションでは、役員の立候補者が少ないことから、役員候補者については輪番制と立候補制の併用型を採用しております。
>
> 　しかし、輪番制で役員候補者となっても体調等を理由に候補を辞退する方が出たり、その結果として輪番制にもかかわらず立候補という形で事実上何期も理事を受けてくださる方がいたりと、運用がまちまちになってしまって、かえって不公平感が生じています。また、もちろん一部の方ですが、やはりご高齢の方の中には重要な書類を散逸してしまうなど、役員としての適格性に不安を覚える方もいらっしゃいます。
>
> 　そこでいっそのこと、役員資格に関しても「〇歳以上〇歳以下」といった年齢制限を設けることも検討したいのですが、可能でしょうか。

**A** 　年齢上限を設けて役員資格を一律に認めない規約は、無効となる可能性が高いでしょう。

　年齢的な要素は辞退事由等の調整要素に留めつつ、輪番制を辞退した場合、同居の親族等がいるときには、当該親族が次順位の候補者となる等の設計も検討できるでしょう。

**解説**

　理事会の役員資格については、区分所有法上、役員の資格要件について明示的な制限はありません。したがって、一般的な法人の場合に準じて、①自然人であること、②破産者でないこと、③成年被後見人でないことの要件を満たせば、役員になり得ると考えられます（標準管理規約コメント35

条関係④、民法653条2号、3号）。上記以外の資格要件については、管理規約において定めることができます。

　ただし、客観的にみて明らかに管理組合の理事としての適格性に欠ける者といえない場合に立候補を剥奪することは、役員への立候補に関して区分所有者間の利害の衡平（区分所有法30条3項）を害すると考えられます。

　高齢である場合に一律に管理組合の理事としての適格性に欠けるとは考えられませんから、このような規定を設けても当該規定は区分所有法30条3項違反として無効となるでしょう。

　一方で、明確な基準もなく一部の区分所有者のみが辞退をして役員とならないとなると、これもまた不公平感を生じさせるということも理解できます。この場合には、輪番制の理事に関して、年齢、居住地などの辞退事由を定めて運用を公正・明確化することが有用です。それとともに、役員資格を同居の親族等まで広げた上で輪番制を辞退した場合、同居の親族等がいるときには、当該親族が次順位の候補者となるなどの規定を置くことや、役員報酬と辞退負担金などを定めることで負担の調整を図ることも検討できます。

---

## 問191　専有部分での孤独死に関して重要事項調査報告書に記載すべきか

🔑 キーワード　【専有部分】【孤独死】【個人情報】【重要事項調査報告書】【管理委託契約】

**Q**　私は、標準管理委託契約書型の管理委託契約を締結している管理会社の担当者です。

　先日、受託先のマンションの101号室で区分所有者が孤独死（孤立死）をしていました。

　死後1週間程度経過後に隣家から蝿の発生や異臭がすると通報がなされ警察が開錠をして発覚し、その後、相続人が見つかったため業者を呼んで清掃を行ったそうです。また、死因はおそらく病死だろうとのことです。

　その後、101号室については相続人が売却を行うことになりました。また、102号室についても、異臭等のショックからか、売却して引っ越しをするとのことです。

　101号室、102号室からそれぞれ管理会社に対して重要事項調査

報告書の提出を求められました。重要事項調査報告書には、101 号
室で孤独死が起きた事情を記載すべきでしょうか。

 専有部分における事故（事案）ですので、基本的に重要事項調
査報告書に記載すべきではないと考えます。
　　仮に記載を行う場合には、必ず管理組合又は区分所有者に意思
確認を行い、「記載すべき」との方針であることを確認した上で
実施してください。

**解説**

　宅建業者・区分所有者（売主）等からの情報提供要請に関して、管理会
社としては、標準管理委託契約書 14 条・別表第 5 の範囲でしか情報提供
義務を負わず、情報提供の権能を持ちません。

　本件孤独死については、専有部分内で発生した事案であり、事件性もな
く、共用部分を毀損したという事情もありません。確かに、異臭等の発生
はあったようですが、「敷地及び共用部分における重大事故・事件」（標準
管理委託契約書別表第 5 の 14）や、その他通知事項には当てはまらないで
しょう。

　したがって、管理会社としてこれを超える情報を提供することは、基本
的に受任の範囲を逸脱する行為となります。共用部分の事故であるかどう
か判定が微妙な事情があり、記載すべきか迷う場合には、必ず管理組合又
は区分所有者に対して意思確認を行った上、管理組合等の方針に従って記
載の要否を決定してください。

　なお、売主・貸主の告知義務については、国土交通省不動産・建設経済
局不動産業課「宅地建物取引業者による人の死の告知に関するガイドライ
ン」（令和 3 年 10 月）5 頁以下を参照してください。

## ▶ 老朽化対策（長期修繕計画等）

 **問192　長期修繕計画**

🔑 キーワード　【老朽化】【長期修繕計画】【標準管理規約 32 条】

 「長期修繕計画」とは何ですか。

[A]　「長期修繕計画」とは、建物等の経年劣化に対して適時適切な修繕工事等を行うため、将来予想される修繕工事等を計画し、必要な費用を算出し、月々の修繕積立金を設定することを目的として作成するものです。

**解説**

　長期修繕計画に関しては、国土交通省において平成 20 年 6 月に長期修繕計画標準様式並びに長期修繕計画作成ガイドライン及び同コメントが策定されています（最終改正：令和 3 年 9 月）。

 **問193　大規模修繕工事はどのくらいの期間で行う必要があるか**

🔑 キーワード　【老朽化】【大規模修繕】

 大規模修繕工事はどのくらいの周期で行う必要がありますか。

[A]　修繕周期の設定については、「長期修繕計画作成ガイドライン」において基準が示されています。新築マンションの場合、推定修繕工事項目ごとに、マンションの仕様、立地条件等を考慮して設定します。また、既存マンションの場合、上記に加えて建物及び設備の劣化状況等の調査・診断の結果等をも考慮して設定することとされています。

　また、新築マンション、既存マンションともに、経済性等も考

第**10**編　最近の問題

慮すべきとされています。

　一方で、外壁の塗装や屋上防水などを行う大規模修繕工事の周期はマンションの部材や工事の仕様等により異なるものの、一般的に12年周期と定めているところが多いようです。

**解説**

　長期修繕計画作成ガイドラインにおいては、修繕周期の決定に際しては、新築・既存マンションについてそれぞれ上記の点を考慮して決定すべきとしています。

　しかし、一方では、長期修繕計画作成ガイドラインコメントにおいて「一般的に12〜15年程度」と記載があり、関係する建築法令などとの兼ね合いから、12年周期と定める建物が多いようです。

 **問194　長期修繕計画の作成は義務か**

 キーワード　【老朽化】【長期修繕計画】【標準管理規約32条】

**Q** 長期修繕計画は必ず作成しなければならないのですか。

**A** 　区分所有法上、作成が義務付けられているものではありません。一方、マンションの適切な管理のためには作成することが望ましく、標準管理規約と同様の管理規約を採用している場合には管理規約に基づく作成義務が認められます。

**解説**

　長期修繕計画は、区分所有法上、作成が義務付けられたものではありません。

　しかし、マンションの適正な維持管理のためには一定の年数の経過ごとに計画的に修繕を行っていくことが必要であり、同旨の告示等を受けて標準管理規約においては、管理組合の業務として長期修繕計画の作成等が定められています（標準管理規約32条3号）。

**問195　長期修繕計画は管理会社が作成してくれるか**

 キーワード　【老朽化】【長期修繕計画】【標準管理委託契約書】

**Q**　長期修繕計画は、管理会社が作成してくれるのですか。

---

 **A**　標準管理委託契約書における受託事務には、長期修繕計画の作成は含まれていません。

---

**解説**

　標準管理委託契約書コメント39　別表第1　1(3)関係②において、標準管理委託契約書においては「長期修繕計画案の作成業務（長期修繕計画案の作成のための建物等劣化診断業務を含む。）」については、「本契約とは別個の契約」とすべきとの考えが示されています。

　したがって、基本的には管理委託契約には長期修繕計画の作成は含まれていません。別途契約が締結されているかなど、契約の内容を確認してください。

## ▶ 老朽化対策（建替え、敷地売却）

 **問196　マンションの老朽化への対処方法**

キーワード　【老朽化】【修繕・改修】【建替え】【敷地売却】
　　　　　　【建替え円滑化法】

**Q**　当マンションも建築から相当期間が経過しております。マンションの「建替え」というような話も聞きますが、マンションが古くなってきた場合には、どのような対処方法があるのでしょうか。

---

 **A**　大きく分けて、①修繕・改修、②建替え、③敷地売却といった方法があります。

第10編　最近の問題

**解説**

　マンションの老朽化への対応は、大きく三つの方法があります。

　①修繕・改修は、既存の建物を残しつつ、建物の修繕を行う方法です。

　②建替え、③敷地売却は、いずれも既存の建物の取壊し（除却）をする方法です。

　建替えと敷地売却の大きな違いは、手続に参加した区分所有者において、何を取得するかという点です。建替え（法定建替え）の場合は、権利変換により再建したマンションの「区分所有権」を得ます。一方、敷地売却の場合は、「分配金」を得ます。

　また、敷地売却を利用する場合は、建替え円滑化法102条2項1号から3号の特定要除却認定を受ける必要があります。

---

## 問197　修繕・改修、建替え、敷地売却のどれを選択すべきか

**キーワード**　【老朽化】【修繕・改修】【建替え】【敷地売却】

**Q**　マンションの老朽化への対応のどれを選択すればよいのでしょうか。

**A**　いずれの方法を選択すべきかは、マンションによって異なります。マンションの老朽化の程度（安全性・居住性）、区分所有者や占有者のニーズ・要望、効果・費用等を踏まえて検討します。

---

**解説**

　まず、修繕・改修、建替え、敷地売却のいずれを選択すべきかに関しては、国土交通省から「マンションの建替えか修繕かを判断するためのマニュアル（令和4年3月改訂）」が示されています。このマニュアルでは、修繕・改修、建替え、敷地売却のいずれの方法を選択すべきか考えるに当たっては、①マンションの老朽度判定、不満・ニーズの把握と要求する改善水準の設定／②修繕・改修の改善効果の把握と費用の算定／③建替えの改善効果の把握と費用の算定／④費用対改善効果に基づく建替えか修繕・改修かの判断というステップを踏むとされています。

**問198　要除却認定**

 **キーワード**　【老朽化】【敷地売却】【要除却認定】【建替え円滑化法102条】

**Q**　要除却認定とは何ですか。

　「要除却認定」とは、特定行政庁が、マンション管理組合の申請に基づき、耐震性不足等のマンションであることの認定をすることです。

　要除却認定のうち、敷地売却事業の要件となるものは「特定要除却認定」と呼ばれます。

**解説**

　要除却認定については、建替え円滑化法102条に規定されています。

　まず、要除却認定を受けるには、管理組合側（マンションの管理者等）が、特定行政庁に対して申請を行います（建替え円滑化法102条1項）。

　これを受けて102条2項各号のいずれかに該当する場合には認可がなされます。

　具体的には、要除却認定として、大きく①耐震性の不足、②火災に対する安全性の不足、③外壁等の剥落により周辺に危害が生ずるおそれ、④給排水管の腐食等により著しく衛生上有害となるおそれ、⑤バリアフリー基準への不適合の5つの分類があります。

　このうち、①②③の場合については、特定要除却認定と呼ばれ、マンション敷地売却事業を行う際の要件になります（建替え円滑化法106条、108条）。

　また、要除却認定制度の運用については、国土交通省から「要除却認定実務マニュアル（令和3年12月策定）」が示されています。

第10編　最近の問題

## ▶ 第三者管理

###  問199　第三者管理

キーワード　【管理者】【専門家】【役員のなり手不足】【高齢化】

**Q** 　当マンションでは、居住者の高齢化が進行し、役員のなり手不足の問題が深刻化しています。また、建物が老朽化し、管理自体も簡単ではありません。そのため、いわゆる「第三者管理」という管理形態を導入しようかと考えています。「第三者管理」とはどのような制度で、また、導入するためにはどうしたらよいか教えてください。

**A** 　いわゆる「第三者管理」とは、マンション管理等に精通した者を管理者として選任し、マンションの管理等を行わせる管理をいいます。「第三者管理」には大きく分けて3つの管理形態があります。

　どの管理形態を選択するかによって内容は異なりますが、導入においては、管理規約を見直し、必要な変更を行うこととなります。

### 解説

#### 1　第三者管理の導入が考えられる背景

　マンション管理等に精通した者を管理組合の管理者として、運営に携わらせる仕組みである第三者管理方式は以前からありました。

　昨今、マンション管理自体が高度化・複雑化し、また、マンションの老朽化問題によって管理の難しさが増し、マンションの役員のなり手が不足するなどの状況となっています。この状況に対応するための方策の一つとして、外部専門家の活用があります。国土交通省から、平成29年6月、「外部専門家の活用ガイドライン」（以下、「外部専門家活用ガイドライン」といいます。）が公表され、マンションの管理組合の組合員（区分所有者）以外の外部専門家を、管理組合の「理事長」や「管理者」として活用する場合の、実務的な留意点や想定される運用例が示されました。

#### 2　「第三者管理」の形態

　大きく分けて3つの管理形態があります。

① 　**理事・監事外部専門家型又は理事長外部専門家型**

　従来の理事会管理方式を維持しつつ、外部専門家が、役員（理事（理事長＝管理者を含む）や監事）に就任し、他の役員とともに、管理組合運営、マンション管理を行う管理方式。

② 　**外部管理者理事会監督型**

　外部専門家を区分所有法上の管理者として選任し、総会において管理組合の意思決定を行い、管理者にマンション管理を執行させ、理事会に管理者を監督させる管理方式。

③ 　**外部管理者総会監督型**

　外部専門家を区分所有法上の管理者として選任し、理事会は廃止され、総会が意思決定機関及び管理者を監視する管理方式。

　標準管理規約コメント別添1では、③外部管理者総会監督型については、「監査法人等の外部監査を義務付ける」ことを想定しています。

　この③の方式が特に、「第三者管理」の方式の中で、現在注目されている管理方式であると考えられています。

**3　「第三者管理」の外部専門家として想定される専門家**

　外部専門家として想定される専門家は、マンション管理業者、マンション管理士、弁護士、税理士ら専門家となります。

　なお、平成29年6月に公表された外部専門家活用ガイドラインは、マンション管理業者が外部専門家である場合を想定していないので注意が必要です。

　すなわち、現在、マンション管理業者が管理者となるケースが急増していますが、同ケースを想定したガイドラインがない状態です。そのため、本書執筆時点において国土交通省「外部専門家等の活用のあり方に関するワーキンググループ」が開催され、ガイドラインの改訂等について議論中であり、令和6年3月頃を目途に取りまとめが公表される予定です。

　したがって、今後マンション管理業者が管理者となる場合には、改訂されたガイドラインを参考にする必要があります。

**4　管理規約の見直し**

　管理組合がどの管理方式を採るにしても、管理規約の見直しは必要となります。選択する方式により、見直し、変更する内容が異なります。

第10編　最近の問題

**問200　第三者管理の管理者を複数名選任できるか**

キーワード　【管理者】【権限行使】【第三者管理】

**Q** ① 第三者管理の管理者を複数名選任できますか。
② 複数名選任できるとして、複数選任した場合、管理者の権限はどうなりますか。

**A** ① 管理者は、一人しか選任できないとされておらず、複数人選任できます。
② 複数の管理者を選任した場合には、それぞれが単独で区分所有法上の管理者としての行為をすることができます。そのため、管理者間の職務の分担や、権限の制限については、規約又は総会の決議で定める必要があります。

▶ **マンション管理計画認定制度とマンション管理適正評価制度**

 **問201　マンション管理計画認定制度とマンション管理適正評価制度**

キーワード　【管理計画認定制度】【マンション管理適正評価制度】

**Q** マンション管理計画認定制度とマンション管理適正評価制度の違いが分かりません。教えてください。

**A** 運営主体は違いますが、いずれもマンション管理の適正化を図ることを目的に、2022年4月から開始された制度です。両制度にはそれぞれインセンティブがあり、両制度を一括申請することもできますので、管理組合においては両制度を有効に活用し、管理組合の適正化を図ることが望まれます。

**解説**

**1　両制度について**

「二つの老い」が深刻化していることを受けて、2022年4月からマンションの管理状態を評価する2つの制度が開始されました。「マンション

管理計画認定制度」と「マンション管理適正評価制度」です。運営主体は違いますが、いずれもマンション管理の適正化を図ることを目的としています。両制度は排他的関係にはなく、両制度を一括申請することも可能です。

　両制度の主な違いは【図表12】のとおりです。

**【図表12　「マンション管理計画認定制度」と「マンション管理適正評価制度」の主な違い】**

| | マンション管理計画認定制度 | マンション管理適正評価制度 |
|---|---|---|
| 運営主体 | 地方公共団体 | 一般社団法人マンション管理業協会 |
| 制度概要 | • 管理適正化推進計画の作成<br>• 審査、認定<br>• 管理適正化のための助言・指導 | • マンションの管理や管理組合の運営状況を評価<br>• 評価情報をインターネットにて公開 |
| 審査項目 | 約30項目<br>• 管理体制<br>• 管理組合収支<br>• 建築・設備<br>• 耐震診断<br>• 生活関連<br>• その他 | 約16項目<br>• 管理組合の運営<br>• 管理規約<br>• 管理組合の経理<br>• 長期修繕計画<br>• その他 |
| 判定方法 | 認定または非認定 | 6段階評価（☆5〜☆0） |
| 有効期間 | 5年間 | 1年間 |

## 2　両制度のインセンティブについて

　せっかく制度を作っても、利用されなければ「絵に描いた餅」になってしまいます。そこで、両制度ともにその利用促進を図るために、両制度を使うことによるインセンティブが用意されています。現段階で用意されているインセンティブは、それぞれ以下のとおりです。今後さらにインセンティブが拡充されることが期待されています。

### ①管理計画認定制度のインセンティブ

　• マンション長寿命化促進税制の適用（固定資産税額の減額）
　• フラット35及びマンション共用部分リフォーム融資の金利の引下げ
　• マンションすまい・る債の利率の上乗せ

第10編
最近の問題

### ②マンション管理適正評価制度のインセンティブ

- 一部不動産情報サイトへのマンション管理適正評価情報の掲載
- 一部保険会社の火災保険契約引受時のリスク評価として利用

# 自治体担当者の方へ

　マンション管理問題は「民民の問題」であり、自分たちとは関係ないとお考えの自治体担当者の方も多いのではないでしょうか。しかし、それは大きな誤解です。「二つの老い」が進むマンション管理問題において、行政は「当事者」となり得るのであって、積極的に関与することが望まれます。

　行政が当事者になった二つの事案をご紹介します。

　まず一つ目は、2020年2月に起こった逗子市崖崩れ事故です。これは神奈川県逗子市でマンションの敷地にある斜面が崩れ、斜面の下にある道路脇の歩道を歩いていた女子高校生が亡くなってしまったという大変痛ましい事故です。この事故においては、主として、区分所有者（管理組合）や管理会社の責任が問われていますが、県が適切な対応をしていれば防げていたはずであったとして、県の責任も問われています。

　二つ目は、2020年に行われた野洲市の行政代執行です。これは築年数約50年の全9戸のマンションについて、老朽化が著しく周囲への危険が生じているにもかかわらず、区分所有者が何ら対応しないため、やむを得ず市が行政代執行により解体したという事案です。市が負担した費用は約1億1800万円で、解体後に各区分所有者に約1300万円ずつ請求しましたが、行方不明の区分所有者もいるため、公金の全額回収は見込めない状況です。

　二つの事案からわかるとおり、両事案とも、もはや「民民の問題」ではなく、行政が「当事者」となっています。さらに、今後「二つの老い」が進行することは明らかです（問188参照）。「老朽化したマンション」は、当該マンションの居住者だけではなく、歩行者や周辺住民にも被害を及ぼすおそれがあります。敷地斜面だけではありません。外壁タイルやブロック塀なども人の生命を奪うリスクがあります。そのようなマンションを「高齢化した居住者」が適切に管理しなければならないことこそが、まさに「二つの老い」の難しさなのです。

　このような事態を踏まえ、2022年4月から国は「マンション管理計画認定制度」を開始しました。同制度によって、地方公共団体は、管理適正化指針や独自の指針に基づき、必要に応じて管理組合に助言や指導、勧告を行うことができるようになりました。

　我々は弁護士として、管理組合からのご相談、管理会社を通じた管理

**自治体担当者の方へ**

　組合のご相談にお答えすることによって、できる限りマンション管理の適正化を図りたいと考えています。しかし、本当に助けが必要な管理組合は、弁護士に相談することもなく、管理会社に管理を委託してもいない管理組合です。中には、総会を開催したこともない管理組合もあり、何十年間も一度も大規模修繕等がなされていない管理組合もあります。そうした管理組合を助けることができるのは、各自治体担当者の方々だけです。各自治体担当者の方々におかれましては、マンション管理問題に「当事者」として積極的に関与するために、本書を活用していただければ幸いです。

# キーワード索引

## [さ]

## [ま]

## [や]

## [ら]

# 判 例 索 引

# 著者略歴

## 香川 希理（かがわ きり）

　弁護士（東京弁護士会、香川総合法律事務所代表）、マンション管理士、管理業務主任者

【主な役職等】

- 国土交通省「管理業務主任者試験」委員
- 国土交通省「マンション標準管理委託契約書見直し検討会」委員
- 国土交通省「外部専門家等の活用のあり方に関するワーキンググループ」委員
- 東京弁護士会マンション管理法律研究部
- 東京弁護士会弁護士業務改革委員会マンション部会
- 東京弁護士会民事介入暴力対策特別委員会（2011 年～ 2020 年）
- 公益財団法人澤田経営道場企業法務講師

【主著】

- 『カスハラ対策実務マニュアル』（日本加除出版、2022 年）
- 『トラブル事例でわかる マンション管理の法律実務：書式から業界の慣習まで』（学陽書房、2019 年）
- 『クレーマー対応の実務必携Q＆A：知っておくべき基礎知識から賢い解決法まで』（共著、民事法研究会、2021 年）
- 『悪質クレーマー・反社会的勢力対応実務マニュアル：リスク管理の具体策と関連書式』（共著、民事法研究会、2018 年）

## 島岡 真弓（しまおか まゆみ）

　弁護士（東京弁護士会、香川総合法律事務所）

## 松田 優（まつだ ゆう）

　弁護士（東京弁護士会、香川総合法律事務所）

【主な役職等】

- 東京弁護士会労働法制特別委員会、同法教育部会

## 上田 陽太（うえだ ようた）

　弁護士（東京弁護士会、香川総合法律事務所）

マンション管理法律相談 201 問
弁護士が答えるマンション管理会社・管理組合から
の質問

2024 年 2 月 21 日　初版発行

編 著 者　　香　川　希　理

発 行 者　　和　田　　　裕

発 行 所　　日 本 加 除 出 版 株 式 会 社
本　　　社　　〒 171 - 8516
　　　　　　　東京都豊島区南長崎 3 丁目 16 番 6 号

組版・印刷　㈱亨有堂印刷所　　製本　牧製本印刷㈱

**定価はカバー等に表示してあります。**
落丁本・乱丁本は当社にてお取替えいたします。
お問合せの他、ご意見・感想等がございましたら、下記まで
お知らせください。

〒 171-8516
東京都豊島区南長崎 3 丁目 16 番 6 号
日本加除出版株式会社　営業企画課
電話　03-3953-5642
FAX　03-3953-2061
e-mail　toiawase@kajo.co.jp
URL　www.kajo.co.jp

© K.Kagawa 2024
Printed in Japan
ISBN978-4-8178-4935-9

類型別・業界別の対策・実務がわかる！

# カスハラ「対策するなら」「相談するなら」
# まずこの一冊！

# カスハラ
# 対策実務マニュアル

香川希理 編著
島岡真弓・松田優・上田陽太 著

商品番号：40914
略　　号：カスハラ

2022年8月刊 A5判 272頁 定価3,190円(本体2,900円)
978-4-8178-4821-5

- クレーム・カスタマーハラスメントについて、具体的対応から予防策まで解説。厚労省のマニュアル（2022年）に対応。
- 基本的な対応方法・順序が一目でわかるフローチャートを収録。
- 裁判例・事例・文例・業界別ケーススタディを多数収録。

日本加除出版

〒171-8516　東京都豊島区南長崎3丁目16番6号
営業部　TEL (03)3953-5642　FAX (03)3953-2061
www.kajo.co.jp